ECOLOGIA JURÍDICA
REPENSANDO AS BASES DO DIREITO PARA A PROTEÇÃO DA VIDA

CB001871

ECOLOGIA JURÍDICA

REPENSANDO AS BASES DO DIREITO PARA A PROTEÇÃO DA VIDA

FLÁVIA ALVIM DE CARVALHO
JOSÉ LUIZ QUADROS DE MAGALHÃES

PREFÁCIO **ANTONIO CARLOS WOLKMER**
POSFÁCIO **ALBERTO ACOSTA**

Copyright © 2024 by Editora Letramento
Copyright © 2024 by Flávia Alvim de Carvalho
Copyright © 2024 by José Luiz Quadros de Magalhães

Diretor Editorial Gustavo Abreu
Diretor Administrativo Júnior Gaudereto
Diretor Financeiro Cláudio Macedo
Logística Daniel Abreu e Vinícius Santiago
Comunicação e Marketing Carol Pires
Assistente Editorial Matteos Moreno e Maria Eduarda Paixão
Designer Editorial Gustavo Zeferino e Luís Otávio Ferreira
Imagens de capa Unsplash

Conselho Editorial Jurídico

Alessandra Mara de Freitas Silva	Edson Nakata Jr	Luiz F. do Vale de Almeida Guilherme
Alexandre Morais da Rosa	Georges Abboud	Marcelo Hugo da Rocha
Bruno Miragem	Henderson Fürst	Nuno Miguel B. de Sá Viana Rebelo
Carlos María Cárcova	Henrique Garbellini Carnio	Onofre Alves Batista Júnior
Cássio Augusto de Barros Brant	Henrique Júdice Magalhães	Renata de Lima Rodrigues
Cristian Kiefer da Silva	Leonardo Isaac Yarochewsky	Salah H. Khaled Jr
Cristiane Dupret	Lucas Moraes Martins	Willis Santiago Guerra Filho

Todos os direitos reservados. Não é permitida a reprodução desta obra sem aprovação do Grupo Editorial Letramento.

Dados Internacionais de Catalogação na Publicação (CIP)
Bibliotecária Juliana da Silva Mauro – CRB6/3684

C331e   Carvalho, Flávia Alvim de
          Ecologia jurídica : repensando as bases do direito para a proteção da vida / Flávia Alvim de Carvalho e José Luiz Quadros de Magalhães. - Belo Horizonte : Casa do Direito, 2024.
          234 p. ; 23 cm.

          Inclui bibliografia.
          ISBN 978-65-5932-478-1

          1. Direito ecológico. 2. Plurinacionalidade. 3. Pluralismo jurídico. 4. Decolonialidade. 5. Guerras híbridas. I. Magalhães, José Luiz Quadros de. II. Título..

          CDU: 340
          CDD: 340

Índices para catálogo sistemático:
1. Direito 340
2. Direito 340

LETRAMENTO EDITORA E LIVRARIA
Caixa Postal 3242 – CEP 30.130-972
r. José Maria Rosemburg, n. 75, b. Ouro Preto
CEP 31.340-080 – Belo Horizonte / MG
Telefone 31 3327-5771

É O SELO JURÍDICO DO
GRUPO EDITORIAL LETRAMENTO

FLÁVIA ALVIM DE CARVALHO

Mestra em Teoria do Direito e da Justiça com Magna Cum Laude e Doutoranda em Direitos Humanos, Integração e Estado Plurinacional pelo Programa de Pós-graduação em Direito da PUC Minas. Especialista em Direito Público e Internacional. Pesquisadora do Observatório de Direito Socioambiental e Direitos Humanos na Amazônia-UFAM, dos Grupos de Pesquisa: Redes de Direitos Humanos - PUC Minas; Justiça Ambiental, Democracia e Reparações - PUC Minas; e Direito e Política Espacial José Monserrat Filho - UNISANTOS. Membra do Lunar Environmental Protection Working Group - GEGSLA. Secretária geral da Comissão de Direito Ambiental da Ordem dos Advogados do Brasil - Seccional Espírito Santo e membra convidada da Comissão de Direito Espacial da OAB - São Paulo - Subseção Santos. Membra do Comitê Científico da Sociedade Brasileira de Bioética-Regional Minas Gerais. Assessora Jurídica do Projeto Direito nas Comunidades dos Povos Indígenas. Professora e Coordenadora do curso de Pós-graduação em Direitos da Natureza e Ecologia Jurídica Integral-EJUSP.

JOSÉ LUIZ QUADROS DE MAGALHÃES

Mestre e Doutor em Direito pela UFMG. Professor do Programa de Pós-graduação e graduação em Direito da PUC Minas e da UFMG. Presidente da Comissão Arquidiocesana de Justiça e Paz de Belo Horizonte. Presidente da Sociedade Brasileira de Bioética-Regional Minas Gerais. Ex-presidente nacional da Rede para um Constitucionalismo Democrático Latino-americano e da Red Internacional para un Constitucionalismo Democrático en Latinoamérica. Foi professor visitante no mestrado em filosofia da Universidade Libre de Bogotá; do doutorado da Faculdade de Direito de la Universidad de Buenos Aires; da Facultad de Derecho de la Universidad de la Habana e pesquisador na Universidad Nacional Autónoma de México. Foi Procurador Geral da Universidade Federal de Minas Gerais, presidente do Colégio de Procuradores Gerais das Instituições Federais de Ensino Superior do Brasil; Coordenador dos Cursos de Pós-graduação em Direito da Faculdade de Direito da UFMG e Reitor da Escola Superior Dom Helder Câmara.

Belo Horizonte, 2023

Às mães do mundo, que cuidam, que amam e lutam.
Flávia Alvim

"Você não é Atlas carregando o mundo no seu ombro. É bom lembrar que o planeta está carregando você."
Vandana Shiva

SUMÁRIO

13   **PREFÁCIO**

17   **INTRODUÇÃO**

20   **1. A PERCEPÇÃO DA CRISE NA HISTÓRIA DA VIDA NA TERRA**

28   1.1. ANTROPOCENO: A HUMANIDADE NA CONDIÇÃO DE FORÇA GEOLÓGICA

37   1.2. CAPITALOCENO: "ACUMULAÇÃO POR EXTINÇÃO"

50   1.3. SOLIDARIEDADE E PARENTESCO INTERESPÉCIES
PARA ENFRENTAR O PROBLEMA

57   **2. A NECESSÁRIA EMERGÊNCIA DE UM DIREITO ECOLÓGICO CRÍTICO, DECOLONIAL E TRANSMODERNO**

64   2.1. PERSPECTIVA HISTÓRICA DO DIREITO AMBIENTAL

67   2.1.1. DO "LAISSEZ-FAIRE AMBIENTAL" À
FRAGMENTAÇÃO INSTRUMENTAL

84   2.1.2. DA SUBCIDADANIA À FLORESTANIA

102   2.1.3. A CONSTITUCIONALIZAÇÃO DO DIREITO AMBIENTAL

108   *2.1.3.1. BRASIL: A DISCREPÂNCIA ENTRE O IDEAL LEGISLATIVO E A REALIDADE*

122   *2.1.3.2. ÁFRICA DO SUL: A CONQUISTA DO DIREITO
AMBIENTAL E "RAZOABILIDADE" DA JUSTIÇA*

126   *2.1.3.3. A "CIVILIZAÇÃO ECOLÓGICA" DA CHINA*

129   2.2. DIREITO ECOLÓGICO TRANSMODERNO

140   **3. SUL-GLOBAL: ESTADO PLURINACIONAL, PLURALISMO JURÍDICO E A NATUREZA COMO SUJEITO DE DIREITOS**

156   3.1. TEMPO E MODERNIDADE

162   3.2. A TEORIA DO SUJEITO DE DIREITOS

167   3.3. A CONSTITUIÇÃO DO EQUADOR E A SUPERAÇÃO DO
AMBIENTALISMO ANTROPOCENTRADO

173   **3.4.** RECONHECIMENTO DA NATUREZA PLURIÉTNICA E PLURINACIONAL DA BOLÍVIA

176   **3.5.** CORTE CONSTITUCIONAL COLOMBIANA: PROTEÇÃO DAS FONTES DE VIDA

178   **3.6.** CHILE: DIREITOS DA NATUREZA E PROTAGONISMO DO FEMINISMO

180   **3.7.** BRASIL: ECOCENTRISMO MUNICIPAL E DEMOCRACIA PARTICIPATIVA

188   **3.8.** MÉXICO E AMÉRICA CENTRAL: NATUREZA NA CONDIÇÃO DE ORGANISMO COM DIREITO A EXISTIR DE FORMA ÍNTEGRA

193   **3.9.** O DIREITO DOS ABORÍGENES E O DIREITO DOS TRATADOS NO CANADÁ

201   **4. DESAFIOS E CAMINHOS ALTERNATIVOS PARA SAIR DO PÂNTANO MODERNO**

204   **4.1.** GUERRAS HÍBRIDAS E GUERRAS DE AFETOS

207   **REFERÊNCIAS**

222   **POSFÁCIO**

222   VOLVER A ATAR EL NUDO GORDIANO DE LA VIDA SERÁ POSIBLE SI HAY AMOR Y CORAJE

224   *LA NATURALEZA, OBJETO DE EXPLOTACIÓN Y DOMINACIÓN*

225   *NATURALEZA COMO SUJETO, VOLVER A ATAR EL NUDO DE LA VIDA*

228   *DERECHOS DE LA NATURALEZA, PUERTA PARA UN GIRO COPERNICANO*

232   *REPENSANDO LA PROTECCIÓN DE LA VIDA DESDE LA DEMOCRACIA DE LA TIERRA*

PREFÁCIO

A luta epistêmica para enfrentarmos as múltiplas crises que vêm deteriorando as condições de sobrevivência dos povos implica, como assinala Carlos Walter Porto-Gonçalves, encontrarmos uma nova relação entre saberes e territórios, interpelando o conhecimento universal unidirecional do pensamento colonizador, ou seja, descolonizando a cosmovisão eurocentrada que vem definindo o que é universal/moderno e o que não é universal e, portanto, não é moderno nem válido para todas as culturas e racionalidades (ou formas de existir no mundo). Reconhecer o lugar de enunciação do pensamento europeu requer descentralizá-lo, desnudando sua posição na estrutura de poder do *sistema-mundo* moderno colonial de dominação que foi imposto aos demais países, com inserção subordinada a uma dinâmica mercantilista (ou aos seus interesses).[1]

Mas a luta não é só epistemológica, é também política; ou seja, como construir uma perspectiva ecopolítica em uma sociedade capitalista que mercantiliza a natureza, colonizando diferentes esferas da vida?

A continuidade da vida interessa a todos, o que demanda transpor interesses meramente individuais de acumulação de riquezas, ou mesmo a desenfreada exploração de alguns Estados imperiais, que condicionam a questão ecológica aos seus intentos de crescimento econômico dentro de um modelo *capitalista ecocida*. Resgatar o sentido original da palavra "política", em que os *politikos* (cidadãos) eram apenas os que se dedicavam ao governo da cidade (*polis*), dispondo o bem comum acima de seus interesses individuais, é fundamental. Isso nos leva a indagar se podemos continuar falando de Direito Ecológico, ou devemos começar a falar em Direitos e Obrigações Ecológicos na construção de uma *biodignidade*? Nessa direção, é lapidar a experiência chinesa com que Flávia e José Luiz nos brindam ("civilização ecológica"), mas também o que a história nos mostra quando, na época da elaboração da Declaração Universal dos Direitos Humanos (DUDH), Gandhi afirmava que uma declaração de direitos, para os hindus, não expressava aquilo que na sua cultura era considerado fundamental, qual seja, as obrigações.

---

1 Ver: PORTO-GONÇALVES, Carlos Walter. De saberes e de territórios: diversidade e emancipação a partir da experiência latino-americana. *GEOgraphia*, Niterói, ano 8, n. 16, p. 41-55, 2006. Disponível em: https://periodicos.uff.br/geographia/article/view/13521. Acesso em: 9 jan. 2024.

Uma perspectiva ecopolítica que coloca a vida acima dos interesses econômicos não pode prescindir de um novo marco jurídico e dos questionamentos valorosos feitos nesta obra de leitura obrigatória a todos que estão comprometidos com uma prática transformadora/emancipatória. Os ataques do irracionalismo fundamentalista aos direitos humanos (como o direito humano ao meio ambiente saudável) visam a enfraquecer a influência da cidadania nos espaços de decisão que poderiam enfrentar/frear as degradações aceleradas do meio natural. Nesse contexto, para que possamos articular uma *"sobrevivência colaborativa"* diante do Antropoceno, é imprescindível um diálogo intercultural/transmoderno, para encontrar saídas que não levem à extinção da espécie humana.

Urge resgatar o papel fundamental da intelectualidade crítica para superar o esgotamento da imaginação política. Nessa direção, intelectuais engajados (ou pensadores) como os autores desta valiosa *Ecologia Jurídica*, que pensam e projetam ideias que assinalam rupturas, são uma luz que aponta caminhos descoloniais no enfrentamento e na transposição dos limites de um Direito mecanista, instrumentalizado pelo *neoliberalismo enfurecido*.[2] Isso nos lembra de que nenhuma revolução nasce do mero descontentamento, mas requer, como assinala Monedero,[3] uma antessala onde todas as pessoas dialogam, e de que no âmbito do pensamento ignorar não é um direito. A transformação requer ideias que vinculem o pensamento a um projeto de transformação na coevolução dos seres humanos e não humanos. Não podemos, diante do colapso climático, renunciar à coragem de pensar a construção de um projeto de transição dialógico/pluriversal na esfera acadêmica e na práxis social instituinte, como fazem com maestria os autores deste livro, assumindo essa missão comprometidos com a formulação de uma nova normatividade jurídica, em sintonia com o convite de Donna Haraway por uma *"solidariedade multiespécies"*.[4]

O que essa perspectiva ecopolítica assinala, e deve ser ressaltado, é que todos os conhecimentos precisam ser ressignificados em função do

---

2 MANO a mano con Álvaro García Linera. La nuova cara del neoliberalismo. Buenos Aires: Télam S. E., 2022. 1 vídeo (3 min). Publicado pelo canal Télam. Disponível em: https://www.youtube.com/watch?v=TLqW1ypRbWo. Acesso em: 9 jan. 2024.

3 *Cf.* MONEDERO, Juan Carlos. *La izquierda que asaltó el algoritmo: fraternidad y digna rabia en tiempos del big data* (Spanish Edition). Madrid: La Catarata, 2018. *E-book*.

4 CARVALHO, Flávia A. de; MAGALHÃES, José Luiz. *Ecologia Jurídica*. Ref. 3.1.

colapso ambiental para desmercantilizar a *Comunidade de Vida*.[5] Como os seres humanos cuidam ou não cuidam da natureza está vinculado principalmente ao pensamento moderno cartesiano, linear e dualista, como se houvesse *um abismo ontológico entre homem e natureza*.[6] Superar essa visão vertical (superioridade) e utilitarista (expropriatória) requer uma abordagem complexa no sentido original da palavra, como adverte Edgar Morin,[7] reconhecendo que a Comunidade de Vida está entrelaçada, somos interdependentes e complementares, ou seja, requer uma ontologia relacional. Ver como repercute no Direito uma abordagem não dualista, plural, complexa e relacional entre humanos e não humanos é um dos principais desafios enfrentados nesta impactante obra.

Logo, compartilhando a evocação dos autores, com razão se reproduz o apelo de Anna Tsing para a "alternativa de continuar caminhando" em um horizonte de "sobrevivência colaborativa"[8], em tempos de uma civilização à beira do colapso e da extinção.

Em síntese, esta belíssima e provocativa *Ecologia Jurídica: repensando as bases do Direito para a proteção da vida* nos oferece ricos subsídios para enfrentar os desafios de tecer outra narrativa acerca da Justiça e do Direito Ecológicos. Sua leitura nos conduz também à seara das rupturas paradigmáticas e da insurgência de saberes alternativos que nos levam para além do imaginário universalista da Modernidade Ocidental (Arturo Escobar), desenhando uma nova era interativa dos seres vivos (humanos e não humanos).[9]

---

5 ONU – ORGANIZAÇÃO DAS NAÇÕES UNIDAS. Preâmbulo. *In*: ONU – ORGANIZAÇÃO DAS NAÇÕES UNIDAS. *La Carta de la Tierra: valores y principios para la construcción de una sociedad más justa, sostenible y pacífica*. San José: ONU, 2000. Disponível em: https://www.oneplanetnetwork.org/sites /default/files/la_carte_de_la_tierra.pdf. Acesso em: 5 jan. 2024.

6 *UNA REVISIÓN crítica de la modernidad. Entrevista a Yayo Herrero*. [*S. l.*]: Solidaridad Internacional Andalucía, 2017. 1 vídeo (74 min). Publicado pelo canal Solidaridad Internacional Andalucía. Disponível em: https://www.youtube.com/watch?v=mnBIzXzIGO0. Acesso em: 9 jan. 2024.

7 Constatar: MORIN, Edgar. *Introdução ao pensamento complexo*. Tradução do francês: Eliane Lisboa. Porto Alegre: Sulina, 2005.

8 CARVALHO, Flávia A. de; MAGALHÃES, José Luiz. *Ecologia Jurídica*. Ref. 3.1.

9 *Cf.* WOLKMER, Antonio C. Para além do Antropoceno: o Direito Humano ao futuro. *In*: SÁNCHEZ RUBIO, D.; SÁNCHEZ BRAVO, A.; DELGADO ROJAS, J. I. *Poderes, Constitución y Derecho*. Madrid: Dykinson, 2024. p. 236.

Agradecendo aos autores, e parabenizando-os, Profs. Flávia Alvim de Carvalho e José Luiz Quadros de Magalhães, fica o convite para que passemos a percorrer, através das páginas desta obra, um caminho na direção de um futuro esperançoso e possível!

ANTONIO CARLOS WOLKMER

Prof. Emérito e Titular do Programa de Pós-Graduação em Direito da Universidade Federal de Santa Catarina (PPGD/UFSC). Docente Permanente dos Programas de Pós-Graduação da Universidade La Salle (Unilasalle-RS) e da Universidade do Extremo Sul Catarinense (Unesc-SC). Pesquisador Produtividade em Pesquisa do Conselho Nacional de Desenvolvimento Científico e Tecnológico (CNPq) – Nível A-1

Janeiro de 2024

INTRODUÇÃO

O sistema jurídico ambiental hodierno se apresenta incapaz de enfrentar a complexidade da crise ecológica no Antropoceno com a urgência que os desafios existenciais atuais, provocados pelas intervenções da espécie humana no Sistema -Terra, exigem. A grandeza e a importância dos problemas relacionados ao "estado ambiental global" tornam indispensável a compreensão do paradigma antropocêntrico que fundamenta o sistema normativo ambiental vigente e apresenta a oportunidade de superá-lo, à medida que reorganizamos o conhecimento de forma sistêmica e nos comprometemos com as leis de organização da vida.

Uma nova abordagem jurídica direcionada por uma vertente ecológica e crítica, em um cenário de risco mundial (composto por um conjunto de estruturas e circunstâncias que rompem com as condições necessárias ao equilíbrio ambiental global e com as previsibilidades da vida social), é condição *sine qua non* para refletirmos a respeito do papel do Direito na proteção da Natureza, a partir da compreensão da relação de interdependência entre sistema e ecossistema, em uma "realidade organizacional viva"[10].

Em razão disso, a palavra Natureza é escrita em letra maiúscula, referindo-se a uma unidade complexa, ao todo que não se limita à soma de suas partes constitutivas, ao contrário do paradigma moderno que, ao pensar a Natureza, alimenta no espírito humano a esperança de uma separação impossível. Aqui, reafirmamos sua grandeza, lembrando que a Natureza abriga os mistérios do Universo, a origem da matéria e da vida[11]. Por isso, a diferenciamos de substantivos comuns, assim como fazemos quando nos referimos a corpos celestes, épocas, leis, decretos, datas oficiais e, entre outros, aos nomes que damos aos lugares, instituições ou pessoas.

Pretende-se, com esta obra, fortalecer os estudos transdisciplinares que comprovam a necessária ressignificação de objetos e conceitos no sistema-jurídico, de forma a compreender a complexidade, sem negar os limites do nosso próprio entendimento para, conscientemente, integrar e respeitar a capacidade de resiliência dos ecossistemas, des-

---

10 MORIN, Edgar. *Introdução ao pensamento complexo*. Tradução de Elaine Lisboa. 5ª.ed. Porto Alegre: Sulina, 2015, p. 29.

11 GLEISER, Marcelo. *Criação imperfeita*. Rio de Janeiro: Record, 2010.

vinculados do solipsismo intrínseco às ciências ocidentais modernas. Ao mesmo tempo, espera-se colaborar para a construção de uma nova hermenêutica jurídica comprometida com diálogos interculturais, em especial com os diversos saberes indígenas dotados, em sua essência, do que convencionamos chamar de ecologia.

Para tanto, identificam-se características do Direito Ambiental vigente como forma de compreender as razões de sua ineficiência no que concerne à proteção necessária para propiciar segurança e qualidade de vida às gerações presentes e futuras que participam de sistemas ecológicos integrados regidos por relações de complementaridade, reciprocidade e interdependência. Enfrenta-se o seguinte problema: Por que o Direito Ambiental é ineficiente diante dos perigos e dos impactos de extrema gravidade criados pelo "homem" moderno? Como a Teoria Ecológica do Direito se compromete, por meio de um paradigma ecocêntrico, decolonial e transmoderno, a enfrentar as vitórias catastróficas da modernidade que ameaçam não só o humano, mas o equilíbrio do sistema terrestre?

O primeiro capítulo aborda o Antropoceno para que seja possível compreender, pela perspectiva, em especial, das Ciências da Natureza, em que época realmente estamos, o que significa a possibilidade de se considerar a "humanidade como força geológica", quais são suas causas e possíveis consequências. Por conseguinte, apresentam-se críticas sóciopolíticas destinadas ao termo, defendendo que o ser-humano não pode ser, na condição de espécie, responsabilizado pela atual crise ecológico-sistêmica. O termo Capitaloceno simboliza, portanto, uma época que sofre as consequências da vitória do *modus operandi* capitalista, ou seja, seus causadores não são a "humanidade", como algo único e homogêneo, mas o sistema econômico adotado pelo "homem" moderno. Além disso, aborda-se, sucintamente, o conceito de simpoiesis, trabalhado por Donna Haraway, assim como a ideia de solidariedade e parentesco interespécies para nos auxiliar a "seguir com o problema".

O segundo capítulo apresenta um breve relato sobre a construção histórica do Direito Ambiental, em especial o brasileiro, com destaque à sua epistemologia tradicional antropocêntrica e a seu paradigma normativista, moderno. Além do Brasil, analisam-se alguns desafios substanciais da constitucionalização do Direito Ambiental em países como África do Sul, marcada pela discriminação ambiental fortemente entrelaçada à racial, demonstrando um cenário onde a falta de recursos financeiros é obstáculo à promoção dos direitos socioambientais; e

China, inovando com a previsão de "civilização ecológica" na Constituição de 2018, representando uma proposta não ocidental e sistêmica baseada em valores tradicionais milenares assentados em ditames éticos. Por fim, compartilham-se os principais eixos do Direito Ecológico sob o viés de um paradigma decolonial, crítico e transmoderno, de modo a cooperar com o processo de superação do Direito Ambiental vigente que, ainda, é fragmentado e sustentado por um paradigma ocidental-antropocêntrico.

O quarto capítulo visa compreender as transformações do Estado moderno, com análise da plurinacionalidade e pluralismo jurídico como condição de efetivação dos Direitos Humanos dos povos originários no continente americano. Analisaremos, também, nesse mesmo contexto, o reconhecimento da Natureza na condição de sujeito de direitos, como reflexo da insurgência, no âmbito jurídico, de valores tradicionais indígenas. Outrossim, defendemos que o conceito de "Sul-global" não se reduz à posição geográfica dos países, podendo abranger todas as nações originárias que sofreram o processo de "encobrimento" praticado pela colonização. Nossa proposta é, justamente, repensar as bases do pensamento jurídico monista-moderno, que impossibilitam, pela estrutura e racionalidade, que atinjamos objetivos, de fato, multiculturais.

Destarte, depreende-se ser mister a ampliação da órbita epistemológica do Direito e do próprio conceito de guerra para que possamos enfrentar os desafios desse "pântano moderno". Para alcançar novos conceitos e novos sujeitos é preciso abandonar a condição de estranhamento em relação ao diverso; é preciso frear a competição e o des-envolvimento para que a ânsia do capital não devore esse planeta que possui complexidade ecológico-sistêmica preciosa, incomum e diversa. A adoção de um novo paradigma jurídico ecocêntrico, que integre o Direito à realidade, pode ser interpretado como uma demonstração de sanidade em um mundo no qual os interesses do capital direcionam pessoas, impõem ideologias e desenvolvem novos e sofisticados mecanismos de guerra. Precisamos falar sobre alienação, sobre o Império do Capital, sobre guerras híbridas e guerras de afetos. Precisamos voltar a nos envolver e, para isso, é necessário que a sociedade do prazer, do consumo e do sucesso nos devolva o tempo.

1. A PERCEPÇÃO DA CRISE NA HISTÓRIA DA VIDA NA TERRA

Elizabeth Kolbert, em sua obra "A sexta extinção: uma história não natural", descreve um experimento sobre percepção realizado por psicólogos de Harvard, em 1949, pelo qual se comprovam as incongruências da percepção diante de informações desconcertantes. Pode-se dizer que a atribuição de significado e a organização das informações, que envolvem aspectos psicológicos e cognitivos, permanecem desconexos em relação à gravidade dos fatos, em estado letárgico, até o momento em que a anomalia se torna extremamente evidente e "acontece uma crise - que os psicólogos chamaram de reação"[12]; ou seja, fenômeno que pode simbolizar um mecanismo de defesa diante de um estímulo que exige consciência ou contato.

Como uma consciência que dedilha a superfície, o ser humano, ao mesmo tempo em que reivindica a verdade, é capaz de renunciá-la. É como se, de forma prepotente e patética, pudesse-se criar um mundo de privilégios e leis, escondendo a realidade do próprio olhar. Não atoa, Nietzsche nos lembra que em meio a "inumeráveis sistemas solares, havia um astro, no qual animais astuciosos inventaram o conhecimento"[13] e esse "foi o minuto mais audacioso e hipócrita da história universal"[14]. Isso porque, ao conhecer e sentir, o humano moderno se ilude quanto aos valores da existência, dissimula e, por vaidade, enaltece o próprio conhecer, esquecendo-se de que, por eternidades, no interior da Natureza da qual é parte, o humano não esteve presente e quando sua passagem pela Terra acabar, mais uma vez, "nada ocorrerá".

---

12 KOLBERT, Elizabeth. *A sexta extinção: uma história não natural*. Tradução de Mauro Pinheiro. Rio de Janeiro: Intrínseca, 2015. Edição digital. Apple Books.

13 NIETZSCHE, Friedrich. *Sobre a verdade e mentira*. Tradução de Fernando de Moraes Barros. São Paulo: Hedra, 2008 – Estudos Libertários, p. 25.

14 NIETZSCHE, Friedrich. *Sobre a verdade e mentira*. Tradução de Fernando de Moraes Barros. São Paulo: Hedra, 2008 – Estudos Libertários, p. 25.

No entanto, estamos "todos no mesmo plano"[15], "girando na mesma direção"[16] e, hodiernamente, uma nova época geológica, que reflete uma veloz transformação da Terra, denominada Antropoceno, foi hipotetizada e vem sendo estudada por pesquisadores de diversas áreas, em especial das geociências. Com foco no global, referindo - se, portanto, ao planeta, essas pesquisas apontam que o Antropoceno reflete as reações do globo terrestre às ações humanas. Propõe-se a tese de que o Holoceno, época referente aos últimos 12 mil anos, marcada pela estabilidade climática e surgimento das civilizações, teria sido sucedido, iniciando-se uma nova época no período Quaternário, marcada, principalmente, pelas mudanças climáticas, pelo desmatamento e pela perda de biodiversidade de forma dramática.

Apesar disso, percebemos comportamentos que negam os estudos científicos, engendrando um intenso grau de ceticismo. Ailton Krenak, em "Ideias para adiar o fim do mundo", afirma que chegar à conclusão de estarmos vivendo em uma época identificada como Antropoceno "deveria soar como um alarme em nossas cabeças."[17]. No entanto, coletivamente, não só não nos alarmamos, como os super-ricos do mundo, que contribuem sobremaneira para a elevação dos riscos, continuam lucrando. Isso acontece porque sustentamos um paradoxo, ou seja, reproduzimos discursos que enaltecem o crescimento econômico e a tecnologia, próprios da modernidade, sem, contudo, aceitar que, para além dos avanços proporcionados, esses são os motores de uma crise ecológica, econômica, social e de racionalidade.

O pensamento cartesiano, linear e reducionista, vem colaborando para uma crise sistêmica, sem precedentes na história, porque é incapaz de enfrentar os problemas a partir da compreensão de sua complexidade. Destarte, a coisificação da Natureza e a transformação de sistemas vivos em sistemas "mecânicos", como se fossem somente "recurso" - "matéria-prima" à disposição da humanidade - reflete a perversidade de um sistema, (des)orientado pelo pensamento utilitarista e antropocêntrico. A negação

---

15 Geoffrey Marcy, astrônomo, descrevendo o sistema solar. In: BRYSON, Bill. *Breve história de quase tudo: do big-bang ao Homo sapiens*. Tradução de Ivo Korytowski. São Paulo: Companhia das Letras, 2005.

16 Geoffrey Marcy, astrônomo, descrevendo o sistema solar. In: BRYSON, Bill. *Breve história de quase tudo: do big-bang ao Homo sapiens*. Tradução de Ivo Korytowski. São Paulo: Companhia das Letras, 2005.

17 KRENAK, A. *Ideias para adiar o fim do mundo*. São Paulo: Companhia das Letras, 2019, p.23.

das tradições originárias e a busca por um padrão de "desenvolvimento" que, como já afirmaram Quijano e Acosta, tornaram-se um "fantasma"[18] que ronda o Sul-global, pregando a acumulação, provocam não só marginalização como também a grave crise ecológica da atualidade.

A ideia de "superioridade" estadunidense e/ou europeia integram, ainda, o imaginário. As regras impostas pelos países economicamente dominantes, apesar de destrutivas, ainda são seguidas e replicadas por discursos "progressistas" aceitos por grande parte da sociedade. Em outras palavras, o capitalismo continua imperando em detrimento da fome, da miséria e dos limites planetários. Segundo relatórios da ONU, desastres ambientais se tornam cada vez mais frequentes, principalmente aqueles relacionados ao clima, como inundações e ondas de calor. Na última década, esses desastres têm ocorrido quase diariamente, chegando a causar a morte de mais de 600.000 pessoas desde 1995 e deixando mais de 4 bilhões de feridos, desabrigados ou necessitados.[19]

Diante de todo esse contexto, as ciências sociais, trabalhando com o conceito de "Mundo" - assim como propõe Wallerstein[20] (sistema - mundo - moderno), afirmam que o Capitaloceno, e não o Antropoceno, reflete as consequências dos excessos cometidos desde a invasão das Américas, devido à extração em grande escala de recursos naturais para alimentar o mercado europeu e, posteriormente, as fábricas. Podemos afirmar que a acumulação de riquezas é, não por coincidência, a maior causa dos problemas socioambientais atuais. Além das consequências drásticas que fatores como miséria e pobreza provocam, sujeitando pessoas a viverem como bichos ou como máquinas, a ex-

---

18 Alberto Acosta nos lembra que "desde meados do século 20, um fantasma ronda o mundo. Esse fantasma é o desenvolvimento. Apesar de a maioria das pessoas seguramente não acreditar em fantasmas, ao menos em algum momento acreditou no 'desenvolvimento', deixou-se influenciar pelo 'desenvolvimento', perseguiu o 'desenvolvimento', trabalhou pelo 'desenvolvimento', viveu do 'desenvolvimento'. E é muito provável que continue assim." ACOSTA, Alberto. *O bem viver: uma possibilidade para imaginar outros mundos.* Tradução de Tadeu Breda. Autonomia Literária, 2016, p. 51.

19 ONU. *Desastres ambientais se tornam cada vez mais frequentes, alerta ONU.* 23/11/15. Disponível em: https://oglobo.globo.com/mundo/desastres-ambientais-se-tornam-cada-vez-mais-frequentes-alerta-onu-18119639?utm_source=WhatsApp&utm_medium=Social&utm_campaign=compartilhar .

20 WALLERSTEIN. *O universalismo europeu: a retórica do poder.* Tradução de Beatriz Medina. São Paulo: Boitempo, 2007.

ploração da Natureza, para a produção em massa e o hiperconsumo, tem provocado uma série de desequilíbrios ambientais planetários.

A visão fragmentada e simplificadora dos fenômenos desconcertantes e discordantes que compõem o tecido complexo da realidade enxerga apenas uma reação para cada ação praticada. É o que se pode perceber, por exemplo, em relação ao consumo. Apesar de a produção envolver uma cadeia composta por extrativismo e exploração, o consumidor só consegue perceber as informações trazidas pela publicidade, aquela propagada pelos jogos de abstração do mercado. O valor das mercadorias se torna invisível, somente o preço é considerado. O "povo da mercadoria", como afirma Kopenawa, é um povo alienado que, "apesar de terem olhos abertos, não enxergam nada"[21].

No mesmo sentido, Fisher, ao tratar do "realismo capitalista", ressalta que esse sistema provoca "o sentimento disseminado de que o capitalismo é o único sistema político e econômico viável, sendo impossível imaginar uma alternativa a ele."[22]. E, enfrentando o mesmo problema, Ulrich Beck[23], ao trabalhar temas como futuro, incertezas, desastres sociais e decisões civilizacionais que representam consequências e perigos globais, apresenta o conceito de "sociedade de risco", a partir do qual analisa a dinâmica estrutural do mundo moderno e afirma tratar-se de uma civilização que anuncia danos, prejuízos e castigos a si mesma. O perigo em uma escala mundial colide com a ideia de liberdade e escapa ao controle dos políticos, como é o caso das mudanças climáticas, o que torna o quotidiano da vida moderna cada vez mais inseguro em uma sociedade em que a tendência à globalização dos riscos cresce em detrimento da divisão dos lucros.

Beck explica que "todo sofrimento, toda miséria e toda violência que os seres humanos infligiram a seres humanos eram até então reservados à categoria dos 'outros' - judeus, negros, mulheres, refugiados, dissiden-

---

21 KOPENAWA, Davi; BRUCE, Albert. *A queda do céu: palavras de um xamã yanomami.* Tradução de Beatriz Perrone – Moisés. 1a.ed. São Paulo: Companhia das Letras, 2015, p.474.

22 FISHER, Mark. *Realismo Capitalista: é mais fácil imaginar o fim do mundo do que o fim do capitalismo?* Tradução de Rodrigo Gonçalves, Jorge Adeodato, Maikel da Silveira. 1ª. ed. São Paulo: Autonomia Literária, 2020, p.10.

23 BECK, Ulrich. *A sociedade de risco mundial: em busca da segurança perdida.* Tradução de M. Toldy; T. Told. 1ª.ed. Lisboa, Portugal: Almedina/Edições 70, 2015.

tes, comunistas etc."[24], mas a violência do perigo, como por exemplo da contaminação do ar, ultrapassa as fronteiras, as diferenciações e as zonas de proteção criadas pela modernidade. Nas palavras do autor, a miséria pode ser segregada, mas não os perigos da era nuclear"[25].

Nesse contexto, estaríamos diante das consequências do que denomina "irresponsabilidade organizada" em uma "sociedade sem seguro", ou seja, diante de tentativas de se comparar o incomparável, da inaplicabilidade dos cálculos e das tentativas de compensação. A globalização dos riscos, na era das mudanças climáticas, possui, segundo o autor, "efeito bumerangue", atingindo, também, aqueles que os produziram e deles se beneficiaram, estando todos, independentemente de classe social e de padrões de desenvolvimento, inseridos na "ciranda dos perigos que eles próprios desencadeiam e com os quais lucram"[26].

Contudo, a perspectiva apresentada por Beck, apesar de soar alarmista, não é assim considerada. A Sociedade de Risco Mundial ou *World Risk Society* é uma teoria que, apesar de abranger a dinâmica estrutural do mundo moderno a partir da análise dos perigos ocasionados pelo ser humano, acredita que a compreensão de suas consequências e riscos pode ser capaz, por outro lado, de reconfigurar esse cenário. O autor afirma que "quando o risco é percebido como onipresente, existem três reações possíveis: negação, apatia ou transformação. A primeira é característica da cultura moderna, a segunda manifesta-se no niilismo pós-moderno, a terceira constitui o 'momento cosmopolita' da sociedade de risco mundial"[27].

O que Beck denomina, portanto, de "política material cosmopolita"[28] envolve um processo de "esclarecimento forçado" sobre o "momento existencial de perigo"[29] e, lembrando Hanna Arendt, o autor demons-

---

24 BECK, Ulrich. *A sociedade de risco mundial: em busca da segurança perdida*. Tradução de M. Toldy; T. Told. 1ª.ed. Lisboa, Portugal: Almedina/Edições 70, 2015, p. 07.

25 BECK, Ulrich. *A sociedade de risco mundial: em busca da segurança perdida*. Tradução de M. Toldy; T. Told. 1ª.ed. Lisboa, Portugal: Almedina/Edições 70, 2015, p. 07.

26 BECK, Ulrich. *A sociedade de risco mundial: em busca da segurança perdida*. Tradução de M. Toldy; T. Told. 1ª.ed. Lisboa, Portugal: Almedina/Edições 70, 2015, p. 44, 64.

27 BECK, Ulrich. *A sociedade de risco mundial: em busca da segurança perdida*. Tradução de M. Toldy; T. Told. 1ª.ed. Lisboa, Portugal: Almedina/Edições 70, 2015, p.100

28 BECK, Ulrich. *A sociedade de risco mundial: em busca da segurança perdida*. Tradução de M. Toldy; T. Told. 1ª.ed. Lisboa, Portugal: Almedina/Edições 70, 2015.

29 BECK, Ulrich. *A sociedade de risco mundial: em busca da segurança perdida*. Tradução de M. Toldy; T. Told. 1ª.ed. Lisboa, Portugal: Almedina/Edições 70, 2015, p.100.

tra a ironia do risco: "a expectativa do inesperado leva a que o óbvio deixe de ser considerado óbvio"[30]. Assim, com o choque provocado pela autodestruição, a liberdade se manifesta como "capacidade de recomeçar"[31], por meio de uma comunicação que ultrapasse as fronteiras e alcance novas formas de governar.

Esse conjunto de crises (ecológica, social, moral, econômica etc.), que reflete uma crise de percepção e que, hodiernamente, nem mesmo a pandemia e suas mais de 6 milhões de mortes em menos de dois anos foi capaz de curar, dificulta que o ser humano compreenda "o planeta como um todo interligado, cujas partes influenciam e são influenciadas umas pelas outras indissociavelmente"[32]. Isso impede que encontremos "soluções para os principais problemas de nosso tempo, algumas delas até mesmo simples; mas que requerem uma mudança radical em nossas percepções."[33].

Responder à complexidade é um desafio. Por isso, importante abrir espaço para lembrar que Descartes, ao deixar de lado as subjetividades e simplificar o pensamento para lidar com o real (separando pensamentos de experiências), deixa, também, um legado para a modernidade e para a sustentação de políticas colonizadoras. "Ao negar tudo que é complexo (ou que escapa ao seu método), Descartes acaba por mutilar a realidade e, consequentemente, deformá-la. A busca pelo indubitável se transforma no fechamento de possibilidades do pensamento."[34]. O método cartesiano se expressa pela fragmentação de fenômenos complexos em partes; opta por uma interpretação binária, dissociada e não sistêmica da realidade, na qual à ciência são conferidos "objetos".

---

30 BECK, Ulrich. *A sociedade de risco mundial: em busca da segurança perdida*. Tradução de M. Toldy; T. Told. 1ª.ed. Lisboa, Portugal: Almedina/Edições 70, 2015.

31 BECK, Ulrich. *A sociedade de risco mundial: em busca da segurança perdida*. Tradução de M. Toldy; T. Told. 1ª.ed. Lisboa, Portugal: Almedina/Edições 70, 2015.

32 DINNEBIER, Flávia França; SENA, Giorgia. Uma educação ambiental efetiva como fundamento do Estado Ecológico de Direito. In: DINNEBIER, Flávia França; LEITE, José Rubens Morato (Orgs.). *Estado de Direito Ecológico: Conceito, Conteúdo e Novas Dimensões para a Proteção da Natureza*. São Paulo: Inst. O direito por um Planeta Verde, 2017, p. 92.

33 CAPRA, F. *A teia da vida: uma nova compreensão científica dos sistemas vivos*. Tradução de Newton Roberval Eichemberg. 10a reimpressão. São Paulo: Cultrix, 2006, p.23.

34 GONTIJO, Lucas de Alvarenga. *Filosofia do Direito: Metodologia Jurídica, Teoria da Argumentação e Guinada Linguístico-pragmática*. 2 ed. Belo Horizonte: Editora D' Plácido, 2019, p.96.

O "paradigma da simplificação", que separa o ser pensante (*ego cogitans*) e o "objeto" (*res extensa*), sem dúvida, promoveu grandes avanços para a ciência, mas "suas consequências nocivas últimas só começam a se revelar no século XX."[35]. Percebe-se como os cidadãos hodiernos estão "conectados demais para se concentrar"[36]; envolvidos por valores difundidos pelos meios de comunicação, pelas próprias instituições e pelo sistema de ensino (iletrado e antipopular), colaboram com os sistemas de controle privados e alimentam a cultura de consumo "hipermediada", endividada e que paga por sua própria exploração.[37] "As pessoas estão tão dominadas por informações transmitidas pelos sistemas informacionais que não mais percebem a realidade a não ser sob a ótica do capitalismo".[38]

Ao invés de desacelerarmos os níveis de produção e consumo e nos voltarmos aos ditames da ecologia, repensando as graves consequências que a liberdade para explorar o "Outro" (humano e não humano), a "Grande Aceleração" e a "corrida pelo progresso" foram capazes de criar, os maiores acumuladores de dinheiro do mundo, como Bob Richards, já projetavam para 2020[39] missões espaciais com o objetivo de exploração mineral do solo lunar, sem, contudo, mais uma vez, analisar, com cuidado, os impactos sistêmicos e ecossistêmicos que essa exploração poderia causar.[40] A criação e a manipulação dos desejos e

---

35 MORIN, Edgar. *Introdução ao pensamento complexo*. Tradução de Elaine Lisboa. Porto Alegre: Sulina, 2015, p. 11.

36 FISHER, Mark. *Realismo Capitalista: é mais fácil imaginar o fim do mundo do que o fim do capitalismo?* Tradução de Rodrigo Gonçalves, Jorge Adeodato, Maikel da Silveira. 1ª. ed. São Paulo: Autonomia Literária, 2020, p.46.

37 FISHER, Mark. *Realismo Capitalista: é mais fácil imaginar o fim do mundo do que o fim do capitalismo?* Tradução de Rodrigo Gonçalves, Jorge Adeodato, Maikel da Silveira. 1ª. ed. São Paulo: Autonomia Literária, 2020, p.46.

38 DINNEBIER, Flávia França; SENA, Giorgia. Uma educação ambiental efetiva como fundamento do Estado Ecológico de Direito. In: DINNEBIER, Flávia França; LEITE, José Rubens Morato (Orgs.). *Estado de Direito Ecológico: Conceito, Conteúdo e Novas Dimensões para a Proteção da Natureza*. São Paulo: Inst. O direito por um Planeta Verde, 2017, p.95.

39 MARTIN, Sean. Private company to MINE THE MOON by 2020.*Express.uk.* 16, jul. 2016. Disponível em: https://www.express.co.uk/news/science/829251/Moon-Express-MINE-THE-MOON-landing.

40 A Lua, como sabemos, é rica em hélio-3 (He-3), elemento raro na Terra. Isso ocorre devido à interação com as partículas solares que na Terra são barradas pela atmosfera e pelo campo magnético. O He-3, que pode ser utiliza-

a própria inversão das prioridades revelam um tipo de "impotência reflexiva"[41] que denuncia um individualismo, em tese, patológico, que, talvez, somente a emergência de um sujeito coletivo pode enfrentar.[42]

O realismo capitalista, da forma como é apresentado por Mark Fisher, demonstra que o passado é desintegrado e o "novo" não surge, não ocupa os lugares. A alienação ou anestesia mental dos jovens, principalmente, os conduz à condição de não se incomodar, de não pensar diferente ou mesmo, nesse individualismo extremo, não se identificar. A limitação do pensamento, que penetra nas esferas da cultura, da educação e do trabalho, causa essa sensação de impotência que sufoca as ações transformadoras, antes mesmo de que possam ousar começar. Por essa perspectiva, o capital coloniza não só as esferas sociais, mas o próprio inconsciente que molda os anseios, os desejos e consequentemente a forma de consumir e, em geral, de não se comprometer e se comportar. Esse sistema funciona estruturando fantasias e Fisher diagnostica a "impotência reflexiva" como a percepção de que apesar de as coisas irem mal, "sei que não as posso mudar".

Analisaremos, nos próximos tópicos, o que o Antropoceno e o Capitaloceno representam e como podem nos ajudar, reciprocamente, a "acordar" desse sonho moderno, que apesar de tantos avanços e conquistas, também possui seu lado pobre e ganancioso, no qual a busca predatória por lucro está falaciosamente combinada à proteção "ambiental" e à responsabilidade social[43].

---

do para produzir energia limpa em usinas de fusão nuclear, é um dos atrativos que estão levando empresas, como a empresa norte – americana Moon Express, a construir sondas robóticas para extração de recursos naturais em solo lunar. FLORIO, Victoria. Mineração de hélio-3 na lua. *Cienc. Cult.*, São Paulo, v. 68, n. 4, p. 16-18, Dec. 2016. Disponível em: http://cienciaecultura.bvs.br/scielo. php?script=sci_arttext&pid=S0009-67252016000400007&lng=en&nrm=iso.

41 FISHER, Mark. *Realismo Capitalista: é mais fácil imaginar o fim do mundo do que o fim do capitalismo?* Tradução de Rodrigo Gonçalves, Jorge Adeodato, Maikel da Silveira. 1ª. ed. São Paulo: Autonomia Literária, 2020.

42 FISHER, Mark. *Realismo Capitalista: é mais fácil imaginar o fim do mundo do que o fim do capitalismo?* Tradução de Rodrigo Gonçalves, Jorge Adeodato, Maikel da Silveira. 1ª. ed. São Paulo: Autonomia Literária, 2020.

43 FISHER, Mark. *Realismo Capitalista: é mais fácil imaginar o fim do mundo do que o fim do capitalismo?* Tradução de Rodrigo Gonçalves, Jorge Adeodato, Maikel da Silveira. 1ª. ed. São Paulo: Autonomia Literária, 2020.

1.1. ANTROPOCENO: A HUMANIDADE NA CONDIÇÃO DE FORÇA GEOLÓGICA

Com a supremacia do pensamento e com o poder da civilização tecnológica possibilitada por ele, uma forma de vida, 'o homem', se colocou em uma situação de colocar em perigo todas as demais formas de vida e, com elas, a si mesmo. A 'Natureza' não poderia incorrer em um risco maior do que o de fazer surgir o homem.

Hans Jonas[44]

A história da Terra é dividida em escalas de tempo geológico, que delimitam eventos significativos para o processo de formação e transformação do planeta, definidas pelo *International Commission on Stratigraphy*[45] como: a) eons denominados: Hadeano, que se inicia com a formação da vida na Terra há aproximadamente 4,6 bilhões de anos; Arcaico, marcado pelas atividades vulcânicas com fluxo de calor três vezes maior que o atual; Proterozoico, que significa "anterior aos animais", marcado pelo acúmulo de oxigênio na atmosfera e o Fanerozoico, referente aos últimos 542 milhões de anos; b) eras, que são subdivisões dos eons como, entre outras, as referentes ao eon Fanerozoico cronologicamente denominadas: Paleozoica, Mesozoica e Cenozoica; c) períodos como, por ex., o Cambriano, entre outros, da era Paleozoica, o Jurássico entre outros, da era Mesozoica ou, o Quaternário, entre outros, da era Cenozoica); d) épocas, como o Holoceno (que se iniciou há cerca de 11,5 milhões de anos), que tem como uma das características principais o desenvolvimento humano e como predecessora o

---

44 JONAS, Hans. *Das Prinzip Verantwortung: Versuch einer Ethik fur die technologische Zivilisation*. Frankfurt am Main: Suhrkamp, 2003, (1 edição de 1979), p.247.(tradução livre da autora).

45 "A Comissão Internacional de Estratigrafia (ICS) é o maior e mais antigo organismo científico constituinte da União Internacional de Ciências Geológicas (IUGS). O seu principal objetivo é definir precisamente unidades globais (sistemas, séries e fases) da Tabela Internacional de Cronoestrografia que, por sua vez, são a base das unidades (períodos, épocas e idade) da Escala Internacional de Tempo Geológico; estabelecendo assim padrões globais para a escala fundamental de expressão da história da Terra" (tradução nossa). Interactive International Chronostratigraphic Chart. *International Commission on Stratigraphy*. Disponível em https://stratigraphy. org/timescale/ .

Pleistoceno (2,5 milhões e 11,7 mil anos atrás), que remete à ideia de "mais novo", termo criado por um advogado e geólogo britânico em 1839, para se referir à primeira época do Quaternário ou sexta da era Cenozoica, também conhecida por "Era do Gelo", marcada por uma sucessão de ciclos climáticos glaciais e interglaciais; e e)idades, subdivisões da escala de tempo geológico menores que uma época.

Diante de tantas transformações que continuam a ocorrer e dos profundos impactos das ações humanas sobre o Sistema Terra nos últimos séculos[46], afetando o curso das transformações geológicas do planeta, pesquisadores examinam e defendem a formalização de uma nova época para a escala geológica da Terra: Antropoceno.[47] Ela surge representando as consequências de forças antropogênicas amplificadas, aceleradas e estimuladas pelo crescimento econômico, com impactos capazes de colocar em risco o curso da vida futura. Essa proposta, da "humanidade na condição de força geológica"[48], quando apresentada pelo químico atmosférico Paul J. Crutzen quando, durante o encontro do Programa

---

[46] O início do sistema – mundo – moderno, marcado pela invasão da América pelos europeus, em 1492, trouxe dramáticas consequências, não só para a vida dos povos originários, como, também, para a Natureza e especialmente para a biodiversidade por meio da globalização e homogeneização das espécies, doenças e rotas comerciais. A Revolução Industrial, abastecida pelos "recursos naturais" e mão – de – obra "barata", marca o processo que conduziu ao aumento de CO e outros gases de efeito estufa na atmosfera. O aumento e a velocidade das atividades humanas modernas, demonstradas por inúmeros indicadores socioeconômicos, revelam o disparado aumento da população, do consumo de energia e exploração da Natureza, a construção de cidades com utilização de concreto e cimento, o uso crescente de transportes, ou seja, um período de Grande Aceleração em busca de tecnologia e crescimento econômico, seguido de testes com armas nucleares e despejos de resíduos radioativos.

[47] "Ao longo dos anos, uma infinidade de nomes diferentes foi sugerida para a nova era que os seres humanos instauraram. O eminente biólogo Michael Soulé propôs que, no lugar do Cenozoico, hoje vivemos no 'Catastrofozoico'. Michael Samways, entomólogo da Universidade Stellenbosch, na África do Sul, lançou o termo 'Homogenoceno'. Daniel Pauly, um biólogo marinho canadense, sugeriu 'Myxoceno', a partir da palavra grega para "lodo"; e Andrew Revkin, um jornalista americano, ofereceu 'Antroceno'. (A maioria desses termos deve sua origem, ao menos indiretamente, a Lyell, que, nos anos 1830, cunhou as palavras Eoceno, Mioceno e Plioceno)." KOLBERT, Elizabeth. *A sexta extinção: uma história não natural*. Tradução de Mauro Pinheiro. Rio de Janeiro: Intrínseca, 2015, P. 205. Edição digital. Apple Books.

[48] CRUTZEN, Paul J; STOERMER, Eugene F. *O Antropoceno*. PISEAGRAMA, Belo Horizonte, sem número, 06 nov. 2015. <https://piseagrama.org/o-antropoceno>.

Internacional de Geosfera e Biosfera, que aconteceu no México no ano 2000, defendeu a utilização do termo motivado pelos indeléveis impactos a longo prazo causados pelas ações humanas no globo[49].

Em 2002, Crutzen publicou o artigo *"Geology of mankind"*[50], afirmando que "pode-se dizer que o Antropoceno começou no final do século XVIII, quando análises de ar preso no gelo polar mostraram o início do crescimento das concentrações globais de dióxido de carbono e metano"[51]. O químico holandês, também, ressaltou que a referida data "coincide com o *design* de James Watt da máquina a vapor em 1784"[52]. A partir de então, o termo ganhou espaço entre publicações científicas como época geológica complementando o Holoceno e ganhou adeptos como Jan Zalasiewicz[53] que, durante a presidência do comitê de estratigrafia da Sociedade Geológica de Londres, levantou a hipótese entre os demais membros do grupo, que resolveram "examinar a ideia como um problema formal em geologia".[54]

---

49 "Os impactos das atividades humanas vão continuar por longos períodos. (…) o clima pode se afastar significativamente de seu comportamento natural ao longo dos próximos 50.000 anos.". CRUTZEN, Paul J; STOERMER, Eugene F. *O Antropoceno*. PISEAGRAMA, Belo Horizonte, sem número, 06 nov. 2015. https://piseagrama. org/o-antropoceno.

50 CRUTZEN, Paul J. *Geology of mankind*. NATURE, v. 415, p. 23, jan.2002.

51 Lê-se no original: *"The Anthropocene could be said to have started in the late eighteenth century, when analyses of air trapped in polar ice showed the beginning of growing global concentrations of carbon dioxide and methane.".* (tradução livre da autora). CRUTZEN, Paul J. *Geology of mankind*. NATURE, v. 415, p. 23, jan.2002, p. 23.

52 *"This date also happens to coincide with James Watt`s design of the steam engine in 1784."* (tradução livre). CRUTZEN, Paul J. *Geology of mankind*. NATURE, v. 415, p. 23, jan.2002.

53 Professor de Paleobiologia na Universidade de Leicester; presidente do Grupo de Trabalho "Antropoceno" da Comissão Internacional de Estratigrafia, que é o maior e mais antigo órgão constituinte da união Internacional de Ciências Geológicas; geólogo de campo, paleontólogo e estratígrafo. O Dr. Zalasiewicz tem publicações sobre geologia e história da Terra, em especial sobre ecossistemas e ambientes fósseis que abrangem mais de meio bilhão de anos de tempo geológico. Fonte consultada: Technosphere Magazine. Disponível em: https://technosphere-magazine.hkw.de/p/ Jan-Zalasiewicz-cp123BMExuooNKdmBKZt8C.

54 KOLBERT, Elizabeth. *A sexta extinção: uma história não natural*. Tradução de Mauro Pinheiro. Rio de Janeiro: Intrínseca, 2015, p. 210. Edição digital. Apple Books.

Zalasiewicz, em artigo intitulado *"The New World of the Anthropocene"*[55], publicado em conjunto com outros cientistas, entre eles Paul Crutzen, afirma que o Antropoceno propõe desafios não só para a ciência, que ainda avalia sua inclusão formal na Escala de Tempo Geológico, mas, também, para a sociedade que é quem está alterando "o curso da história profunda da Terra"[56]. Os estudos realizados confirmam que a atividade humana está gerando consequências importantes como o aumento da temperatura e do nível do mar, o que provocará outras consequências de longo alcance para a biosfera, acentuando a taxa de extinções, "o que pode se tornar o sexto grande evento de extinção da Terra"[57]. Além disso, os mesmos cientistas afirmam que o Antropoceno se diferencia das demais transições entre "sucessivas dinastias da história da Terra"[58], pois, ao contrário das eras, períodos e épocas anteriores definidas em termos geológicos pela comparação de estratos rochosos que traziam "mensagem de um mundo passado"[59], no caso do Antropoceno não conhecemos toda sua história, porque estamos vivendo dentro dela, ou seja,

> O Antropoceno está em curso. Por quase todas as medidas, os efeitos da perturbação humana continuarão por séculos e milênios; alguns (como a mudança biótica forjada) terão efeitos permanentes. A extensão a longo prazo dessa mudança futura 'incorporada' é atualmente desconhecida, uma vez que depende em grande parte da interação de efeitos do *feedback* que amplificarão ou diminuirão os efeitos da mudança antropogênica[60].

---

55 ZALASIEWICZ, Jan; WILLIANS, Mark; STEFEN, Will; CRUTZEN, Paul. *The New World of the Anthropocene*. Environmental Science & Technology, v. 44, nº 7, p. 2228 – 2231, 2010.

56 *"(...) course of Earth's deep history"* (tradução livre da autora). ZALASIEWICZ, Jan *et al.*, op. cit., p. 2228.

57 Os autores afirmam, no original, que: *"This current human - driven wave of extinctions looks set to become Earth's sixth great extinction event"* (tradução livre da autora). ZALASIEWICZ, Jan *et al.*, op. cit., p. 2229.

58 *"(...) successive dynasties of Earth history"* (tradução livre). ZALASIEWICZ, Jan *et al.*, op. cit., p. 2230.

59 KOLBERT, Elizabeth. *A sexta extinção: uma história não natural.* Tradução de Mauro Pinheiro. Rio de Janeiro: Intrínseca, 2015, p. 189. Edição digital. Apple Books.

60 Lê-se no original: *"The Anthropocene is going. By almost any measure, the effects of the human perturbation will continue for centuries and millennia; some (such as the biotic change wrought) will have permanent effects. The long – term extent of this 'built-in' future change is currently unknowable, as it largely depends on the interplay*

A explosão do reator da plataforma nuclear de Chernobyl, em 1986, na Ucrânia soviética, considerado o maior desastre da história nuclear, assim como o desastre de Fukushima, ocorrido no Japão em 2011, comprovam como o homem moderno cria tecnologias que impactam de maneira profunda o meio ambiente e colocam em risco a própria espécie. O protagonismo da "supermodernidade" caracterizado pela capacidade de alterar o meio ambiente sem, contudo, aumentar a esperança e diminuir a pobreza, reflete um comportamento (auto)destrutivo da civilização industrial. Desastres ambientais como esses, gerados pela ação humana e de proporções desproporcionais, possuem efeitos nocivos de longa duração tanto para o meio ambiente[61] quanto para a população. "O fato de não se poderem enxergar certas implicações ecológicas de forma objetiva e bem distribuída não reverte o fato de que, devido às explosões nucleares, a atmosfera planetária se torna comprometida de forma definitiva.".[62] Conforme declaração do historiador ambiental John R. McNeill, podemos afirmar que transformamos a Terra em um laboratório gigantesco, sem poder antecipar o resultado de um experimento ainda em andamento.[63]

Cientistas de variadas partes do globo, entre eles Paul Crutzen[64], publicaram estudos que comprovam: a rápida expansão da humanidade, exploradora de cerca de 30 a 50% da superfície terrestre do pla-

---

of feedback effects that will either amplify or diminish the effects of anthropogenic change." (tradução livre da autora). ZALASIEWICZ, Jan *et al.*, op. cit., p. 2230.

61 Desastres nucleares liberam substâncias radioativas que contaminam o solo, a água e o ar, provocando prejuízos à biodiversidade, contaminando rios e alimentos. Esse tipo de contaminação é descrito como um processo invisível, perverso e em cadeia: "O fato é que o solo, a água e o ar, além de animais e plantas, são afetados cada um de uma maneira distinta. Na grande interdependência que configura o meio ambiente, cada ponto de desarmonia provoca impactos que podem perpetuar por décadas.". CONHEÇA os efeitos da radiação no meio ambiente. *Pensamento verde*, 24 de fev. de 2014. Disponível em: https://www.pensamentoverde.com.br/meio-ambiente/conheca-os-efeitos-da-radiacao-meio-ambiente/.

62 MOURA, Chana. *Intersecções entre a história e a geo-história: a arte enquanto observatório do Antropoceno.* CADERNOS PET FILOSOFIA, v. 19, nº1, p. 52 – 69, 2021, p.54.

63 MCNEILL, John R. *Ecology, Epidemics and Empires: Environmental Change and the Geopolitics of Tropical America, 1600-1825.* Environment and History 5, nº 2. (June 1999): 175 – 84. Disponível em: https://www.environmentandsociety.org/sites/default/files/key_docs/mcneill-5-2.pdf.

64 CRUTZEN, Paul J. *Geology of mankind.* NATURE, v. 415, p. 23, jan.2002.

neta; o aumento da população de bovinos produtores de metano; as consequências drásticas do desmatamento e da exploração de energia subterrânea, queima de combustíveis fósseis[65], que contribuem para a alteração da composição da atmosfera e colaboram com a modificação do clima e da química dos oceanos, assim como com a extinção de espécies; o usual desvio de rios e construção de barragens; a utilização de mais da metade da água doce acessível no planeta pela espécie humana; a remoção, pela pesca, de mais de 25% da produção primária de regiões oceânicas em crescimento e 35% na plataforma continental temperada; o aumento do consumo de energia, durante o século XX, em níveis tão elevados a ponto de resultar na emissão de 160 milhões de toneladas de dióxido de enxofre por ano na atmosfera; e que, "mais fertilizantes nitrogenados são aplicados na agricultura do que é fixado naturalmente em todos os ecossistemas terrestres"[66].

Para os pesquisadores de geociências da Pensilvânia, entre eles Lee Kump e Timothy Bralower, "não há precedentes na história recente da Terra para o que serão as consequências imediatas e diretas da liberação de CO na atmosfera e sua dissolução no oceano"[67], o que é extremamente preocupante, "especialmente se continuarmos a acompanhar a massiva liberação total de CO associada às trajetórias de queima de combustíveis fósseis como 'negócios de costume'." [68]

Outrossim, a ciência comprova que a caça desenfreada e a velocidade, sem precedentes, de mudanças tão violentas causadas pelo homem

---

65 "A queima de combustíveis fósseis e a agricultura causaram aumentos substanciais nas concentrações de gases de 'efeito estufa' – dióxido de carbono em 30% e metano em mais de 100% - atingindo seus níveis mais altos nos últimos 400 milênios" (tradução livre da autora). CRUTZEN, *op. cit.*, p. 23. "O suficiente para adicionar 365 bilhões de toneladas de carbono na atmosfera", desde a Revolução Industrial. KOLBERT, op. cit., p. 205.

66 Lê-se no original: *"More nitrogen fertilizer is applied in agriculture than is fixed naturally in all terrestrial ecosystems"*. (tradução livre da autora). CRUTZEN, op. cit., p. 23.

67 Lê-se no original: *"Thus, there are no precedents in Earth history for what will be the immediate and direct consequences of the release of CO into the atmosphere and concurrent dissolution in the ocean's surface waters."* (tradução livre da autora). Lee Kump, Timothy Bralower e Andy Ridgwell. *Ocean Acidification in Deep Time*, Oceanography, v. 22, nº.4, 2009, p. 95.

68 Lê-se no original: *"(...) especially if we continue to follow the massive total CO2 release associated with 'business as usual' fossil fuel trajectories"* (tradução livre da autora). KUMP, *et al*, op. cit., p.96.

moderno, levaram animais e plantas a se deslocarem, elevando as taxas de extinção[69]. O fenômeno conhecido por "reorganização intercontinental" é facilitado pelo transporte marítimo e aéreo não só da "flora e da fauna da Ásia para as Américas, das Américas para a Europa e da Europa para a Austrália"[70], como, também, das pragas, que contribuem para a extinção de inúmeras espécies em diversas partes do planeta. "Esse tipo de reorganização intercontinental, que hoje passa totalmente despercebida, talvez seja inédito nos três bilhões e meio de anos que constituem a história da vida".[71] Tal fenômeno vem sendo citado por alguns biólogos como a "Nova Pangeia".[72]

Até onde sabemos, durante a história da vida na Terra, aconteceram cinco grandes extinções em massa, eventos considerados extremos porque comprometeram de forma profunda a biodiversidade[73]. Em situações como essas, "as condições mudam de maneira tão drástica ou

---

[69] Elizabeth Kolbert, destaca "a familiaridade de Darwin com a extinção provocada pelo ser humano (…) em *A origem das espécies"* e, lembra que "em um dos vários trechos nos quais o cientista desdenha dos catastrofistas, ele observa que os animais se tornam raros antes de se tornarem extintos: 'Sabemos que esse tem sido o processo dos eventos com aqueles animais que foram exterminados, seja localmente ou no mundo todo, por meio da ação humana'.". KOLBERT, op. cit., p.134.

[70] KOLBERT, Elizabeth. *A sexta extinção: uma história não natural.* Tradução de Mauro Pinheiro. Rio de Janeiro: Intrínseca, 2015, p. 189. Edição digital. Apple Books, p. 203.

[71] KOLBERT, Elizabeth. *A sexta extinção: uma história não natural.* Tradução de Mauro Pinheiro. Rio de Janeiro: Intrínseca, 2015, p. 189. Edição digital. Apple Books, p. 43.

[72] "Do ponto de vista da biota mundial, as viagens globais representam um fenômeno radicalmente novo e, ao mesmo tempo, uma repetição dos fenômenos mais antigos. O afastamento dos continentes que Wegener deduziu a partir do registro fóssil está agora se invertendo - mais um aspecto no qual os seres humanos estão fazendo a história geológica andar para trás e em alta velocidade. Pense nisso como uma versão potencializada das placas tectônicas sem as placas. Ao transportarmos espécies da Ásia para a América, espécies norte-americanas para a Austrália, espécies australianas para a África e espécies europeias para a Antártida, estamos reunindo o mundo num único e enorme continente - ao qual os biólogos se referem como Nova Pangeia." KOLBERT, op. cit., p. 395.

[73] Ulf Riebesell, um biólogo e oceanógrafo do Centro Geomar-Helmholtz de Pesquisa Oceânica, na Alemanha, coordenou vários estudos importantes sobre a acidificação dos oceanos e explicou que: "Se você me perguntar o que vai acontecer no futuro, acho que a evidência mais forte que temos é a de que haverá uma redução na biodiversidade (…) Alguns organismos extremamente tolerantes se tornarão mais numerosos, mas a diversidade geral será perdida. Foi o que aconteceu em todas as grandes extinções em massa." KOLBERT, *op. cit.*, p. 230.

repentina (ou ambas) que a história evolutiva é de pouca importância"[74]; em outras palavras, "quando o mundo muda mais depressa do que as espécies conseguem se adaptar, muitas se extinguem.".[75]

Por essa perspectiva, o Antropoceno reflete uma crise ecológica provocada pelo homem moderno, responsável, também, pela crise do capitalismo global de caráter multidimensional. A partir de uma perspectiva histórica, podemos refletir sobre como o sistema-mundo-moderno, ou mais precisamente o crescimento econômico e a cultura de consumo enquanto modelo social dominante, contribuem para desequilibrar os ecossistemas da Terra. Podemos afirmar que esse modelo contribui para mudanças químicas na atmosfera, como o aquecimento global e a acidificação dos oceanos pela emissão exagerada de dióxido de carbono e outros gases efeito estufa, assim como mudanças físicas, como afirma o geólogo Jan Zalasiewicz, quando cita a produção insustentável de minerais sintéticos, fibras de carbono, plásticos e concreto, este que, por sua vez, "vem se espalhando na superfície de nosso planeta a uma velocidade de 2 bilhões de quilômetros por ano."[76]

> Abaixo da superfície, escavações em busca de minérios e petróleo já abriram mais de 50 milhões de quilômetros em buracos subterrâneos. (...) A biosfera é também analisada, já que mudanças resultantes da perda de habitats, atividades predatórias e invasão de espécies também provocam mudanças na composição química e física dos ambientes. (...) A Sociedade Zoológica de Londres, apontou ainda que, nos últimos 40 anos, 52% da população de animais vertebrados na Terra desapareceu. Ao mesmo tempo, os seres humanos dobraram em quantidade. 'Estamos empurrando a biosfera para a sua 6ª extinção em massa', alerta Hans-Otto Pörtner, do Instituto Alfred Wegener de Pesquisa Marinha e Polar, em Bremerhaven, Alemanha (...). Pörtner refere-se às cinco grandes extinções em massa registradas nos últimos 540 milhões de anos, caracterizadas por paleontólogos como períodos em que mais de 75% das espécies foram extintas do planeta em um curto intervalo geológico.[77]

---

74 KOLBERT, Elizabeth. *A sexta extinção: uma história não natural.* Tradução de Mauro Pinheiro. Rio de Janeiro: Intrínseca, 2015, p. 189. Edição digital. Apple Books, p. 38.

75 KOLBERT, Elizabeth. *A sexta extinção: uma história não natural.* Tradução de Mauro Pinheiro. Rio de Janeiro: Intrínseca, 2015, p. 189. Edição digital. Apple Books, p. 504.

76 KLEBIS, Daniela. *Antropoceno, Capitaloceno, Cthulhuceno: o que caracteriza uma nova época?* ClimaCom, 2014, p. 5. Apple Books.

77 KLEBIS, Daniela. *Antropoceno, Capitaloceno, Cthulhuceno: o que caracteriza uma nova época?* ClimaCom, 2014, p. 5. Apple Books, p. 6, 7.

O Relatório do Painel Internacional sobre Alterações Climáticas (PIAC), intitulado "Mudança Climática 2021: a Base das Ciências Físicas", foi apontado pelo Secretário-Geral das Nações Unidas como "um código vermelho para a humanidade".[78] O estudo, que contou com a participação de 234 especialistas de 66 países, "realça a influência humana no aquecimento do planeta num ritmo sem precedentes pelo menos nos últimos 2 mil anos."[79]. Para António Guterres, o documento comprova que as "emissões de gases a partir da queima de combustíveis fósseis e do desmatamento estão sufocando o planeta e colocando bilhões de pessoas em risco".[80] As consequências se tornaram riscos. Como afirma Ulrich Beck,

> a semântica do risco diz respeito a perigos futuros tematizados no presente, resultantes, frequentemente, dos avanços da civilização. (…) O risco constitui o modelo de percepção e de pensamento da dinâmica mobilizadora de uma sociedade, confrontada com a abertura, as inseguranças e os bloqueios de um futuro produzido por ela própria […].[81]

Fenômenos meteorológicos extremos influenciados pela ação humana no aumento do aquecimento global tornam-se cada vez mais frequentes. Podemos citar alguns exemplos, tais como as ondas de calor sentidas no Canadá; o aumento em escala global na proporção de furacões e ciclones tropicais; os incêndios como os acontecidos, entre outros, na Grécia e na Austrália; a mudança nos ciclos de secas, que no caso do Brasil tendem a se tornar mais frequentes e prolongadas em algumas regiões, provocando a formação de nuvens de poeira como as que atingiram estados do Nordeste, Sudeste e Centro-Oeste; e mudança no padrão das chuvas, essas, por sua vez, associadas a inundações e desastres, como os enfrentados por diversos Estados brasileiros.

No mesmo sentido, um estudo realizado em conjunto pelo Instituto de Física Atmosférica da Academia Chinesa de Ciências e o serviço meteorológico nacional do Reino Unido concluiu que o aquecimento global provoca crescentes oscilações que "desafiarão a resiliência

---

78 "Relatório do IPCC é um código vermelho para a humanidade". *ONU News: Perspectiva Global Reportagens Humanas*, 2021. Disponível em: https://news.un.org/pt/story/2021/08/1759292.

79 Aquecimento global sem precedentes tem clara influência humana, diz ONU. Ibid.

80 "Relatório do IPCC é um código vermelho para a humanidade". Ibid.

81 BECK, Ulrich. *A sociedade de risco mundial: em busca da segurança perdida*. Tradução de M. Toldy; T. Told. 1ª.ed. Lisboa, Portugal: Almedina/Edições 70, 2015.

climática existente nas infraestruturas da sociedade humana e dos ecossistemas"[82], o que torna a adaptação às alterações climáticas mais difícil e as "ações internacionais para reduzir as emissões de carbono e limitar os níveis de aquecimento global"[83], urgentes.

Desse modo, infere-se que inúmeros estudos e debates sobre as forças responsáveis pelo Antropoceno envolvem questões científicas de grande importância para a compreensão de suas causas, processos e dinâmicas. Esse conceito promove não só uma análise geológica como social, cultural e política que nos proporciona uma perspectiva peculiar sobre a história do ser humano (incluindo suas responsabilidades) e a história da Terra. Compreender a relatividade do tempo e que, para a história da Terra, os seres humanos estão afetando de forma significativa e a uma velocidade preocupante os parâmetros do Sistema - Terra e o curso dos fenômenos geológicos do planeta, é condição *sine qua non* para (re)avaliar a trajetória e modificar, urgentemente, o *modus operandi* que deixará impactos por milhões de anos sobre o planeta.

1.2. CAPITALOCENO: "ACUMULAÇÃO POR EXTINÇÃO"[84]

"La pretensión de avanzar hacia un mundo social y ecológicamente más equilibrado y estable sin cuestionar las actuales tendencias expansivas de los activos financieros, los agregados monetarios y la mercantilización de la vida en general es algo tan ingenuo que roza la estupidez."

J. M. Naredo[85]

---

82 ZHANG, Wenxia *et al. Increasing precipitation variability on daily-to-multiyear time scales in a warmer world.* Science Advances, v.7, p. 1 – 11, julho, 2021. Disponível em: https://www.science.org/doi/pdf/10.1126/sciadv.abf8021.

83 ZHANG, Wenxia *et al. Increasing precipitation variability on daily-to-multiyear time scales in a warmer world.* Science Advances, v.7, p. 1 – 11, julho, 2021. Disponível em: https://www.science.org/doi/pdf/10.1126/sciadv.abf8021.

84 MCBRIEN, Justin. Accumulating Extinction Planetary Catastrophism in the Necrocene. In: MOORE, Jason W. (Org.). *Anthropocene or Capitalocene? Nature, History, and the Crisis of Capitalism.* Oakland: Kairos, 2016.

85 NAREDO, J. M. *Raíces económicas del deterioro ecológico y social. Más allá⊠ de los dogmas.* Madrid, Siglo XXI, 2ª. ed., 2007, p. 271.

As pesquisas científicas sobre o Antropoceno nos mostram que a exploração insustentável da Natureza e do próprio ser humano (do "Outro") tem o potencial de transformar a Terra de forma rápida e irreversível em um estado, até então, desconhecido pela experiência humana[86]. A Terra, que antes nos parecia "estável", hoje, exige de nós a revisão das nossas ações como parte integrante da "teia da vida"[87] e não mais na condição de personagens centrais como a racionalidade - eurocêntrica - moderna acreditou, ou preferiu acreditar, que fôssemos. Nas palavras de Bruno Latour:

> Hoje, esse cenário, os bastidores, o proscênio e a própria edificação do teatro estão presentes no palco e disputam com os atores o papel principal. Isso muda todo o enredo e sugere outros desfechos. Os humanos não são mais os únicos atores, ainda que acreditem desempenhar um papel muito mais importante do que realmente possuem. A única coisa que sabemos com certeza é que não mais podemos contar as mesmas histórias. O suspense prevalece em todas as frentes.[88]

No entanto, enquanto a humanidade, pela perspectiva das ciências naturais, pode vir a ser apresentada como força geológica unificada capaz de causar uma transformação geológica no planeta, representantes das ciências sociais se dividem e apresentam críticas a esse conceito. Alguns autores alegam que a humanidade não é homogênea, não colabora da mesma forma para a mutação climática[89] e não possui a mesma

---

86 BARNOSKY, Anthony D., et al. 2011. *"Has the Earth's Sixth Mass Extinction Already Arrived?" Nature*, no. 471: 51–57.

87 CAPRA, F. *A teia da vida: uma nova compreensão científica dos sistemas vivos*. Tradução de Newton Roberval Eichemberg. 10a reimpressão. São Paulo: Cultrix, 2006.

88 LATOUR, Bruno. *Onde aterrar?* Tradução de Marcela Vieira. 1. ed. Rio de Janeiro: Bazar do Tempo, 2020, p.56.

89 Para o antropólogo, sociólogo e filósofo Bruno Latour, se referir à situação atual como uma crise ("crise ecológica") demonstra uma tentativa de acreditarmos que essa crise será superada, "isso vai passar", ao passo que, cientificamente, é mais apropriado utilizar o termo "mutação" para compreender que "estávamos acostumados a um mundo; agora, passamos, mudamos para outro". No "Prefácio à edição brasileira", entre críticas ao negacionismo do atual governo brasileiro, o autor afirma que "Era previsível, já em 2013, que a discrepância entre os hábitos adquiridos durante o período de modernização e os novos hábitos a serem criados para a mutação daquilo que chamo no livro de o Novo Regime Climático colocaria todos os países diante de uma escolha existencial: manter a modernização apesar de tudo; cambalear rumo a uma mudança ecológica, por mais dolorosa que seja; ou ainda negar a situação e fugir, em um escapismo cada vez mais descabido.". LATOUR, Bruno. *Diante de Gaia: oito conferências sobre a natureza no Antropoceno*. Tradução de Maryalua Meyer. São Paulo: Ubu, 2020, p. 5, 13.

forma de pensar e se relacionar com a Natureza (da qual é parte); do mesmo modo que a maioria dos seres humanos, inclusive, não se beneficia de seus "recursos".

Os povos originários da América Latina e Caribe foram reconhecidos recentemente como "guardiões das florestas"[90], por evitarem o desflorestamento, protegerem a biodiversidade e contribuírem com a luta contra as mudanças climáticas[91]. Antônio Carlos Diegues, Geraldo Andrello e Márcia Nunes ressaltam que "a diversidade de espécies, de ecossistemas e genética não é somente um fenômeno natural, mas também cultural.".[92] Para os autores, a biodiversidade "não se traduz apenas em longas listas de espécies de plantas e animais, descontextualizados do domínio cultural"[93], mas sim de um conceito "construído e apropriado material e simbolicamente pelas populações humanas"[94].

O sistema - mundo - moderno[95], que colapsa, foi construído em prol da produção e da acumulação; traz consigo a globalização capitalista

---

[90] FAO; FILAC. *Los pueblos indígenas y tribales y la gobernanza de los bosques: una oportunidad para la acción climática en América Latina y el Caribe.* Santiago: FAO, 2021. Disponível em: https://www.fao.org/3/cb2953es/cb2953es.pdf.

[91] FAO; FILAC. *Los pueblos indígenas y tribales y la gobernanza de los bosques: una oportunidad para la acción climática en América Latina y el Caribe.* Santiago: FAO, 2021. Disponível em: https://www.fao.org/3/cb2953es/cb2953es.pdf.

[92] DIEGUES, Antônio Carlos; ANDRELLO, Geraldo; NUNES, Márcia. Populações tradicionais e biodiversidade na Amazônia: levantamento bibliográfico georreferenciado. In: CAPOBIANCO, João Paulo Ribeiro et al (Orgs.). *Biodiversidade na Amazônia brasileira: avaliação e ações prioritárias para a conservação, uso sustentável e repartição de benefícios.* São Paulo: Estação Liberdade e Instituto Socioambiental, 2001, p. 207.

[93] DIEGUES, Antônio Carlos; ANDRELLO, Geraldo; NUNES, Márcia. Populações tradicionais e biodiversidade na Amazônia: levantamento bibliográfico georreferenciado. In: CAPOBIANCO, João Paulo Ribeiro et al (Orgs.). *Biodiversidade na Amazônia brasileira: avaliação e ações prioritárias para a conservação, uso sustentável e repartição de benefícios.* São Paulo: Estação Liberdade e Instituto Socioambiental, 2001, p. 207.

[94] DIEGUES, Antônio Carlos; ANDRELLO, Geraldo; NUNES, Márcia. Populações tradicionais e biodiversidade na Amazônia: levantamento bibliográfico georreferenciado. In: CAPOBIANCO, João Paulo Ribeiro et al (Orgs.). *Biodiversidade na Amazônia brasileira: avaliação e ações prioritárias para a conservação, uso sustentável e repartição de benefícios.* São Paulo: Estação Liberdade e Instituto Socioambiental, 2001, p. 207.

[95] Alusão à obra de Immanuel Wallerstein, "O universalismo europeu: a retórica do poder". O autor contribui para a compreensão crítica e histórica do sistema capitalista mundial e do pensamento moderno, demonstrando que o universalismo europeu reflete o processo de expansão europeia pelo mundo e, consequentemente,

e a mercantilização da vida e provoca graves impactos ao meio ambiente, como a superação de limites que desrespeitam a capacidade de resiliência do planeta. De acordo com o PhD em História Ambiental, Justin McBrien[96], no processo de acumulação capitalista a extinção é essência, pois esse não é um processo exclusivamente produtivo, mas um processo necrótico por natureza.

O capitalismo possui uma violência subjacente que ultrapassa a expropriação do valor do trabalho e do território. Ele se alimenta de outras espécies; por meio da força ou assimilação destrói culturas e línguas; extermina povos e comunidades inteiras; causa o esgotamento de combustíveis fósseis (recursos naturais não renováveis); produz resíduos sólidos e os descarta nos oceanos do mundo ao mesmo tempo em que enterra o "lixo atômico"; desfloresta; provoca queimadas; explora ininterruptamente a Natureza e a mão de obra do "Outro", "baratas", em minas e plantações criando territórios homogeneizados e sustentados por escravos da civilização.[97]

O capitalismo cria sobreposições biológicas e temporais geológicas, não possui responsabilidade histórica e impõe uma nova forma de conhecimento "universal", ocidental, binário, utilitarista e colonizador que marginaliza, aumenta as desigualdades e a miséria e promove o encobrimento[98] do "Outro" (humano ou não), sua invisibilização. A dimensão histórico-estrutural do capitalismo está intrinsecamente relacionada ao extrativismo, ou seja, a uma lógica de degradação ecoló-

---

a "construção do sistema – mundo capitalista" que, disseminando de forma perversa a tão aclamada "civilização" contra os povos originários do "Novo Mundo", justificou a "intervenção dos poderosos sobre os fracos" e a partir de uma história contada pelos vencedores, palavras como "crescimento e desenvolvimento econômico ou progresso (...) foram interpretadas como valores universais", mas devemos questionar: "até que ponto o universalismo é universal?".

96 MCBRIEN, Justin. Accumulating Extinction Planetary Catastrophism in the Necrocene. In: MOORE, Jason W. (Org.). *Anthropocene or Capitalocene? Nature, History, and the Crisis of Capitalism*. Oakland: Kairos, 2016.

97 MCBRIEN, Justin. Accumulating Extinction Planetary Catastrophism in the Necrocene. In: MOORE, Jason W. (Org.). *Anthropocene or Capitalocene? Nature, History, and the Crisis of Capitalism*. Oakland: Kairos, 2016.

98 DUSSEL, Enrique. *1492: O Encobrimento do Outro: a origem do mito da modernidade*. Conferências de Frankfurt. Tradução de Jaime A. Clasen. Petrópolis, RJ: Vozes, 1993.

gica, à exploração do trabalho escravo e ao genocídio dos povos originários, o que para Marx simboliza a "aurora da era de produção".[99]

> A descoberta das terras do ouro e da prata, na América, o extermínio, a escravização e o enfurnamento da população nativa nas minas, o começo da conquista e pilhagem das Índias Orientais, a transformação da África em um cercado para a caça comercial às peles negras marcam a aurora da era de produção capitalista. Esses processos idílicos são momentos fundamentais da acumulação primitiva.[100]

Walter Benjamin, em sua crítica "Sobre o conceito de História", dispõe que "a ideia de um progresso da humanidade na história é inseparável da ideia de sua marcha em um tempo homogêneo e vazio"[101]; portanto, "a crítica dessa marcha deve fundamentar a crítica da ideia de progresso em geral".[102] Para o autor, o historicismo atinge seu apogeu com a "História Universal" e o materialismo histórico apresenta "uma oportunidade revolucionária na luta em favor de um passado reprimido"[103], para além desse curso homogêneo constantemente perseguido. Márcio Seligmann acrescenta que "a história reprimida é também a história vítima do negacionismo, típica do historicismo e de seus representantes fascistas de ontem e hoje.".[104]

Reyes Mate, em sua obra *"La Herencia del Olvido"*, afirma que *"nuestro presente está construido sobre los vencidos, que son la herencia oculta"*[105] e, longe de ser neutra e atemporal, a razão eurocêntrica - ocidental - "universal" está repleta de marcas, cicatrizes que os vencedores deixaram nas vítimas dessa conflitiva relação entre os europeus e os povos originários.

---

99 MARX, Karl. *O Capital: crítica da economia política*. Livro I: O processo de produção do capital. São Paulo: Boitempo, 2011, p. 516.

100 MARX, Karl. *O Capital: crítica da economia política*. Livro I: O processo de produção do capital. São Paulo: Boitempo, 2011, p. 533.

101 BENJAMIN, Walter. *Sobre o conceito de História*. Edição Crítica. Tradução de Adalberto Muller, Márcio S. Silva. 1ª. ed. São Paulo: Alameda, 2020, p. 49.

102 BENJAMIN, Walter. *Sobre o conceito de História*. Edição Crítica. Tradução de Adalberto Muller, Márcio S. Silva. 1ª. ed. São Paulo: Alameda, 2020, p. 49.

103 BENJAMIN, Walter. *Sobre o conceito de História*. Edição Crítica. Tradução de Adalberto Muller, Márcio S. Silva. 1ª. ed. São Paulo: Alameda, 2020, p. 59.

104 BENJAMIN, Walter. *Sobre o conceito de História*. Edição Crítica. Tradução de Adalberto Muller, Márcio S. Silva. 1ª. ed. São Paulo: Alameda, 2020, p. 49.

105 MATE, Reyes. *La Herencia del Olvido: ensayos en torno a la razón compasiva*. Madrid: Errata naturae editores, 2008, p. 23.

Trazendo à baila, portanto, a memória para incorporá-la ao pensamento que busca no passado a responsabilidade sobre o tempo presente, é mister compreender a colonização do mundo da vida, trabalhada com maestria por Enrique Dussel, em sua crítica à modernidade, na qual o filósofo demonstra como a dominação do "eu" europeu e de seu "mundo" sobre o mundo do "Outro"[106] reflete um mito construído pelo colonizador que autodefine a própria cultura como superior, mais desenvolvida e a do "Outro", inferior, imatura, subdesenvolvida, culpável.[107] O próprio uso das palavras "índio" ou "indígena" deve ser questionado, como explica Álvaro Ricardo de Souza Cruz[108], ao refletir sobre o encobrimento causado pela generalização. Nas palavras do autor:

> O que se procura não é a interdição do emprego ontológico das palavras 'índio' ou 'indígena'. O argumento procura questionar o ontologismo inerente na mesma, como forma (in)consciente de violência de um "eu" que insiste em desconhecer o infinito que representa o Outro. Dizer 'índio' traz consigo o 'não dito' que se constrói em torno do preconceito de supremacia branca, europeia, 'civilizada' sobre os originários, 'bárbaros'. Traz consigo, desde o princípio, a violência da hipocrisia do ego, do cogito, do 'eu penso' que procura em tudo aquilo que reconhece primeiro como aquilo que é 'seu' e nega tudo aquilo que se afasta ou difere do 'eu'. O 'eu penso', inerente nesse reducionismo semântico, referenda tão somente aquilo que de si ele vê no Outro: a oportunidade do 'índio' tornar-se um 'homem', a oportunidade dada a um 'quase ser humano' de se tornar 'humano', desde que ele se torne 'branco', pela negação de toda sua herança ancestral.[109]

---

106 "A Europa tornou as outras culturas, mundos, pessoas em ob-jeto: lançado (-jacere) diante (ob-) de seus olhos. O 'coberto' foi 'des-coberto': *ego cogito cogitatum*, europeizado, mas imediatamente 'en-coberto'como Outro. (...). O outro é a (...) massa rústica 'descoberta' para ser civilizada pelo 'ser' europeu da 'Cultura Ocidental', mas 'en-coberta' em sua Alteridade.". DUSSEL, Enrique. *1492: O Encobrimento do Outro: a origem do mito da modernidade.* Conferências de Frankfurt. Tradução de Jaime A. Clasen. Petrópolis, RJ: Vozes, 1993, p.33.

107 DUSSEL, Enrique. *1492: O Encobrimento do Outro: a origem do mito da modernidade.* Conferências de Frankfurt. Tradução de Jaime A. Clasen. Petrópolis, RJ: Vozes, 1993.

108 SOUZA CRUZ, Álvaro Ricardo de. *Relatório Figueiredo: genocídio brasileiro.* Rio de Janeiro: Lumen Juris, 2018.

109 SOUZA CRUZ, Álvaro Ricardo de. *Relatório Figueiredo: genocídio brasileiro.* Rio de Janeiro: Lumen Juris, 2018, p. 42, 43.

O ano de 1492, de acordo com Enrique Dussel, simboliza o "nascimento da Modernidade como conceito"[110], o começo de um processo histórico extremamente racionalista e violento de exclusão e marginalização do "não - europeu". Esse processo de invasão, dominação e apropriação de espaços originariamente denominados *Tawantisuyu*, *Anáhuac* e *Abya – Yala*[111], ou do "Novo Mundo" (pela perspectiva do viajante europeu), silenciou uma multiplicidade de povos que possuíam suas próprias línguas, culturas milenares e formas de se relacionar com a Natureza baseadas no pertencimento, no equilíbrio e na harmonia, distintas das atitudes colocadas em prática pelo "homem branco", "civilizado" e "racional" que pretendia controlá-la e sacrificá-la em busca de "riquezas" e em nome do seu deus.

A partir daí, a Europa é colocada, por si mesma, como um quadro central na parede da história mundial, simbolizando a constituição da subjetividade moderna, associada ao processo de "modernização" que, posteriormente, atingiu a África e a Ásia. Podemos dizer que a América

---

110 DUSSEL, Enrique. *1492: O Encobrimento do Outro: a origem do mito da modernidade*. Conferências de Frankfurt. Tradução de Jaime A. Clasen. Petrópolis, RJ: Vozes, 1993, p. 8.

111 "Abya Yala na língua do povo Kuna significa 'Terra madura', 'Terra Viva' ou 'Terra em florescimento' e é sinônimo de América. [...] Muito embora os diferentes povos originários que habitam o continente atribuíssem nomes próprios às regiões que ocupavam – Tawantinsuyu, Anauhuac, Pindorama – a expressão Abya Yala vem sendo cada vez mais usada pelos povos originários do continente objetivando construir um sentimento de unidade e pertencimento. [...] A expressão *indígena* é, nesse sentido, uma das maiores violências simbólicas cometidas contra os *povos originários* de Abya Yala na medida em que é uma designação que faz referência às Índias, ou seja, a região buscada pelos negociantes europeus em finais do século XV. A expressão *indígena* ignora, assim, que esses outros povos tinham seus nomes próprios e designação própria para os seus territórios. Paradoxalmente, a expressão *povos indígenas*, na mesma medida em que ignora a *differentia specifica* desses povos, contribuiu para unificá-los não só do ponto de vista dos conquistadores/invasores, mas também como designação que, a princípio, vai servir para constituir a unidade política desses povos por si mesmos quando começam a perceber a história comum de humilhação, opressão e exploração de sua população e a dilapidação e devastação de seus recursos naturais. Abya Yala configura-se, portanto, como parte de um processo de construção político-identitário em que as práticas discursivas cumprem um papel relevante de descolonização do pensamento e que tem caracterizado o novo ciclo do *movimento indígena*, cada vez mais *movimento dos povos originários*." GONÇALVES, Carlos Walter Porto. Abya Yala. *Enciclopédia Latino Americana*. Disponível em: http://latinoamericana.wiki.br/verbetes/a/abya-yala.

Latina foi a "primeira periferia da Europa moderna"[112] e que "modernidade" é um conceito que envolve um processo hegemônico, envolto por uma "falácia desenvolvimentista"[113], "guerras justas", destruição ecológica e culpabilização das próprias vítimas. Nessa história, da "civilização" contra a "barbárie", a ideologia eurocêntrica é imposta às cosmovisões originárias e a Natureza passa a ser subalternizada, caracterizando sociedades que o venezuelano Fernando Coronil chamou de *"exportadoras da natureza"*.[114]

Partindo da mesma perspectiva, Boaventura de Souza Santos, em "O Fim das Descobertas Imperiais", elucida:

> Se o selvagem é, por excelência, o lugar da inferioridade, a natureza é, por excelência, o lugar da exterioridade. Mas como o que é exterior não pertence e o que não pertence não é reconhecido como igual, o lugar de exterioridade é também um lugar de inferioridade. Tal como o selvagem, a natureza é simultaneamente uma ameaça e um recurso.[115]

Destarte, a trajetória humana, que envolve estruturas de conhecimento, capitalismo, poder, formas de construir e intervir no ambiente e na história, revela que o sistema capitalista opera provocando relações desiguais e padronizadas, "modernas", que dependem de uma Natureza externa e "barata", que possa ser controlada, quantificada e racionalizada, para o êxito das estratégias de acumulação. Por essa ótica capitalista, Natureza "barata" indica que os elementos da Natureza são inferiores e, portanto, "baratos"; um sentido político e ético presente nas sociedades burguesas dos cinco últimos séculos, que entendem a Natureza enquanto recurso a ser explorado[116].

---

112 DUSSEL, Enrique. Europa, modernidade e eurocentrismo. In: LANDER, Edgard. *A colonialidade do saber: eurocentrismo e ciências sociais*: *perspectivas latinoamericanas*. Buenos Aires: CLACSO. 2005, p. 75.

113 DUSSEL, Enrique. Europa, modernidade e eurocentrismo. In: LANDER, Edgard. *A colonialidade do saber: eurocentrismo e ciências sociais*: *perspectivas latinoamericanas*. Buenos Aires: CLACSO. 2005, p. 75.

114 CORONIL, Fernando. *El Estado mágico: Naturaleza, dinero y modernidad en Venezuela*. Venezuela: Consejo de Desarrollo Científico y Humanístico de la Universidad Central de Venezuela - Nueva Sociedad, 1997, p. 7.

115 SANTOS, Boaventura Sousa. *O Fim das Descobertas Imperiais*. Notícias do Milénio, Edição Especial do Diário de Notícias, 1999. Disponível em: http://www.dhnet.org.br/w3/fsmrn/biblioteca/27_boaventura2.html.

116 MOORE, Jason W. *Capitalism in the Web of Life: Ecology and the Accumulation of Capital*. London: Verso, 2015.

A organização do sistema - mundo - capitalista - colonial - moderno, que se instituiu a partir de 1492, e o próprio modo hegemônico de conhecer e interpretar o mundo de forma binária, conduziu a ideia de que economia e meio ambiente fossem independentes, ou seja, "coisas" separadas. O dualismo que separa o ser humano e a sociedade da Natureza é mais uma das violentas expressões da racionalidade - ocidental - moderna e, ao que parece, a fonte de todos eles (raça, gênero, sexualidade etc.).

> Pois a história da Humanidade e da Natureza escondem um segredo sujo da história moderna do mundo. Esse segredo é como o capitalismo foi construído sobre a exclusão da maioria dos *humanos* da Humanidade - povos indígenas, africanos escravizados, quase todas as mulheres e até mesmo muitos homens brancos (eslavos, judeus, irlandeses). Pela perspectiva dos administradores imperiais, mercadores, plantadores e conquistadores, esses humanos não eram de todo humanos. Eles eram considerados como parte da Natureza, juntamente com árvores, solos e rios – e tratados em conformidade.[117]

Depreende-se que, desde origens até a atualidade, os enquadramentos dualistas e eurocêntricos da história mundial escondem a violência de um racionalismo histórico que fragmenta a teia da vida, calcula seu preço e reduz sua composição a valor. O capitalismo se apropria da atividade humana, assim como faz com os elementos da Natureza, gerando um modelo de desenvolvimento desigual que provoca o esgotamento progressivo das condições necessárias à continuidade de seu próprio "sucesso".

> *Las diversas manifestaciones de la actual crisis civilizatoria – riesgo ecológico, dificultades para la reproducción social e incremento de la injusticia – están interconectadas y tienen su origen en la tensión esencial que existe entre la civilización agro-urbana-industrial, nacida en Occidente, y aquello que nos hace humanidad.*[118]

Faz-se mister, portanto, analisar

---

117 Lê-se no original: *"For the story of Humanity and Nature conceals a dirty secret of modern world history. That secret is how capitalism was built on excluding most humans from Humanity – indigenous peoples, enslave Africans, nearly all women, and even many white – skinned (Slavs, Jews, the Irish). From the perspective of imperial administrators, merchants, planters, and conquistadores, these humans were not Human at all. They were regarded as part of Nature, along with trees and soils and rivers – and treated accordingly."* (tradução livre da autora). MOORE, Jason W. Histories of the Capitalocene. The Rise of Cheap Nature. *In:* MOORE, Jason W. (Org.). *Anthropocene or Capitalocene? Nature, History, and The Crisis of Capitalism.* Oakland: KAIROS, 2016, p.79.

118 HERRERO, Yayo. "Prólogo a la edición española: Ecofeminismo, más necessário que nunca". In: MIES, Maria; SHIVA, Vandana. *Ecofeminismo.* Barcelona: Icaria, 2015, p.7.

los mecanismos económicos, políticos, epistemológicos y simbólicos que sostienen un modelo biocida y que mantienen a las mayorías sociales anestesiadas e incapaces de dar-se cuenta de que lo que llamamos progreso y desarrollo, en muchas ocasiones, es el proceso de destrucción de las bases materiales que sostienen a la especie humana.[119]

De forma concomitante, McBrien, continua seus estudos sobre as origens da crise ecológica contemporânea, criticando, veementemente, o entendimento apresentado pela perspectiva dos defensores do Antropoceno sobre suas causas. Segundo o autor, essas estão voltadas para o ser humano enquanto espécie, ao passo que seria mais adequado encontrá-las no sistema capitalista, suicida. Para ele, acumulação e extinção partem de um mesmo processo que não pode ser dissociado, mas nós podemos ser dissociados do capital.[120]

O Antropoceno diz que a 'humanidade' colocou a Terra sob o seu poder, que ela poderia salvá-la ou destruí-la - ainda por cima diz também que as consequências involuntárias deste poder apenas aceleram a nossa impotência sobre a inevitável vingança da Terra. Enganamo-nos, confundimos quem 'nós' somos (como uma espécie de massa humana indiferenciada) com o como 'nós' atuamos através do capital. Temos confundido uma condição histórica da nossa organização econômica com um aspecto inato do ser humano.[121]

Essa generalização da responsabilidade humana sobre as forças políticas que modificam o funcionamento de processos geológicos da Terra, gerando consequências globais que colocam em risco o equilíbrio ecossistêmico do planeta é rebatida, também, pelo economista equatoriano Alberto Acosta, que afirma ser essa ameaça parte de um estilo de vida supostamente vantajoso, mas que em realidade distancia a maior

---

119 HERRERO, Yayo. "Prólogo a la edición española: Ecofeminismo, más necessário que nunca". In: MIES, Maria; SHIVA, Vandana. *Ecofeminismo*. Barcelona: Icaria, 2015, p.7.

120 MCBRIEN, Justin. Accumulating Extinction Planetary Catastrophism in the Necrocene. In: MOORE, Jason W. (Org.). *Anthropocene or Capitalocene? Nature, History, and the Crisis of Capitalism*. Oakland: Kairos, 2016.

121 Lê – se no original: *"The Anthropocene says "humanity" put the earth under its power, that it could either save or destroy it—yet it also says the unintended consequences of this power only accelerate our powerlessness over earth's inevitable revenge. We have mistaken who "we" are (as some kind of undifferentiated human mass) from what "we" perform through capital. We have mistaken a historical condition of our economic organization for an innate aspect of the human being."*. MCBRIEN, Justin. Accumulating Extinction Planetary Catastrophism in the Necrocene. In: MOORE, Jason W. (Org.). *Anthropocene or Capitalocene? Nature, History, and the Crisis of Capitalism*. Oakland: Kairos, 2016, p. 119.

parte dos seres humanos dos seus benefícios. Em nome do "fantasma do desenvolvimento"[122], afirma o autor, aceitamos a devastação ambiental e social.

> Pelo desenvolvimento, para citar um exemplo, aceita-se a grave destruição humana e ecológica provocada pela megamineração, mesmo sabendo que ela aprofunda a modalidade de acumulação extrativista herdada da colonização – e que é uma das causas diretas do subdesenvolvimento.[123]

A ideia de progresso está intrinsecamente associada à transversalidade de uma "estrutura de humilhação opressiva"[124] presente na construção da hegemonia e da verticalidade[125] do mundo moderno. O processo histórico de sistematização e racionalização da exploração de "riquezas" minerais da Terra, que o autor Horacio Araóz[126] chama de "febre extrativista", em operação desde a invasão, conquista e colonização das Américas (e depois do restante do mundo), "desencadeou e motorizou toda uma série de grandes deslocamentos geológicos e antropológicos que desembocaram na grande crise ecológico-civilizatória que hoje paira sobre nossa Mãe Terra e, especificamente, sobre nossa comunidade biológica, os humanos.".[127]

---

122 ACOSTA, Alberto. *O bem viver: uma possibilidade para imaginar outros mundos.* Tradução de Tadeu Breda. Autonomia Literária, 2016, p. 51.

123 ACOSTA, Alberto. *O bem viver: uma possibilidade para imaginar outros mundos.* Tradução de Tadeu Breda. Autonomia Literária, 2016, p.59.

124 WALLERSTEIN, Immanuel. *Capitalismo histórico e Civilização capitalista.* Tradução de César Benjamin e Immanuel Wallerstein. Rio de Janeiro: Contraponto, 2001, p.88.

125 A "horizontalidade e verticalidade" proposta por Milton Santos, é utilizada aqui como forma de expressar os binarismos existentes em nosso pensamento colonizado, composto por uma leitura dicotômica da realidade. O autor explica que "as verticalidades são vetores de uma racionalidade superior e do discurso pragmático dos setores hegemônicos, criando um cotidiano obediente e disciplinado", que definem "novas realidades espaciais", "através de um processo de hierarquização crescente". SANTOS, Milton. *A Natureza do Espaço: Técnica e Tempo, Razão e Emoção.* São Paulo: Editora da Universidade de São Paulo, 2006, p. 190 – 195.

126 ARAÓZ, Horacio Machado. *Mineração, genealogia do desastre: o extrativismo na América como origem da modernidade.* Tradução de João Peres. São Paulo: Editora Elefante, 2020.

127 ARAÓZ, Horacio Machado. *Mineração, genealogia do desastre: o extrativismo na América como origem da modernidade.* Tradução de João Peres. São Paulo: Editora Elefante, 2020.

O pesquisador argentino salienta, assim como outros autores, que o que prefere chamar de Capitaloceno reflete, portanto, o momento em que a espécie humana "perdeu seu rumo"[128], movida pela crueldade e pela cobiça, "rumo à rota do progresso"[129], tornando-se a "mais perigosa ameaça de todos os tempos à vida na Terra"[130].

> Assim, a voracidade geofágica da cobiça mineral foi carcomendo o solo cultivável não apenas do nosso continente, mas de todo o planeta. O ritmo e o volume (que não pararam de crescer) dos fluxos de minerais extraídos, transportados e processados foram criando a cartografia econômica e política própria da modernidade colonial na qual habitamos. Também transformaram a composição, a morfologia e a dinâmica das camadas geográficas e da atmosfera do planeta até alterar drasticamente o funcionamento articulado de todos os ecossistemas que integram a biosfera em seu conjunto, afetando decisivamente a própria composição e autocompreensão do ser humano — que, no final das contas, é um componente da Terra. (...) Por isso afirmamos que a mineração não é um tipo qualquer de extrativismo. É uma forma extrema, por sua condição fundamental - constituinte, do sistema - mundo capitalista-colonial - patriarcal, e também por suas consequências de longa duração, pelos efeitos ecobiopolíticos. A mineração moderno - colonial afetou drasticamente o socio metabolismo da espécie humana. Desencadeou uma nova era geológica não apenas marcada pelo aquecimento global, pela crise de biodiversidade e pelo esgotamento dos nutrientes básicos, mas também, decisivamente, pela mineralização do que é humano.[131]

A análise do capitalismo enquanto forma de organizar a Natureza, ou Capitaloceno, procura integrar a história moderna à história mundial, considerando uma ecologia mundial de poder, capital e Natureza, simultaneamente presentes no fluxo da vida. Somadas às mudanças ambientais, estariam, também, como consequências negativas do capita-

---

128 ARAÓZ, Horacio Machado. *Mineração, genealogia do desastre: o extrativismo na América como origem da modernidade.* Tradução de João Peres. São Paulo: Editora Elefante, 2020, p. 29.

129 ARAÓZ, Horacio Machado. *Mineração, genealogia do desastre: o extrativismo na América como origem da modernidade.* Tradução de João Peres. São Paulo: Editora Elefante, 2020.

130 ARAÓZ, Horacio Machado. *Mineração, genealogia do desastre: o extrativismo na América como origem da modernidade.* Tradução de João Peres. São Paulo: Editora Elefante, 2020.

131 ARAÓZ, Horacio Machado. *Mineração, genealogia do desastre: o extrativismo na América como origem da modernidade.* Tradução de João Peres. São Paulo: Editora Elefante, 2020, p. 28, 29.

lismo, a extinção de culturas e línguas pelo processo de racionalização e homogeneização inerentes ao processo de colonização e acumulação capitalista. Essa discussão abrange não só a necessidade de uma distribuição equitativa de riquezas, mas a própria concepção de riqueza e reprodução da vida, pois

> longe de ser o único sistema político-econômico viável, o capitalismo está na verdade destinado a destruir as condições ecológicas das quais dependem o ser humano. A relação entre capitalismo e o desastre ecológico não é acidental, e nem uma mera coincidência: 'a necessidade constante de um mercado em expansão' por parte do capital, seu 'fetiche pelo crescimento', mostra que o capitalismo, por sua própria natureza, se opõe a qualquer noção de sustentabilidade.[132]

Entende-se que, para parte da humanidade, o mundo moderno é uma oportunidade, pois o risco compensa as vantagens (para aqueles que estão na condição de indivíduo, empresa, país ou região), enquanto para outros a industrialização e a globalização se tornaram uma ameaça que compromete a vida e, apesar das ilusórias promessas de segurança que partem da economia, os perigos ambientais colocam em risco a "sobrevivência do próprio planeta".[133]

---

132 FISHER, Mark. *Realismo Capitalista: é mais fácil imaginar o fim do mundo do que o fim do capitalismo?* Tradução de Rodrigo Gonçalves, Jorge Adeodato, Maikel da Silveira. 1ª. ed. São Paulo: Autonomia Literária, 2020, p.36.

133 "A globalização dos problemas ambientais [*Umweltprobleme*] enquanto problemas internos ao mundo [*Innenweltprobleme*] obedece a uma dupla lógica: os perigos ambientais e técnicos resultam, tal como referido, antes de mais, das vitórias inexoráveis de uma industrialização linear, cega às consequências, que consome as suas próprias bases naturais e culturais. BECK, Ulrich. *A sociedade de risco mundial: em busca da segurança perdida.* Tradução de Marian Toldy e Teresa Toldy. Lisboa/Portugal: Edições 70, 2015, p. 295, 297.

1.3. SOLIDARIEDADE E PARENTESCO INTERESPÉCIES PARA ENFRENTAR O PROBLEMA[134]

Partindo de outra perspectiva, a filósofa e zoóloga ecofeminista Donna Haraway[135] apresenta sua crítica ao Antropoceno, afirmando ser esse um termo que faz mais sentido e se mostra mais útil entre intelectuais de regiões do globo com maior poder aquisitivo, mas não entre os camponeses e povos originários. O individualismo humano, regente das filosofias e economias ocidentais, não está preparado para "pensar com". Como bem enfatiza a autora, o *Antropos,* como espécie humana, não engloba, em suas práticas de conhecimento, a soma de diversos organismos e entornos como parte integrante da história, considerada como exclusividade humana.

Pode-se dizer que, "o olho ocidental tem sido fundamentalmente um olho errante, uma lente viajante"[136]; é preciso compreender as violências implícitas refletidas por esse modo de visualizar e se posicionar diante do outro e de nós mesmos, é preciso que o mundo ocidental se pergunte: "com o sangue de quem foram feitos os meus olhos?".[137] A construção social desse modelo de conhecimento, assim como as mudanças pelas quais passa o planeta, são fruto de uma racionalidade comprometida com a manutenção do poder e não com "movimentos em direção à verdade".[138] O sistema-mundo capitalista moderno expande suas formas de alienação, desagrega seres de suas relações complexas e emaranhadas e desconsidera que a Terra possui tecidos por todas as partes.

---

134 Capítulo baseado nas obras das autoras Donna Haraway, Ana Tising e no seguinte trabalho: CARVALHO, Flávia Alvim de. Capitaloceno e colapso climático: redes de solidariedade e parentesco para enfrentar o problema. In: DALMAU, Rubén Martínez; BUENO, Aurora (Orgs.). *Debates y perspectivas sobre los derechos de la Naturaleza. Una lectura desde el Mediterráneo.* València: Colección Pireo Universidad, 2023.

135 HARAWAY, Donna J. *Seguir con el problema: generar parentesco en el Chthuluceno.* Tradução de Helen Torres. Buenos Aires: Consonni, 2019.

136 HARAWAY, Donna. *Saberes localizados: a questão da ciência para o feminismo e o privilégio da perspectiva parcial.* Cadernos Pagu (5), pp.07 -41, 1995, p.25, 26.

137 HARAWAY, Donna. *Saberes localizados: a questão da ciência para o feminismo e o privilégio da perspectiva parcial.* Cadernos Pagu (5), pp.07 -41, 1995, p.25.

138 HARAWAY, Donna. *Saberes localizados: a questão da ciência para o feminismo e o privilégio da perspectiva parcial.* Cadernos Pagu (5), pp.07 -41, 1995, p.9.

> É necessário falar de redes que conectam açúcar, metais preciosos, plantações, genocídios indígenas e escravidão, com suas inovações laborais e seus deslocamentos e recomposições de bichos e coisas varrendo trabalhadores humanos e não humanos de todos os tipos.[139]

Apesar de "o Antropoceno e seus compromissos administrativos, tecnocráticos, modernizadores e enamorados da dupla mercado-benefício, que está a favor do excepcionalismo humano, parecer dizer que nos encontramos em uma situação difícil de mudar"[140], ele não nos derrotará. Aceitar o Antropoceno como verdade poderia significar minar nossa capacidade de imaginar outros mundos que superem o racismo e o especismo colonial, a vontade de dominar. É preciso e possível pensar a existência humana em conjunto com outros seres, entrelaçando seus metabolismos, economias e ecologias com histórias humanas e não humanas que nos permitam alcançar outra época geológica biodiversa, relacional e simpoiética.

Diante da devastação causada por processos antropogênicos nos últimos séculos, necessitamos de nos reinventar, necessitamos de outros nomes e outras narrativas para "seguir com o problema", necessitamos de outras respostas para continuar. Nesse contexto, Haraway apresenta o Chthuluceno trazendo à tona a capacidade de se produzirem histórias e práticas multiespécies a partir do "*devenir-con*".[141] O Chthuluceno considera que os seres humanos não são os atores principais e nem únicos seres capazes de reagir a esse estado de risco mútuo. *"El orden ha sido retejido: los seres humanos son de y están con la tierra, y los poderes bióticos y abióticos de esta tierra son la historia principal.".*[142]

Considerar que não é só o humano quem faz história é abrir espaço para compreender as histórias de Gaia, a geo-história. Para além dos sistemas burocráticos e autopoiéticos, incapazes de pensar com a simbiose, ecologias entrelaçadas e micróbios nos permitem pensar que "ainda há muitas boas histórias para contar, muitas redes para tecer, não só por

---

139 HARAWAY, Donna J. *Seguir con el problema: generar parentesco em el Chthuluceno*. Tradução de Helen Torres. Buenos Aires: Consonni, 2019., p. 85. (tradução nossa)

140 HARAWAY, Donna J. *Seguir con el problema: generar parentesco em el Chthuluceno*. Tradução de Helen Torres. Buenos Aires: Consonni, 2019, p.87. (tradução nossa)

141 HARAWAY, Donna J. *Seguir con el problema: generar parentesco em el Chthuluceno*. Tradução de Helen Torres. Buenos Aires: Consonni, 2019.

142 HARAWAY, Donna J. *Seguir con el problema: generar parentesco em el Chthuluceno*. Tradução de Helen Torres. Buenos Aires: Consonni, 2019, p.95.

seres humanos".[143] Os mundos relacionais, que ultrapassam os padrões materiais da história, binários e modernos, assumem um compromisso com infinitas alternativas ou *"maneras de regenerar el mundo, reimaginar, revivir y reconectar recíprocamente en un bienestar multiespécies.".*[144]

"Seguir com o problema" requer criatividade e persistência, outras narrativas para enfrentar, com cuidado, problemas ecológicos e sociais que não possuem uma realidade fixa. Tempos perturbadores e padrões injustos clamam por ressurgimentos que permitam a todos os seres da Terra "seguir com o problema", por meio de (re)conhecimentos coletivos que florescem em meio às relações de solidariedade e parentesco multiespécies (entre seres humanos e alteridades não-humanas). "Aprender a viver e morrer bem uns com os outros em um presente denso"[145] é uma forma de habitar o problema (*staying with the trouble*), com "respons-habilidade", reconhecendo-nos como seres complementares, interligados a diversos outros seres e elementos, em uma diversa configuração de territórios, identidades e sentimentos.

O Chthuluceno é um convite a lutar, no tempo presente, produzindo formas de viver e morrer de forma digna e gentil. A "sobrevivência colaborativa", como ressalta Tsing[146], é uma alternativa para continuar caminhando "em tempos precários, nos quais o capitalismo alastra sua devastação, [...] renovando nossos relacionamentos com as inúmeras espécies que, assim como os seres humanos, estão sendo levadas à extinção"[147]. Em outras palavras

> Para formularmos qualquer resposta, de fato, sustentável, precisamos "pensar-com", conscientes de que o caminho para a continuidade da história da vida na Terra depende da não "hominização", ou seja, é mister

---

143 HARAWAY, Donna J. *Seguir con el problema: generar parentesco em el Chthuluceno.* Tradução de Helen Torres. Buenos Aires: Consonni, 2019, p.86.

144 HARAWAY, Donna J. *Seguir con el problema: generar parentesco em el Chthuluceno.* Tradução de Helen Torres. Buenos Aires: Consonni, 2019, p.89.

145 HARAWAY, Donna J. *Seguir con el problema: generar parentesco em el Chthuluceno.* Tradução de Helen Torres. Buenos Aires: Consonni, 2019.

146 TSING, Anna Lowenhaupt. *O cogumelo no fim do mundo: sobre a possibilidade de vida nas ruínas do capitalismo.* Tradução de Jorgge Menna Barreto e Yudi Rafael. São Paulo: n-1edições, 2022.

147 CARVALHO, Flávia Alvim de. Capitaloceno e colapso climático: redes de solidariedade e parentesco para enfrentar o problema. In: DALMAU, Rubén Martínez; BUENO, Aurora (Orgs.). *Debates y perspectivas sobre los derechos de la Naturaleza. Una lectura desde el Mediterráneo.* València: Colección Pireo Universidad, 2023, p. 218.

pensar fora do mito de que o humano é seu ator principal e que o planeta está fadado ao desespero, ao cinismo ou ao discurso que se reduz à crença ou descrença no progresso. É essencial reconhecer os poderes da biodiversidade, assim como nossa interdependência, para compor histórias e práticas multiespécies capazes de enfrentar o problema.[148]

O pluralismo biológico e cultural existente nos permite pensar em alternativas ecocêntricas, em detrimento de monoculturas que conduzem uniformidades fragmentadas que desestabilizam os ecossistemas. "O universo da vida é de uma diversidade absurda"[149] e é "esse grande número de espécies que permite uma prodigiosa capacidade de adaptação da vida em diferentes ambientes, mesmo quando o habitat muda drasticamente"[150].

Os seres vivos, compreendidos como simbiontes são, para Haraway, sinônimo de produção coletiva, ou seja, ao contrário da autoprodução encontrada na autopoiese, a simpoiesis foca nas relações "com". A simbiose permite, portanto, que todos se contaminem, que aqueles que se relacionam sejam modificados, transformados uns pelos outros, por meio de processos complexos que permitem produzir mundos "com". O individualismo e o neoliberalismo modernos, permeados do pensamento binário subalterno, não compreendem que vivemos sistemas históricos complexos e que a compreensão biológica das relações envolvem práticas e relações inesperadas.

Anna Tising[151], no mesmo sentido, demonstra que a perturbação é um elemento sempre presente na criação de novos mundos e como a capacidade de estabelecer outros encontros colaborativos com espécies companheiras permite a sobrevivência de espécies e grupos. Partindo de uma socialidade que compreenda outros seres além dos humanos, que podem ser aliados para enfrentar o "fim do mundo", a autora nos convida a uma antropologia que investigue e as características e as origem de

---

148 CARVALHO, Flávia Alvim de. Capitaloceno e colapso climático: redes de solidariedade e parentesco para enfrentar o problema. In: DALMAU, Rubén Martínez; BUENO, Aurora (Orgs.). *Debates y perspectivas sobre los derechos de la Naturaleza. Una lectura desde el Mediterráneo*. València: Colección Pireo Universidad, 2023, p. 218.

149 BARROS, Henrique Lins. *Biodiversidade e renovação da vida*. São Paulo: Claro Enigma; Rio de Janeiro: Editora Fiocruz, 2011, p.10.

150 BARROS, Henrique Lins. *Biodiversidade e renovação da vida*. São Paulo: Claro Enigma; Rio de Janeiro: Editora Fiocruz, 2011, p. 10 e 11.

151 TSING, Anna Lowenhaupt. *O cogumelo no fim do mundo: sobre a possibilidade de vida nas ruínas do capitalismo*. Tradução de Jorgge Menna Barreto e Yudi Rafael. São Paulo: n-1edições, 2022.

um mundo que está além do humano, isto é, uma "etnografia multiespécies". Essa perspectiva propõe a compreensão biopolítica de um mundo encoberto. Baseia-se na subjetividade e na relação de humanos com organismos como, por exemplo, fungos, permitindo englobar aqueles que não estão compreendidos pelo paradigma da linguagem simbólica.

As relações interespécies permitem que aconteçam relações transformadoras, permitem a "contaminação", a regeneração e a sobrevivência pelo encontro. Para demonstrar a importância do "encontro", a autora demonstra em "O cogumelo no fim do mundo", a decadência das *plantations*, prática colonial europeia, que aconteceu no Brasil entre os séculos XVI e XVII, responsável pelo extermínio de pessoas e plantas com o monocultivo da cana de açúcar. Nas palavras de Tsing, "transportada para o Novo Mundo, a cana estabelecia poucas relações interespécies. Em comparação com outras plantas, a cana apresentava uma característica autossuficiente e indisponível ao encontro"[152]. Esse modelo, como explica a autora, tornou-se uma inspiração para a posterior modernização e industrialização.

> Em segundo lugar, o trabalho no canavial: a exploração de cana de açúcar pelos portugueses juntou-se ao seu poder de trazer pessoas escravizadas da África. Como trabalhadores de cana no Novo Mundo, os africanos eram vantajosos para os interesses dos produtores: eles não tinham laços sociais locais e, portanto, não contavam com rotas estabelecidas de fuga. Como a própria cana, que não possuía um histórico de relações com espécies companheiras no Novo Mundo, as pessoas escravizadas estavam isoladas.[153]

As plantações, ou o monocultivo, como salienta outra autora importantíssima, Vandana Shiva[154], foram organizadas para fomentar a alienação e melhorar o domínio, o controle sobre os corpos, sobre os territórios. Plantio colonial, trabalho forçado e território conquistado estão, portanto, intrinsecamente relacionados e essa fórmula moldou os sonhos que passamos a chamar de progresso e modernidade e, assim, moldou-se o sistema utilitarista capitalista moderno.

---

152 TSING, Anna Lowenhaupt. *O cogumelo no fim do mundo: sobre a possibilidade de vida nas ruínas do capitalismo.* Tradução de Jorgge Menna Barreto e Yudi Rafael. São Paulo: n-1edições, 2022, p. 87.

153 TSING, Anna Lowenhaupt. *O cogumelo no fim do mundo: sobre a possibilidade de vida nas ruínas do capitalismo.* Tradução de Jorgge Menna Barreto e Yudi Rafael. São Paulo: n-1edições, 2022, p. 87,88.

154

E por que os cogumelos para nos ensinar a regenerar no fim do mundo? Porque, ao contrário da cana de açúcar, o matsutake não pode viver sem relações transformadoras com outras espécies. O fungo obtém seus carboidratos a partir de relações mutualísticas com as raízes das árvores hospedeiras, para quem ele também fornece nutrientes. O matsutake permite que as árvores hospedeiras vivam em solos podres, sem húmus fértil. Em troca eles são nutridos pelas árvores. O mutualismo é transformador e, com sua relacionalidade contaminante, exige a diversidade dinâmica de múltiplas espécies na floresta.[155]

A própria pandemia reflete uma ruptura de ciclos ecológicos pela exploração abusiva de capital e torna esse novo olhar fundamental para nossa existência/r-existência diante dos impactos provocados pelo sistema capitalista-colonial-moderno que acredita no excepcionalismo humano e na mecanização da Natureza. Tsing[156] propõe uma metodologia experimental, a que chama de "a arte de perceber o mundo", que procura desestabilizar as fronteiras criadas pela modernidade entre as ciências naturais e sociais.

Precisamos nos envolver e criar entrelaçamentos multiespécies que nos permitam imaginar novos enredos para a criação de outros mundos possíveis. É imprescindível compreender a raridade preciosa em que vivemos"[157] para que possamos "ressignificar o humano e o próprio Antropoceno.[158] A crise ecológica, climática e sistêmica envolve não só a destruição de florestas, a industrialização, a exploração, as desigualdades e a transformação dos territórios, mas a incapacidade do humano moderno de compreender outras linguagens e desenvolver outros laços de afeto. Portanto, nesse cenário de crise ecológica global,

---

155 TSING, Anna Lowenhaupt. *O cogumelo no fim do mundo: sobre a possibilidade de vida nas ruínas do capitalismo.* Tradução de Jorgge Menna Barreto e Yudi Rafael. São Paulo: n-1edições, 2022.

156 TSING, Anna Lowenhaupt. *O cogumelo no fim do mundo: sobre a possibilidade de vida nas ruínas do capitalismo.* Tradução de Jorgge Menna Barreto e Yudi Rafael. São Paulo: n-1edições, 2022.

157 SAGAN, Carl. *Cosmos.* Tradução de Paul Geiger. São Paulo: Companhia das Letras, 2017.

158 CARVALHO, Flávia Alvim de. Reflexões decoloniais sobre como ressignificar o humano no antropoceno. *Rede Brasileira de Direito e Literatura*, Anais do X CIDIL, As Fronteiras em Direito & Literatura: Narrativas Insurgentes e Inquietações Contemporâneas, p. 413-436, mês, 2022. Disponível em: link. https://periodicos.rdl.org.br/anacidil/article/view/951/1137.

ao falarmos de movimentos ecológicos e grupos que lutam historicamente por uma ética planetária sustentável, devemos nos lembrar, antes de tudo, da luta dos originários que, possuem outra forma de se relacionar e já nasceram despertos.

2. A NECESSÁRIA EMERGÊNCIA DE UM DIREITO ECOLÓGICO CRÍTICO, DECOLONIAL E TRANSMODERNO

Conforme analisado no capítulo anterior e, portanto, diante de um novo cenário para a história da vida no planeta Terra, provocado, em grande parte, pelas consequências da atuação do homem moderno a partir da Era Industrial (consequências que se agravaram no pós-Segunda Guerra Mundial com o processo chamado de "Grande Aceleração")[159], uma mudança de paradigma, em especial no âmbito jurídico, faz-se extremamente necessária. Isso se justifica pelo fato de a teoria do direito ocidental partir de uma visão de mundo mecanicista, simplista e utilitarista que, desde suas origens patriarcais-coloniais, construiu uma base materialista unificada, perante a qual as demais culturas do mundo deveriam ser comparadas.

Tal conjuntura garantiu uma posição privilegiada ao "homem" racista, machista e especista, produzindo as bases da crise ecológico-sistêmica atual. E, considerando esse cenário, é importante destacar que se adota, por vezes, propositadamente, a palavra "homem" em vez da palavra "ser humano" (que se refere à espécie) ou mesmo "humanidade" (que se refere à reunião de "seres humanos" ou características que supostamente lhes são peculiares). Isso porque o androcentrismo, que define o mundo em masculino, que atribui ao homem a representação da humanidade[160]e, consequentemente, o poder de "dizer o direito", distorceu a realidade, deformou a ciência e provocou graves consequências para o planeta e para a própria humanidade.

Pode-se dizer que o grande responsável pelas distorções ideológicas, pela reestruturação da sociedade e pela introdução de normas regidas

---

159 A "Grande Aceleração", foi marcada por uma abundante exploração de petróleo associado a outras práticas comerciais globais dependentes da Natureza "barata" e do consumo em massa.

160 GARCIA, Carla Cristina. *Breve História do Feminismo*. São Paulo: Claridade, 2021.

pelo pensamento binário, "é o pedantismo cristão, por ter elaborado equações desonestas"[161], tais como: "cristianismo = civilização". Além disso, o pensamento cartesiano e as dimensões da masculinidade estipuladas pela modernidade distanciaram o "homem" da Natureza, como se fossem distintos, encobriram diferentes vocabulários pertencentes a um mundo de "múltiplos", despolitizaram as mulheres e difundiram a ilusão da linearidade histórica. "As linguagens hierárquicas anteriores se tornaram hiper-hierárquicas após entrarem em contato com o discurso moderno da igualdade"[162], originando a preponderância do gênero masculino e da raça humana.

Por analogia, se voltarmos ao Antigo Testamento e analisarmos, por um viés crítico, o "mito da criação", notaremos que foram considerados coautores do "pecado original", cometido pela mulher ao comer o fruto do conhecimento e oferecê-lo ao homem, todos os "Outros" integrantes dessa complexidade desencoberta. Como consequência, tal qual a mulher, a Natureza não-humana foi condenada ao sacrifício eterno e à submissão. Não à toa, Adão significa também "ser humano", revelando que "humanidade" é, de fato, uma palavra de exclusão.

Com o passar do tempo, com o distanciamento forçado das mulheres de suas terras e das fontes naturais das quais dependem e com as quais se relacionam, favoreceu-se um modelo econômico crescente que pregou (e ainda prega) a mercantilização de tudo. Isso refletiu uma forma de castigo em matéria prática e o encobrimento de uma grande diversidade de vivências e formas de conhecimento provenientes de um mundo que "não está à venda"[163]. Como afirma Vandana Shiva, "o estupro da Terra e o estupro das mulheres estão intimamente relacionados"[164].

Logo, esse modelo econômico, ao mesmo tempo em que aposta todas as suas fichas na ideia de crescimento ilimitado, simboliza a política de domínio imposta pelo patriarcado. Pode-se dizer que, com as estruturas do

---

161 CÉSARIE, Aimé. *Discurso sobre o colonialismo*. Tradução de Claudio Willer. São Paulo: Veneta, 2020, p. 11.

162 SEGATO, Rita. *Crítica da colonialidade em oito ensaios: e uma antropologia por demanda*. Tradução de Danielli Jatobá, Danú Gontijo. Rio de Janeiro: Boitempo, 2021, p. 102.

163 SHIVA, Vandana; MIES, Maria. *Ecofeminismo*. Tradução de Carolina Caires Coelho. Belo Horizonte: Editora Luas, 2021, p.28.

164 SHIVA, Vandana; MIES, Maria. *Ecofeminismo*. Tradução de Carolina Caires Coelho. Belo Horizonte: Editora Luas, 2021.

patriarcado tradicional se fundindo com as estruturas do patriarcado capitalista, a serviço do "homem branco, proprietário e rico" subjugaram-se "todos" e "tudo". Isso é, a construção da dominação cultural masculina, além de sustentar essa hierarquia como uma hegemonia natural, impôs as experiências masculinas como se fossem um padrão universal.[165]

No contexto do patriarcado, não basta ser do sexo masculino para ser considerado homem, pois, "a identidade é um parâmetro heteroconstruído"[166], sendo necessário incluir o termo psicológico e cultural, que estabelece mais uma forma de violência, denominada "gênero". Ademais, esse padrão excludente é verificado na indispensabilidade, conforme dito anteriormente, do preenchimento de alguns requisitos. Porquanto, não basta não ser do sexo feminino e ser branco para ser considerado homem, é necessário ser proprietário; mas não um simples proprietário, é imprescindível que se acumulem propriedades, bens materiais e privilégios.

Dessa forma, utilizar a palavra "humanidade" ou mesmo "humano" para nos referirmos a um pensamento instrumental, que garante a um determinado estereótipo de ser humano posição privilegiada em relação ao todo, parece-nos algo que desqualifica os crimes, ou mesmo a discussão. Uma teoria construída com base em uma suposta/imposta superioridade em relação ao restante da "criação", que tenta separar o homem do contexto natural (como se fosse algo sobrenatural), caminha em desencontro aos "direitos naturais" da Terra, das mulheres, dos povos e comunidades tradicionais, das demais espécies e das futuras gerações. A colonização do ser e do saber está intrinsecamente associada e é consequência direta da "razão instrumental"[167], de um projeto de "humanidade" que é, de fato, um projeto de exclusão.

Desde o casamento do milenar patriarcado com o sistema capitalista, o "paradigma do patriarcado capitalista"[168] vem conduzindo o siste-

---

165 NASCIMENTO, Dulcilene Ribeiro Soares. Androcentrismo, a construção da dominação cultural masculina. *Revista Científica Cognitionis*, Logos University International, n.p. Disponível em: https://unilogos.org/revista/wp-content/uploads/2020/04/ANDROCENTRISMO-A-CONSTRU%C3%87%C3%83O-DA-DOMINA%C3%87%C3%83O-CULTURAL-MASCULINA.pdf.

166 TIBURI, Márcia. *Feminismo em comum: para todas, todes e todos*. Rio de Janeiro: Rosa dos Tempos, 2020, p.22.

167 Referente à operacionalização dos processos racionais descritos por Max Horkheimer, no contexto de sua teoria crítica.

168 Conforme denominação atribuída pela autora Claudia von Werlhof para se referir ao modelo patriarcal vigente.

ma-mundo de forma insustentável e injusta, mantendo a exclusão, entre outros, das mulheres, indígenas e negros, impedindo sua representatividade e participação. A história é a estória contada pela Europa ocidental e a ciência é, de todo, contestável, porque reflete um jogo de poder no qual, a grupos como esses, ou seja, ao "Outro", é conferido o direito de aprender com os homens brancos, heterossexuais, proprietários e ricos, que são os donos da vangloriada "objetividade" e "iluminada razão".

A Natureza e todo princípio feminino gerador de vida, antes ligado ao cuidado e a diferentes possibilidades de reprodução do comum e regeneração, a partir do antropocentrismo moderno, tornam-se "recursos" para a produção, agora, medidos pela lógica capitalista de valoração. Transformada em produto, a Natureza é consumida e, logo após, descartada de modo a movimentar a cadeia cíclica que envolve consumismo - industrialização e autodestruição. Estamos discorrendo sobre um sistema - mundo no qual a violência está presente em todas as estruturas e as instituições reduzem, cotidianamente, seres humanos e não humanos a objetos, destruindo as bases de sustentação da vida para as submeterem às exigências do processo de acumulação.

As mulheres, condenadas pelo patriarcado à submissão eterna, ainda, estão longe de alcançar qualquer situação de "privilégio", mesmo em teoria, em um sistema-mundo que transforma a maternidade em "trabalho", ou seja, "produção". "Aceitam" as mulheres assim como os indígenas e os negros em ambientes vários, mas são falsos os discursos ou mesmo a "aceitação", porque não correspondem à prática de inclusão da diversidade em sua integralidade.

Essa "humanidade", à qual nos referimos, que delimita um conjunto de características específicas, é uma humanidade, por motivos que vão além dos aqui expostos, inventada. É da boca desse "homem", que possui características particulares que, ainda, sai a definição sobre o que é conhecimento, o que é ciência, o que é desrespeito, o que é opinião e qual a correta e/ou mais adequada interpretação. "A constituição do campo jurídico é um princípio de constituição da realidade"[169] e a "significação do real"[170] corresponde a uma relação de forças inserida, inclusive e principalmente, no campo da linguagem.

---

169 BOURDIEU, Pierre. *O poder do simbólico*. Tradução de Fernando Tomaz. Rio de Janeiro: Bertrand Brasil, 1989, p. 229.

170 BOURDIEU, Pierre. *O poder do simbólico*. Tradução de Fernando Tomaz. Rio de Janeiro: Bertrand Brasil, 1989, p. 224.

A "humanidade inventada" embaça as lentes que nos permitem enxergar a verdade, levando-nos a confundir afinidade política com identidade. Estamos diante de tecnologias, cada vez mais apuradas que, por meio de taxonomias tendentes a refazer a história, conduzem-nos a um sentimento de unidade sem, contudo, enfrentar, de forma eficaz, as dominações de "gênero", "raça", "sexualidade" e "classe". "A abstração e a ilusão governam em questões de conhecimento; a dominação governa em questões de prática."[171]. Até mesmo, como dissemos, a própria estrutura ontológica do trabalho (no sentido marxista -socialista-feminista) amplia a categoria "trabalho" para compreender a maternidade, ignorando vínculos naturais, afetivos e a própria espiritualidade. Sem criatividade, mercantiliza-se a maternidade. É preciso cuidado para lutar pelo direito à dignidade e sua dimensão ecológica sem cair nas amarras do capitalismo que reifica tudo e desconsidera a naturalidade.

Em contraposição ao racionalismo científico, que defende um "nós imaginado"[172], ainda lutamos pela expressão de saberes críticos e paradoxais. Lutamos por outros significados, por teorias que superem a distância criada entre a Natureza e a cultura, partindo de saberes locais em direção a redes de solidariedade multiespécies, baseadas em valores como complementaridade, reciprocidade e interdependência. Porque, quando pensamos em Natureza, pensamos em nós mesmos; a Natureza não tem preço; e o direito de propriedade é ineficaz, não compreende e não dialoga com os Direitos da Natureza.

O Direito Ecológico e transmoderno coloca o comum no centro da vida e combate o consumo excessivo; já o Direito Ambiental, como conhecemos, protege propriedades e produz leis fundamentadas em uma visão de mundo utilitarista. O direito precisa alcançar o que está além dos interesses humanos, porque o humano é um ser que só vive se souber manter uma relação de interdependência, reciprocidade e complementaridade com o ecossistema do qual é parte. A crise da racionalidade moderna, marcada pelo racionalismo liberal e pelo formalismo positivista, leva-nos, necessariamente, a questionar esse modelo que prega a "coisificação do mundo", por meio de uma epistemologia que não liberta, mas, ao contrário, padroniza, individualiza e, por isso, aliena.

---

171 HARAWAY, Donna. *Manifesto Ciborgue: ciência, tecnologia e feminismo-socialista no final do século XX*. Ponta Grossa: Editora Monstro dos Mares, p.53.

172 HARAWAY, Donna. *Saberes Localizados: a questão da ciência para o feminismo e o privilégio da perspectiva parcial*. Cadernos Pagu, Campinas, SP, n. 5, p. 7–41, 2009.

Paulo Freire dizia que "as pessoas se libertam em comunhão". Por acreditar no sentido e força dessa afirmação, ressaltamos que a crise do sujeito coletivo está diretamente relacionada à crise sistêmica em que estamos inseridos, pois o individualismo é um dos maiores problemas sociais atuais. Ressalta-se que "individuo" é um conceito disseminado pelos colonizadores, pois povos originários identificam-se com o todo; logo, são, por natureza, coletivos.

Diante disso, podemos afirmar que mudanças conceituais e procedimentais provocadas por crises de paradigmas são extremamente necessárias quando evidenciam anomalias que nos permitem conduzir determinado campo do saber a novos compromissos éticos e novas bases científicas. Conforme afirma Thomas Kuhn[173], as revoluções científicas (assim como as políticas) nascem de um desconforto crescente, do sentimento de que o paradigma existente não é eficiente ou, em outras palavras, não mais capaz de responder aos desafios atuais:[174] complexos, sistêmicos e multiculturais.

No mesmo sentido, Antônio Carlos Wolkmer[175] esclarece que uma crise manifesta o declínio de um modelo, problemas em relação aos valores dominantes ou tradicionalmente vigentes. Sua transposição por outro modelo, no âmbito do Direito, representa, para o autor, "a substituição e a construção de novo conceito de racionalidade"[176], nesse caso, crítico – interdisciplinar, emancipatório e sistêmico. Wolkmer afirma que, diante da *krisis*, a estrutura normativa moderna tem dois de seus paradigmas hegemônicos afetados: 1. "o racionalismo metafísico – natural (jusnaturalismo)"[177]; e 2. "o racionalismo lógico – instrumental (o positivismo jurídico)".[178]

---

173 KUHN, T. S. *A estrutura das revoluções científicas*. São Paulo: Perspectiva, 1997.

174 Ressalta-se que, apesar de o texto escrito utilizar a palavra "atuais", esses desafios são históricos e, ainda, atuais, porém, antes, encobertos.

175 WOLKMER, Antonio Carlos. *Introdução ao pensamento jurídico crítico*. 9a.ed. São Paulo: Saraiva, 2015.

176 WOLKMER, Antonio Carlos. *introdução ao pensamento jurídico crítico*. 9a.ed. São Paulo: Saraiva, 2015, pp. 26, 27

177 WOLKMER, Antonio Carlos. *Introdução ao pensamento jurídico crítico*. 9a.ed. São Paulo: Saraiva, 2015, p. 27.

178 WOLKMER, Antonio Carlos. *introdução ao pensamento jurídico crítico*. 9a.ed. São Paulo: Saraiva, 2015, p. 27.

Para tanto, é mister compreender o conceito de Direito dominante, proveniente da tradição moderna, por um viés essencialmente crítico, que nos possibilite (re)interpretá-lo na condição de fenômeno sociocultural produzido e reproduzido historicamente pelos vencedores e não pelos vencidos. Para isso se faz mister recusar a concepção de Direito como dogma ou verdade absoluta; afinal, como afirma Lyra Filho, "o Direito autêntico e global não pode ser isolado em campos de concentração legislativa"[179], podendo afirmar até que "se o Direito é reduzido à pura legalidade, já representa a dominação ilegítima".[180]

Diante do exposto, a crise da modernidade será analisada à luz das experiências vivenciadas coletivamente no Antropoceno, à medida que se procura compreender as principais características do Direito Ambiental vigente, sua falta de eficácia social e ineficiência no plano de atingimento de sua finalidade, ou seja, em relação à proteção do humano como Natureza e da Natureza em si, independentemente da relação utilitarista estabelecida pela humanidade moderna.

Na sequência, apresentar-se-á uma breve análise da perspectiva histórica do Direito Ambiental para que se possam compreender o percurso e os motivos que nos conduziram a um direito utilitário, míope, ancorado por uma matriz cartesiana que encobriu tradições milenares e saberes diversos, como os dos povos originários de Abya Yala. Importante compreender quais caminhos percorridos e objetivos traçados pelo "homem branco – proprietário - rico" em desencontro ao equilíbrio ecossistêmico do planeta, à diversidade, à biodiversidade e aos valores intrínsecos da Natureza. Outrossim, é importante destacar lutas locais pela preservação e proteção da descolonização da vida. Afinal, apesar de a espécie humana dar causa a processos históricos que colocam em risco o equilíbrio ecológico do planeta, é também capaz de reagir aos impactos provocados, em especial, pelos modernos, encontrando outras respostas e "ecologizando o direito".

Concluindo, por pretendermos ultrapassar a ideia de que o direito se reduz à norma jurídica e por acreditarmos que o resgate da complexidade e da diversidade, assim como a criação de espaços de consensos e de diálogos interculturais (que levem em conta as assimetrias historicamente existentes) são essenciais para o emergir de um direito decolonial, crítico e que não é, ainda, pós-moderno, exploraremos, por

---

179 FILHO, Roberto Lyra. *O que é direito*. São Paulo: Brasiliense, 2012, p.10.

180 FILHO, Roberto Lyra. *O que é direito*. São Paulo: Brasiliense, 2012, p.11.

fim, ao tratar do Direito Ecológico, o conceito de transmodernidade, desenvolvido por Enrique Dussel, defendendo uma Teoria do Direito capaz de interagir com a realidade social (em constante transformação) a partir de um paradigma ecocêntrico.

2.1. PERSPECTIVA HISTÓRICA DO DIREITO AMBIENTAL

A história do Direito nos permite compreender e analisar, desde uma perspectiva crítica e não linear, as fontes de produção, as técnicas e as instituições que o foram edificando e legitimando. Um estudo que não considere o progresso da humanidade como regra histórica "em um tempo homogêneo e vazio"[181] permite-nos identificar rachaduras, avanços e retrocessos que vão, ao longo do tempo, construindo o ordenamento jurídico. Por consequência, conforme assevera Lixa, a história não deve ser interpretada como narrativa de acontecimentos, mas como

> expressão de experiências humanas que definem mudanças estruturais coletivas, que não tratam simplesmente de investigação sobre personagens individuais, como os 'heróis' ou 'personagens', mas de como a trama da vida move os indivíduos comuns desde desejos, necessidades, valores e interesses a criarem aspirações coletivas e romperem com estruturas e modelos dominantes. Trata-se, assim, de romper com o conceito de que História é uma mera narrativa de atos individuais, mas estudar História desde a possibilidade de mudanças do presente. É um ato de recusa de verdades absolutas e destinos imutáveis preestabelecidos, uma forma de adquirirmos a consciência das forças que nos levam coletivamente a agir desde as experiências vivenciadas.[182]

Ao identificarmos valores solidificados e reproduzidos historicamente, adquirimos a consciência das forças que nos levam, coletivamente, a agir desde as experiências vivenciadas até passarmos a compreender as diversas formas de controle e proteção de valores, que organizam a vida em sociedade, segundo o lugar, a cultura e o tempo.[183] A estruturação desses valores, ou bens jurídicos, amparados e garantidos por um conjunto de normas jurídicas definidas conforme a ordem social

---

[181] BENJAMIN, Walter. *Sobre o conceito de História*. Edição Crítica. Tradução de Adalberto Muller, Márcio S. Silva. 1a. ed. São Paulo: Alameda, 2020, p. 49.

[182] LIXA, Ivone Fernandes Marcilo. *Fundamentos Históricos do Direito*. Indaial: UNIASSELVI, 2018, p.5.

[183] LIXA, Ivone Fernandes Marcilo. *Fundamentos Históricos do Direito*. Indaial: UNIASSELVI, 2018.

- política - econômica, em constante transformação[184], sofre alterações de acordo com o tempo histórico e com o modo particular com que cada povo tem de se relacionar em sociedade e com o meio ambiente.

A história do Direito é um "instrumento de revisão das fontes legislativas e práticas das instituições jurídicas para alinhar o direito com as necessidades e condições sociais"[185] e o pensamento crítico latino-americano é uma metodologia desmistificadora, que nos permite analisar a complexidade, a partir da compreensão da diversidade da vida social que produz o Direito.

Para Wolkmer,

> o Direito Moderno é compreendido desde uma nova perspectiva que permite identificar os fatores e elementos políticos, sociais, econômicos e culturais subjacentes ao processo histórico desenvolvido entre os séculos XVI a XIX na Europa que acabou por definir a cultura jurídica dominante nos dias de hoje. Em síntese, o que atualmente se compreende por Direito é resultado do contexto histórico europeu moderno organizado desde a consolidação do capitalismo liberal que foi definindo uma estrutura política e jurídica estatal centralizada, modelo este que, por conta da expansão colonizadora, foi colocado em marcha a partir do século XIV. O fundamento nuclear do Direito Moderno é o individualismo liberal, expressão maior do valor moral da sociedade burguesa emergente, que coloca o homem como ser individual autônomo e formalmente livre. Nessa dinâmica histórica, a ordem jurídica é instrumentalizada como estatuto de uma sociedade que proclama a vontade individual, priorizando formalmente a liberdade e a igualdade de seus atores sociais.[186]

O universo jurídico que se desenvolveu ao longo desses anos, regido pelo paradigma da simplicidade e pelas verdades "universais", é fruto do avanço de ideais liberais provenientes da estruturação do Estado Moderno.[187] No intuito de garantir segurança jurídica aos "novos proprietários", o Estado e, por consequência, o Direito se tornaram instrumentos de legitimação dos interesses de um grupo historicamente

---

184 LIXA, Ivone Fernandes Marcilo. *Fundamentos Históricos do Direito*. Indaial: UNIASSELVI, 2018, p.6.

185 LIXA, Ivone Fernandes Marcilo. *Fundamentos Históricos do Direito*. Indaial: UNIASSELVI, 2018, p.6.

186 WOLKMER, Antonio Carlos. *História do Direito no Brasil*. 4. ed. Rio de Janeiro: Forense, 2007, p.30.

187 CARVALHO, Flávia Alvim de. A institucionalização do domínio pelo Estado Moderno e o mito da razão universal. In: MEDRADO, Vitor Amaral (Org.). *A Justiça sob Judice: reflexões interdisciplinares*. V.1. São Paulo: Dialética, 2022.

dominante que dependida de um modelo de produção e reorganização social alinhado ao cenário de industrialização do emergente sistema - capitalista - europeu.[188]

Quando traçamos a perspectiva histórica do Direito Ambiental, percebemos que esse é resultado de processos de lutas socioambientais frente à exploração do humano e da Natureza. Contudo, apesar de a legitimação político - comunitária dos ideais ambientalistas decorrerem dos efeitos da poluição e da crescente degradação da Natureza, a construção conceitual e política do Direito Ambiental vigente está intrinsecamente relacionada à proteção normativa da propriedade privada e à necessidade da legitimação das atividades extrativistas reguladas pelo mercado.

É o que veremos ao analisar as fases históricas do Direito Ambiental, as quais demonstrarão que, apesar de rico, o complexo normativo ambiental, em especial o brasileiro, é ineficiente se analisado à luz do Antropoceno e da "sociedade de risco". Podemos afirmar que, da fase de fragmentação à fase de sua instrumentalização normativa, os interesses econômicos preponderaram nessa relação jurídica estabelecida entre o humano e o meio ambiente brasileiro.

A partir da década de 1970, com a chamada "virada ecológica" alguns países passam a integrar a proteção ambiental à estrutura constitucional interna, na tentativa de combater a degradação e a poluição ambiental, promovendo dignidade ao humano à medida que preserva o meio ambiente. No entanto, hodiernamente, como nos lembra o professor Morato Leite[189], o que observamos é que a racionalidade do Direito ainda não é suficientemente eficaz, por mais esforços que presenciamos para se garantir um meio ambiente ecologicamente equilibrado, também, às gerações futuras.

Nesse cenário, a Teoria Ecológica do Direito procura defender o respeito aos ecossistemas, o que significa desvencilhá-los das amarras capitalistas projetadas pelo sistema-mundo moderno. Não comprometer as condições favoráveis ao equilíbrio e à segurança das comunidades vivas

---

188 CARVALHO, Flávia Alvim de. A institucionalização do domínio pelo Estado Moderno e o mito da razão universal. In: MEDRADO, Vitor Amaral (Org.). *A Justiça sob Judice: reflexões interdisciplinares.* V.1. São Paulo: Dialética, 2022.

189 Palestra proferida pelo professor José Rubens Morato Leite no Seminário Latino- Americano Direitos da Natureza e Decolonialidade. PPGD PUC Minas. A Ecologização do Direito. 4, dez. 2021. Disponível em: https://www.youtube.com/watch?v=TnyJB_JX204&t=345s.

só é possível à medida que aprofundarmos, de forma transdisciplinar, na história do planeta, sua geologia, biodiversidade e suas leis físicas, relacionando-as à história dos povos como parte integrante da Natureza.

Não vivenciamos a pós-modernidade, a modernidade não é uma página virada na história do humano, suas consequências, pelo contrário, se espalham por toda a Terra. Da mesma forma, o Direito, por consequência, está longe de ser, ou pretender ser, "pós-moderno". Dialogando com Enrique Dussel, defendemos que a mudança que almejamos está emergindo de movimentos historicamente silenciados, lentamente desencobertos que, ao expressarem a cultura da harmonia e do cuidado, conduzem-nos à superação de um paradigma antropocêntrico e nos permite defender a aplicabilidade de um Direito Ecológico e transmoderno.

2.1.1. DO "LAISSEZ-FAIRE AMBIENTAL" À FRAGMENTAÇÃO INSTRUMENTAL

"Um dos primeiros atos dos marinheiros portugueses que, a 22 de abril de 1500, alcançaram a costa sobrecarregada de floresta do continente sul-americano [...], foi derrubar uma árvore. Do tronco desse sacrifício ao machado de aço, confeccionaram uma cruz rústica – para eles, símbolo de salvação da humanidade. [...] Os indígenas, que inocentemente se irmanaram com eles, naquela praia, não faziam ideia, tal como as árvores às suas costas, da destruição que essa invasão causaria. Esse evento memorável da história da humanidade – o fim de milênios de separação entre os dois maiores contingentes de população da espécie – foi também o mais trágico."

Warren Dean[190]

A expressão francesa *laissez-faire*, utilizada para se referir ao modelo político e econômico de não - intervenção estatal, ou seja, um modelo em que o Estado se mantém distante da regulamentação do mercado, casa bem com a fase fragmentária do Direito Ambiental. Nesse período, os interesses econômicos de uma pequena classe dominante estrangeira prevaleceram em detrimento da coletividade originária, posteriormente uniformizada na figura do "nacional". O individualismo

---

190 DEAN, Warren. *A ferro e a fogo: a história da devastação da Mata Atlântica brasileira.* Tradução de Cid. K. Moreira. São Paulo: Companhia das Letras, 1996, p.59.

envolvido pelo liberalismo econômico, ou seja, pela não-intervenção estatal, conduziu o sistema capitalista de produção e consumo, baseado na acumulação e exploração do tempo, da mão-de-obra e dos recursos naturais. Esse modelo sustentou uma rede de injustiças e desigualdades que, ao longo dos anos, provocaram uma sequência de desastres com graves impactos ecológicos e socioambientais.

Antônio Herman Benjamin observa que a história nacional, considerando o período pós - chegada dos colonizadores europeus ao território brasileiro, reflete um período em que "fomos escravos da visão distorcida da natureza-inimiga"[191]. Para o Ministro, até aproximadamente o início da segunda metade do século XX, a proteção ambiental, de cunho conservacionista, não procurava resguardar o meio ambiente como tal, mas salvaguardar interesses econômicos e privatísticos como, por exemplo, assegurar a sobrevivência de alguns recursos naturais considerados preciosos pela ordem econômica imperial. Esses recursos, que já se encontravam em adiantado processo de exaurimento, eram supervalorizados pela coroa porque, além de servir como matéria prima, garantindo lucro ao mercado europeu, por vezes, serviam de anteparo à saúde, valor fundamental.[192]

A omissão legislativa, característica principal dessa fase denominada "fase da exploração desregrada ou do *laissez-faire* ambiental"[193], demonstrou que, ressalvados os interesses privados dos colonizadores com o mercado europeu, os conflitos que porventura se apresentassem revestidos de matéria ambiental eram colocados em segundo plano, quando não eram reduzidos, de forma desregrada, à lógica dos direitos de vizinhança.[194]

---

191 BENJAMIN, Antônio Herman V. Introdução ao Direito Ambiental Brasileiro. *Revista dos Tribunais Online*, p. 1 – 33, Revista de Direito Ambiental, vol. 14/1999, p. 48 – 82, Abr. - Jun. / 1999; Doutrinas Essenciais de Direito Ambiental, vol. 1, p. 41 – 91, Mar / 2011, p. 1.

192 BENJAMIN, Antônio Herman V. Introdução ao Direito Ambiental Brasileiro. *Revista dos Tribunais Online*, p. 1 – 33, Revista de Direito Ambiental, vol. 14/1999, p. 48 – 82, Abr. - Jun. / 1999; Doutrinas Essenciais de Direito Ambiental, vol. 1, p. 41 – 91, Mar / 2011.

193 BENJAMIN, Antônio Herman V. Introdução ao Direito Ambiental Brasileiro. *Revista dos Tribunais Online*, p. 1 – 33, Revista de Direito Ambiental, vol. 14/1999, p. 48 – 82, Abr. - Jun. / 1999; Doutrinas Essenciais de Direito Ambiental, vol. 1, p. 41 – 91, Mar / 2011.

194 BENJAMIN, Antônio Herman V. Introdução ao Direito Ambiental Brasileiro. *Revista dos Tribunais Online*, p. 1 – 33, Revista de Direito Ambiental, vol. 14/1999, p. 48 – 82, Abr. - Jun. / 1999; Doutrinas Essenciais de Direito Ambiental, vol. 1, p. 41 – 91, Mar / 2011.

Como exemplo dos interesses econômicos do colonizador europeu, podemos citar a elaboração da Carta Régia de 1542, que previa regras para exploração do pau-brasil, garantindo o controle da atividade pela Coroa portuguesa. Importante lembrar que, no período colonial, o pau-brasil, encontrado no litoral brasileiro, era extremamente valorizado pelos portugueses, que o consideravam mercadoria essencial devido à sua importância econômica para o reino. Além da extração da madeira, o pau-brasil proporcionava a famosa tinta vermelha que recebia grande aceitação do comércio de tecidos europeu.

Em 1563, um ancião tupinambá de uma aldeia do Rio de Janeiro questionou o demasiado interesse dos portugueses e franceses pelo pau-brasil:

> Uma vez, um velho me perguntou:
> _Que significa virem vocês, *perós*[195] e *mairs*[196] buscar de tão longe lenha para se aquecerem? Não a têm por lá em sua terra?
> Respondi que tínhamos lenha, e muita, mas não daquele pau e não a queimávamos, como ele supunha, mas dela extraíamos tinta para tingir. Retrucou o velho: _E porventura precisam de tanto pau – brasil (yvirapitanga)?
> _ Sim, respondi, pois em nosso país existem negociantes que têm mais panos, facas, tesouras, espelhos e mais coisas que vocês nem imaginam, e um só deles compra todo o pau-brasil com que muitos navios voltam carregados.
> _ Ah! Você me conta maravilhas! – disse o velho. E acrescentou, depois de bem alcançar o que dissera:
> _ Mas este homem tão rico não morre?
> _Sim, morre como os outros.
> _ E, quando morre, para quem fica o que é dele?
> _ Para seus filhos, se os tem, e na falta, para os irmãos ou parentes mais próximos.
> _ Na verdade, continuou o velho, que não era nada tolo, agora vejo que vocês, *mairs*, são uns grandes loucos, pois atravessam o mar com grandes incômodos, como dizem, e trabalham tanto a fim de amontoar riquezas para os filhos ou parentes! A terra que os alimentou não é suficiente para alimentá-los? Nós aqui também temos filhos a quem amamos, mas estamos certos de que, após nossa morte, a terra que nos nutriu os nutrirá também, e cá descansamos sem o mínimo cuidado.

---

195 "Nome dado aos portugueses, com sentido pejorativo, devido às práticas violentas praticadas contra os indígenas. De etimologia controversa, significa *duro, amargo*, da mesma raiz da palavra *peroba*, árvore dura.". GUARANI, Emerson; PREZIA, Benedito. *A criação do mundo e outras belas histórias indígenas*. Pinheiros: Formato, 2020, p. 61.

196 "Nome dado aos franceses e que remete a um dos heróis civilizadores da cultura tupi. A grafia correta deveria ser *Maíra* e sem flexão.". *Ibid.*

Em 1695, com a União Ibérica, Filipe II demonstrou o mesmo interesse econômico, quando promulgou o Regimento do Pau-Brasil.[197] A legislação colonial visava a manutenção de sua exploração por meio do controle das autoridades locais e da estipulação de técnicas de manejo que pudessem evitar o esgotamento e manter valorização. A visão simplificadora eurocêntrica ocidental, que visava garantir o bem-estar social (a homens brancos proprietários), regia um sistema de dominação e exclusão da Natureza que, "casada com o perverso desequilíbrio social, com ilhas de riqueza pontilhando sobre um mar de pobreza, haveria de redundar na gravidade e larga escala de nossos problemas ambientais atuais".[198]

O discurso progressista impôs ao mundo a ideia de que "os fins justificam os meios". Destruir passou a ser compreendido como algo necessário ao crescimento econômico[199], à expansão do mercado e as consequências disso para as colônias foram, entre outras, a devastação das florestas, o genocídio dos povos originários, a contaminação dos rios e do solo, a exploração do subsolo e a poluição do ar.

José Augusto Pádua, ao rediscutir as "origens e a identidade da consciência ecológica no universo da modernidade"[200], demonstra que as críticas à destruição ambiental estão presentes, de forma direta, entre autores brasileiros dos séculos XVIII e XX.[201] Segundo esse estudioso,

---

197 Regimento do pau-brasil, de 12.12.1605. In: MENDONÇA, Marcos Carneiro de. *Raízes da formação administrativa do Brasil*, t. 1, item 7. Rio de Janeiro: Editora IHGP, 1972.

198 BENJAMIN, Antônio Herman V. Introdução ao Direito Ambiental Brasileiro. *Revista dos Tribunais Online*, p. 1 – 33, Revista de Direito Ambiental, vol. 14/1999, p. 48 – 82, Abr. - Jun. / 1999; Doutrinas Essenciais de Direito Ambiental, vol. 1, p. 41 – 91, Mar / 2011.

199 BENJAMIN, Antônio Herman V. Introdução ao Direito Ambiental Brasileiro. *Revista dos Tribunais Online*, p. 1 – 33, Revista de Direito Ambiental, vol. 14/1999, p. 48 – 82, Abr. - Jun. / 1999; Doutrinas Essenciais de Direito Ambiental, vol. 1, p. 41 – 91, Mar / 2011.

200 PÁDUA, José Augusto. *Um sopro de destruição: pensamento político e crítica ambiental no Brasil escravista, 1786 – 1888*. 2o.ed. Rio de Janeiro: Zahar, 2004, p.10.

201 Pádua ressalta que os críticos ambientais brasileiros dessa época estavam dispersos por diferentes capitanias, o que colabora com a riqueza e diversidade de suas produções e cita, entre os principais: "Alexandre Rodrigues Ferreira (1756 – 1815), na Amazônia; Manuela Arruda da Câmara (1752 – 1811), em Pernambuco; Baltasar da Silva Lisboa (1761 – 1840) e Manuel Ferreira da Câmara Bittencourt e Sá (1752 – 1827), na Bahia; José Gregório de Moraes Navarro e José Vieira Couto (1750 – 1827), em Minas Gerais; Antônio Rodrigues Veloso de Oliveira

esses autores, "praticamente desaparecidos da memória intelectual"[202], por meio de uma dinâmica coletiva de produção, persistiram, durante um período de 102 anos, na produção teórica a favor da preservação ambiental, ressaltando sua importância para a construção nacional, chegando a defender a reforma ambiental como condição *sine qua non* à superação do passado colonial:

> A destruição do ambiente natural não era entendida como um 'preço do progresso', como na visão hoje dominante, mas sim como um 'preço do atraso' [...] ignorância e falta de cuidado. O verdadeiro progresso supunha a conservação e uso correto do mundo natural que, por sua vez, só fazia sentido no contexto desse progresso. [203]

Por meio de narrativas como essas, autores como José Bonifácio de Andrada, relacionavam a produção escravista com a destruição ambiental, defendendo, portanto, o fim da escravidão e a instauração de uma relação saudável entre o homem e a terra.[204] Partindo dessa perspectiva, brasileira e minoritária à época, Pádua[205] declara com segurança que se torna necessário correlacionarmos as origens da dinâmica da modernidade à destruição provocada pela expansão colonial europeia, que impôs um sistema de economia unificado, impactando negativamente biomas e ecossistemas, além de consolidar uma forma única e privilegiada de conhecimento, a ciência.[206]

(1750 – 1824), no Maranhão e depois em São Paulo; João Severiano Maciel da Costa (1769 – 1833), no Rio de Janeiro; e José Bonifácio de Andrada e Silva (1763 – 1838), em São Paulo e no Rio de Janeiro.". *Ibdem*, p.16.

202 O autor assevera que autores brasileiros do século XVIII e XX e sua produção teórica são completamente esquecidos pela história do pensamento ecológico internacional e pela própria memória social do Brasil. Isso se explica pela facilidade que a historiografia norte-americana e europeia têm de "esquecer" as contribuições provenientes de outras partes do planeta, em especial dos países colonizados, "subdesenvolvidos" e, por isso, considerados incapazes ou aquém do que julgam necessário para a constituição dos eixos centrais do pensamento contemporâneo. *Ibidem*, p.10.

203 PÁDUA, José Augusto. *Um sopro de destruição: pensamento político e crítica ambiental no Brasil escravista, 1786 – 1888*. 2o.ed. Rio de Janeiro: Zahar, 2004, p.13, 28.

204 PÁDUA, José Augusto. *Um sopro de destruição: pensamento político e crítica ambiental no Brasil escravista, 1786 – 1888*. 2o.ed. Rio de Janeiro: Zahar, 2004.

205 PÁDUA, José Augusto. *Um sopro de destruição: pensamento político e crítica ambiental no Brasil escravista, 1786 – 1888*. 2o.ed. Rio de Janeiro: Zahar, 2004.

206 Apesar de a colonização (período em que aconteceram diversas dominações, pelo uso da força, de povos originários e territórios) se referir a um determinado

Sobre a percepção da destrutividade ambiental causada em regiões como Caribe, África e Índia, Richard Grove[207] dispõe que esse tema foi enfrentado por intelectuais e administradores europeus pertencentes a um grupo restrito, científico-administrativo, que buscava formas de manter os empreendimentos nas colônias que, por natureza, precisavam dos recursos, matérias primas e, além disso, uma complexidade ignorada pelos europeus.

Por outro lado, Pádua demonstra que no Brasil a problemática ambiental era debatida por brasileiros que, apesar de formados na Europa, almejavam um desenvolvimento econômico que proporcionasse a superação do colonialismo e a independência e, nesse contexto, a crítica a uma realidade socioeconômica rudimentar e predatória lhes era fundamental. No entanto, a discussão permaneceu no plano das ideias sem alcançar êxito em termos práticos, o que é uma pena, pois, como afirma o autor, "o que aqueles pensadores estavam testemunhando, de fato, era a evolução do processo histórico cuja continuidade redundou na perda de quase cem milhões de hectares da mais rica floresta tropical, já que hoje restam apenas 7% da cobertura original."[208]

Warren Dean, em sua obra "A ferro e fogo", ao escrever a história da devastação da Mata Atlântica brasileira, ressalta como estamos, tradicionalmente, envolvidos por ambições, satisfações e frustrações que impedem que outras espécies desempenhem outro papel nesse "teatro da história humana" que não o de cenário ou objeto a ser explorado. Deixou-se de lado sua potencialidade; em outras palavras, a finalidade natural, o que demonstra que a história florestal em todo o planeta reflete as lentes simplistas da humanidade que reduzem o mundo natural à "paisagem", moldado e adequado aos interesses pessoais de uso e/ou à estética convencional.[209]

---

período histórico, a colonialidade se mantém presente, ainda hoje, no padrão de poder que resulta, justamente, da experiência moderna.

207 GROVE, Richard. *Colonial conservation, ecological hegemony and popular resistance: towards a global synthesis.* In: J. MacKenzie (Org.). Imperialism and the Natural World. Manchester, 1990.

208 PÁDUA, José Augusto. *Um sopro de destruição: pensamento político e crítica ambiental no Brasil escravista, 1786 – 1888.* 2o.ed. Rio de Janeiro: Zahar, 2004, p.32.

209 DEAN, Warren. *A ferro e a fogo: a história da devastação da Mata Atlântica brasileira.* Tradução de Cid. K. Moreira. São Paulo: Companhia das Letras, 1996.

A título de exemplos que traduzem a ideia de "conservação" dos recursos naturais nas sociedades modernas, podemos citar os parques nacionais criados nos Estados Unidos da América no século XIX e a criação do Jardim Botânico no Rio de Janeiro (considerado por alguns pesquisadores como primeira unidade de conservação nacional), no período imperial.[210] Praticamente um século após, sob a influência do movimento conservacionista, criou-se a primeira reserva florestal brasileira, no Acre, por meio do Decreto 8.843 de 1911.[211] O primeiro parque nacional brasileiro foi criado no ano de 1937, em Itatiaia, no Estado do Rio de Janeiro, por meio do Decreto-lei 1.713, de 14 de junho de 1937.

O cenário norte-americano e europeu era de urbanização acelerada e a conservação de espaços naturais possuía finalidade estética e recreativa, eram áreas, em tese, protegidas contra a sociedade tecnocrática-industrial. Riechmann[212] dispõe que, ao contrário da Europa, que possuía definição precisa da propriedade sobre os recursos naturais desde fim do período feudal, os Estados Unidos da América simbolizavam, após o extermínio dos povos originários do continente, uma fonte de riquezas naturais e uma infinidade de terra aos olhos dos colonos, aptos a explorá-las. A imigração em busca do "sonho americano" levou uma população de 5 milhões de habitantes, à época da Revolução, a 100 milhões no início e 150 milhões em meados do século XX. A velocidade da transformação de ecossistemas até então praticamente intactos, para o autor, teve como efeito uma *temprana politización de la naturaleza y de los conflictos ecológicos.*"[213]

---

210 Como exemplos, Sarlet e Fensterseifer apontam: "o *Hot Springs National Park* (1832), no Estado de Arkansas, o **Yosemite National Park** (1864), localizado nas montanhas da Serra Nevada, no Estado da Califórnia, o **Yellowstone National Park** (1872), localizado nos Estados de Wyoming, Montana e Idaho, e o *Andirondack Public Park* (1885), situado no Estado de Nova Iorque.". SARLET, Ingo Wolfgang; FENSTERSEIFER, Tiago. *Curso de Direito Ambiental.* 2 ed. Rio de Janeiro: Forense/GEN, 2021, p. 180.

211 SARLET, Ingo Wolfgang; FENSTERSEIFER, Tiago. *Curso de Direito Ambiental.* 2 ed. Rio de Janeiro: Forense/GEN, 2021.

212 RIECHMANN, Jorge. Introducción: Aldo Leopold, Los orígenes del ecologismo estadounidense y la ética de la tierra. In: LEOPOLD, Aldo. *Una ética de la tierra.* Título original: *A Sand County Almanac, 1949.* Traducción: Isabel Lucio-Villegas Uría & Jorge Riechmann. Editor digital: Titivillus. n.p.

213 RIECHMANN, Jorge. Introducción: Aldo Leopold, Los orígenes del ecologismo estadounidense y la ética de la tierra. In: LEOPOLD, Aldo. *Una ética de la tierra.* Tí-

Além disso, Bultel e Lemkow dispõem que

> *al final del siglo XIX, la mayor parte del territorio norteamericano había sido cedido o vendido a propietarios particulares, de manera que la mayoría de las decisiones en cuanto a la disposición de los recursos quedaba en manos del sector privado. (...) Una fuerza importante detrás del movimiento progresista de conservación la constituían ciertos grupos "preservacioncitas", como el Sierra Club y la Audubon Society. La mayoría de los conservacionistas, principalmente de clase media y alta, eran miembros de algún pequeño grupo excursionista, y estaban preocupados por el hecho de que la rápida pérdida de terrenos públicos, junto con la destrucción progresiva de los bosques y otras zonas excursionistas, amenazaba con destruir los pocos hábitats naturales que quedaban.[214]*

O conservacionismo, presente nesse contexto, simboliza uma corrente em que predomina a supremacia do "homem" sobre o ambiente e sobre a qual se busca preservar a Natureza não humana para continuar usufruindo de seus recursos, ou seja, para continuar retirando dela o necessário, ou melhor, o além do necessário. O ambientalismo conservacionista, cercado pela lógica do cálculo e da utilidade, tenta legitimar, por meio de relações jurídicas privadas, a propriedade do "homem" sobre o planeta.

Nesse sentido, Aldo Leopold[215] (século XX) lança sua crítica, afirmando que as relações entre humanos e não humanos demandam políticas capazes de ir além dos termos mercantis que permitem explorar a Natureza. Para o autor, um sistema baseado unicamente nos interesses econômicos, que ignore e elimine muitos elementos essenciais da Terra, é um sistema egoísta, falho e desequilibrado.[216]

Não obstante, apesar de a literatura jurídica considerar que os primeiros movimentos ecológicos começaram a despertar a partir da década de 60 e lembrar de autores, de suma importância para o pensa-

---

tulo original: *A Sand County Almanac, 1949*. Traducción: Isabel Lucio-Villegas Uría & Jorge Riechmann. Editor digital: Titivillus. n.p.

214 BULTEL, Fred; LEMKOW, Luis. *Los movimientos ecologistas*. Editorial Mezquita, Madrid 1983, p. 20-21.

215 Aldo Leopold (1887 – 1948), engenheiro florestal que trabalhou pela conservação dos bosques, professor universitário e ecólogo estadunidense, especialista em gestão da vida silvestre, apresentou considerações éticas para o exercício do direito de propriedade (responsabilidade e cuidado), ou seja, o ser humano deve assumir, também, deveres perante a comunidade biótica.

216 LEOPOLD, Aldo. *A Sand County Almanac and Sketches Here and There*. Londres: Oxford University Press, 1949.

mento conservacionista e para o alcance de valores ecológicos e éticos, como Henry D. Thoreau (1817-1862)[217] e John Muir (1838-1914)[218], lembramos que, além deles, mais de 50 autores brasileiros "ignorados pela história internacional do pensamento ecológico"[219] abordaram temas como "as consequências das destruições das florestas, da erosão dos solos, dos esgotamento das minas, dos desequilíbrios climáticos, etc."[220]. Outrossim, não podemos olvidar os gritos dos povos indígenas (em grande parte, à época, exterminados pelo homem branco) e sua luta por respeito à terra, anterior a toda e qualquer forma de organização político- ambientalista moderna.

Espalhados por toda a América Latina, assim como nos Estado Unidos da América e Canadá, os povos originários que viveram nessas terras por milhares de anos nunca deixaram de lutar contra a acumulação de riquezas e a agressividade do mercantilismo europeu, que se expandiu causando destruição e desconectando o humano desse organismo vivo que é a Terra. Desde então, os povos originários tentam explicar aos brancos o que é a ecologia que integra sua sabedoria, *práxis* do lugar. Por mais que os brancos tenham "criado" a palavra, são os originários que a reconhecem enquanto casa e abrigo. Essa é, inclusive, a reflexão de Kopenawa:

> Omana tem sido, desde o primeiro tempo, o centro das palavras que os brancos chamam de ecologia. É verdade! Muito antes de essas palavras existirem entre eles e de começarem a repeti-las tantas vezes, já estavam entre nós, embora não as chamássemos do mesmo jeito. Eram, desde sempre, para os xamãs, palavras vindas dos espíritos para defender a floresta. Se tivéssemos livros, os brancos entenderiam o quanto são antigas entre nós. Na

---

217 Henry David Thoreau (1817-1862) foi um autor estadunidense naturalista defensor de movimentos libertários (abolicionista) e dos direitos ambientais, incluindo as demais espécies animais e vegetais. A favor de um estilo de vida simples, baseado na autossuficiência e, portanto, em harmonia com a Natureza, Thoreau foi um crítico do desenvolvimento consumista, que por natureza é degradador. É considerado um "filósofo da preservação ecológica". THOREAU, Henry D. *Walden*. Tradução de Denise Bottmann. Porto Alegre, RS: L&PM, 2010.

218 John Muir (1838-1914), publicou em 1894 a obra *"The Mountains of California"*, influenciando o Presidente Theodore Roosevelt, na década de 1903, a estabelecer medidas com a finalidade de conservar os recursos naturais.

219 PÁDUA, José Augusto. *Um sopro de destruição: pensamento político e crítica ambiental no Brasil escravista, 1786 – 1888*. 2o.ed. Rio de Janeiro: Zahar, 2004, p.12.

220 PÁDUA, José Augusto. *Um sopro de destruição: pensamento político e crítica ambiental no Brasil escravista, 1786 – 1888*. 2o.ed. Rio de Janeiro: Zahar, 2004, p.11.

floresta, a ecologia somos nós, os humanos. Mas são também, tato quanto nós, os xapiri, os animais, as árvores, os rios, os peixes, o céu, a chuva, o vento e o sol! É tudo que veio à existência na floresta, longe dos brancos; tudo o que ainda não tem cerca. As palavras da ecologia são nossas antigas palavras, as que Omama [o demiurgo yanomami] deu a nossos ancestrais. Os xapiri defendem a floresta desde que ela existe. Sempre estiveram do lado dos nossos antepassados, que por isso nunca a devastaram. Ela continua viva, não é? Os brancos, que antigamente ignoravam essas coisas, estão agora começando a entender. É por isso que alguns deles inventaram novas palavras para proteger a floresta. Agora dizem que são gente da ecologia porque estão preocupados, porque sua terra está ficando cada vez mais quente. [...] Somos habitantes da floresta, nascemos no centro da ecologia e lá crescemos. Ouvimos sua voz desde sempre [...]. É por isso que quando essas novas palavras dos brancos chegaram até nós, nós a entendemos imediatamente. Expliquei-as aos meus parentes e eles pensaram: 'Haixope! Muito bem! Os brancos chamam essas coisas de ecologia! Nós falamos de urihi a, a terra-floresta, e também dos xapiri, pois sem eles, sem ecologia, a terra esquenta e permite que epidemias e seres maléficos se aproximem de nós!". [...] Nossos pais e avós não puderam fazer os brancos ouvirem suas palavras sobre a floresta, porque não sabiam sua língua.[221]

No plano teórico, no Brasil, em 1786, Baltazar da Silva Lisboa publica o primeiro ensaio que marca a crítica ambiental brasileira. Entre 1799 e 1821, intelectuais que retornavam da Europa denunciavam a violenta e destrutiva realidade, fruto da economia predatória praticada no Brasil. Em 1804, o Código Civil Napoleônico, ao consagrar a propriedade privada, torna os recursos ambientais sujeitos à apropriação plena, à livre cessão e transformação. O "paradigma da apropriação por transformação"[222] acentua o dualismo que conduz à falsa sensação de perda de vínculo do humano com a Natureza ao mesmo tempo em que suscita a crença em um mundo "artificialmente" produzido pelo "cogito soberano", pelo ego dos modernos.

Em 1855, o cacique Seattle, membro do povo squamish, do noroeste dos Estados Unidos, em resposta ao presidente Franklin Pierce, que exigia que seu povo vendesse sua terra ao governo, fez um pronun-

---

221 KOPENAWA, Davi; BRUCE, Albert. *A queda do céu: palavras de um xamã yanomami*. Tradução de Beatriz Perrone – Moisés. 1a.ed. São Paulo: Companhia das Letras, 2015, p. 480.

222 OST, François. *A Natureza à margem da Lei: Ecologia à prova do Direito*. Tradução de Joana Chaves. Lisboa: PIAGET, 1995, p. 11.

ciamento que ficou conhecido como "Carta da terra", uma verdadeira "carta de princípios de preservação da Natureza".[223]

> [...] quando o Grande Chefe de Washington manda dizer que deseja comprar nossa terra pede muito de nós. [...]. Os rios são nossos irmãos, saciam nossa sede. Os rios carregam nossas canoas e alimentam nossas crianças. Se lhe vendermos nossa terra, vocês devem lembrar e ensinar seus filhos que os rios são nossos irmãos e seus também. E, portanto, vocês devem dar aos rios a bondade que dedicaram a qualquer irmão. Sabemos que o homem branco não compreende nossos costumes. [...] Rouba da terra aquilo que seria de seus filhos e não se importa. Trata sua mãe, a terra, e seu irmão, o céu, como coisas que possam ser compradas, saqueadas, vendidas como carneiros ou enfeites coloridos. Seu apetite devorará a terra, deixando atrás de si desertos. Eu sei, nossos costumes são diferentes dos seus. A visão de suas cidades fere os olhos do homem vermelho. Talvez seja porque o homem vermelho é um selvagem e não compreenda. Não há um lugar quieto nas cidades do homem branco. Nenhum lugar onde se possa ouvir o desabrochar de folhas na primavera ou o bater das asas de um inseto. [...] O ar é precioso para o homem vermelho, pois todas as coisas compartilham o mesmo sopro: o animal, a árvore, o homem, todos compartilham o mesmo sopro. Parece que o homem branco não sente o ar que respira [...], é insensível ao mau cheiro. Portanto, vamos meditar sobre sua oferta de comprar nossa terra. Se decidirmos aceitar, imporei uma condição: o homem branco deve tratar os animais desta terra como seus irmãos. [...] Pois o que ocorre com os animais breve acontecerá com o homem. Há uma ligação em tudo.[224]

Esse discurso, símbolo da cosmovisão dos povos originários, reflete uma luta, não representa um movimento conservacionista, mas a consciência do pertencimento, a ecologia vivida em prol da proteção da vida. Demonstra sabedoria e aborda temas que entendemos e traduzimos, hoje, como solidariedade interespécies e solidariedade em relação às gerações futuras.

Conforme ensina Reyes Mate, nossa razão não deve ser atemporal e a história não pode continuar servindo a ideologias eurocêntricas que contam a história dos vencedores e invisibilizam as vítimas, encobrindo o "Outro" e tudo o que esse representa. Nas palavras do autor: "*nuestro presente está construido sobre los vencidos, que son la herencia oculta*".[225] Logo, a memória ancestral deve ser incluída pelos es-

---

223 GUARANI, Emerson; PREZIA, Benedito. *A criação do mundo: e outras belas histórias indígenas*. Pinheiros: Formato, 2020, p.15.

224 GUARANI, *op. cit.*, p.15 - 17.

225 MATE, Reyes. *La Herencia del Olvido: ensayos en torno a la razón compasiva*. Madrid: Errata naturae editores, 2008, p.23.

tudiosos e pesquisadores quando se propõem a retratar, também, os fundamentos históricos do Direito, pois os males da atualidade estão na herança de um passado encoberto que não só massacrou os povos originários, mas impactou negativamente a Natureza como um todo, comprometendo o equilíbrio necessário para o curso da vida.

A partir da década de 1860, com auge na década de 1880, a pauta da devastação ambiental toma forma e consolida a crítica ambiental brasileira. Édis Milaré[226] afirma que, ainda, não há um consenso entre os especialistas sobre o conceito de "meio ambiente". Etimologicamente, como explica o autor e conforme já foi dito antes, há um viés antropocêntrico, uma vez que designa o que está em volta da espécie humana que, por essa perspectiva, pensa ter o controle total da Terra. A interação do humano com o ambiente seria, portanto, utilitarista, visando atender aos seus anseios desenvolvimentistas dependentes dos recursos naturais. Tal concepção vai em desencontro à filosofia ecologista segundo a qual o humano é parte integrante de um sistema complexo e interdependente.[227]

Antes da década de 1970, contudo, a proteção jurídica dos almejados recursos naturais era direcionada a demandas com vieses estritamente econômicos que precisavam de legitimidade, "licença" para explorar, ou, quando muito, buscava-se garantir a saúde pública. É o caso, por exemplo, do Código Civil brasileiro de 1916 que, ao dispor sobre os "direitos de vizinhança", visando à proteção da saúde e garantia do bem-estar humanos, reprimia o mau uso da propriedade de forma a prejudicar o sossego, a saúde e a segurança humanas, assim como previa medidas legais para evitar a poluição da água, a fim de garantir a

---

226 MILARÉ, Édis. *Direito do Ambiente*. 12a ed. São Paulo: Thomson Reuters Brasil, 2020.

227 A definição de meio ambiente no direito brasileiro trazido pela Lei 6.938/1981 (Política Nacional de Meio Ambiente), possui caráter patrimonial e antropocêntrico, pois o humano (separado da Natureza) é quem confere valor de acordo com seus interesses. Apesar de nosso legislador ter adotado um "conceito amplo e relacional de meio ambiente, o que, em consequência, dá ao Direito Ambiental brasileiro um campo de aplicação mais extenso que aquele de outros países", tanto a Lei da PNMA quanto a CR/88 "omitem-se sobre o aspecto essencial de que o ser humano, considerado como indivíduo ou como coletividade, é parte integrante do mundo natural e, por conseguinte, do meio ambiente. Essa omissão pode levar facilmente à ideia de que o ambiente é algo extrínseco e exterior à sociedade humana" e, esse equívoco, "passou para Constituições Estaduais e, posteriormente, para as Leis Orgânicas de grande parte dos Municípios, o que, obviamente, merece reparo." MILARÉ, Édis. *Direito do Ambiente*. 12a ed. São Paulo: Thomson Reuters Brasil, 2020, p. 136, 137.

utilização dos recursos hídricos, sem que, contudo, os valores ecológicos estivessem entre os valores fundamentais.[228]

Em suma, interesses estritamente humanos passam a ser protegidos pela figura do Estado, que se limita a proteger uma parte do que entende ser mais importante, ou seja, os "recursos naturais", caracterizando o que a literatura brasileira denomina de fase fragmentário-instrumental. O legislador nacional, com sua visão, portanto, meramente instrumental, passou a categorizar os recursos naturais, por meio do filtro do interesse econômico e fragmentou o meio ambiente[229], dividindo-o em partes, em respeito à utilidade dos recursos naturais, de forma a poder controlar as atividades exploratórias.

É o que podemos perceber, a partir do período Vargas (1930 – 1945), caracterizado por um forte estímulo ao crescimento industrial que demandou legislações que permitissem ao Estado tutelar a exploração da Natureza e durante o governo Juscelino Kubitschek (1956 - 1961), em que o desenvolvimentismo, no sentido amplo, tornou-se um discurso predominante no contexto nacional. Nessa trajetória histórica, a Natureza precisava ser explorada sob a tutela do Estado, garantindo a produção agrícola e a matéria prima necessária às indústrias emergentes.

Dentre os Códigos editados para regulamentar o uso dos recursos naturais, podemos citar:

1. O Código Florestal de 1934, que surgiu em meio à expansão cafeeira e tratava do patrimônio florestal brasileiro. Foi reflexo de um movimento que se inicia no século XX, em diversas partes do mundo e propôs um ramo específico no Direito para tratar das questões florestais e suas especificidades com maior profundidade[230]. O patrimônio florestal foi considerado "bem de interesse comum a todos os habitantes do país", limitando o direito de propriedade às regras do diploma florestal. Sua reformulação se deu em 1965. Esse período foi marcado por uma forte polí-

---

228 SARLET, Ingo Wolfgang; FENSTERSEIFER, Tiago. *Curso de Direito Ambiental.* 2 ed. Rio de Janeiro: Forense/GEN, 202.

229 Ressalta-se que o conceito de "meio ambiente" ainda não era utilizado, como entendemos hoje, surgindo apenas na segunda metade do século XX. Ao tratarmos dos anos de 1950 e 1960, percebemos que "questões ambientais" não apareciam nos textos legislativos, como, por exemplo, no Código Florestal de 1965, que utilizava os termos "proteção de rios", "proteção das florestas", não conceituando "ambiente" ou "meio ambiente".

230 PEREIRA, Osny Duarte. *Direito florestal brasileiro.* Rio de Janeiro: Borsoi, 1950.

tica desenvolvimentista, antagônica à proteção florestal, o que levou à instituição, entre outros, das "áreas de preservação permanente" (APP)[231] e de discussões técnicas e doutrinárias para o aprimoramento da "reserva legal" (RL)[232], sob uma perspectiva altamente conservacionista.

2. O Código das Águas de 1934, que visava garantir a utilização/exploração dos recursos hídricos às indústrias e à produção de energia, "interesse da coletividade nacional", assim como objetivava evitar a poluição da água, inclusive com possibilidade de responsabilização civil e criminal, em nome da saúde pública.[233]

---

231 As "áreas" de preservação permanente foram instituídas, legalmente, no Brasil pela Lei 4.771 que instituiu o novo Código Florestal, promulgado pelo então Presidente Castello Branco, em 16 de setembro de 1965. Sem se valer, contudo, da utilização do termo "área" associado à terminologia "de preservação permanente", mas dispondo claramente de atributos preservacionistas, demonstrados de forma explícita, e restrições de uso objetivas, essa lei alterou e detalhou o Decreto 23.793 de 1934, até então vigente, que aprovou o Código Florestal, no período do primeiro governo de Getúlio Vargas. A denominação "preservação permanente" surge, portanto, com o novo Código Florestal e sua origem pode ser atribuída ao Grupo de Trabalho instituído quatro anos antes com o objetivo elaborar uma nova Lei Florestal que enfrentasse as graves consequências econômicas advindas da exploração indevida e indiscriminada realizada pelo tipo de agricultura primitiva em detrimento das florestas do país. RIBEIRO, Glaucus Vinicius Biasetto. A origem histórica do conceito de Área de Preservação Permanente no Brasil. *Revista Thema*, 08 (01), 2011. Disponível em: https://www.terrabrasilis.org.br/ecotecadigital/pdf/origem-historica-do- conceito-de-area-de-preservacao-permanente-no-brasil.pdf .

232 "Foi, inclusive, esse Código Florestal de 1934 que introduziu em nosso ordenamento a ideia de Reserva Florestal legal, no momento em que proibia aos proprietários de terras cobertas de matas, o abate de três quartas partes da vegetação existente. As únicas exceções constavam no art. 24, que limitava tal proibição à vegetação espontânea ou àquela resultante de trabalho feito pela Administração Publica, e no art. 51, que permitia excepcionalmente o aproveitamento integral da propriedade mediante termo de obrigação de replantio e trato cultural por prazo determinado". MILARÉ, op. cit., p.699. A literatura jurídica dispõe que o diploma legal de 1934, em tese, seria o primeiro dispositivo legal a apresentar a ideia de reserva legal e o conceito de interesse coletivo: "... é importante destacar que aquele Decreto possivelmente tenha sido o primeiro diploma legal, no Brasil, a incorporar a noção de interesses metaindividuais, coletivos, e, especialmente, difusos, posto que as florestas, e assim, também as demais formas de vegetação, foram legalmente declaradas 'bens de interesse comum a todos os habitantes do país." *Ibidem*, p. 66, 67.

233 SARLET, Ingo Wolfgang; FENSTERSEIFER, Tiago. *Curso de Direito Ambiental*. 2 ed. Rio de Janeiro: Forense/GEN, 2021.

3. Os Códigos de Pesca de 1934 e 1938, destituídos de qualquer preocupação ecológica, visavam regulamentar e implementar medidas de proteção à pesca que garantissem à indústria a exploração do recurso natural, ou seja, seu aproveitamento econômico e, ao Estado, o controle da atividade de pesqueira. O Decreto – Lei 0.877/61, apesar de seu caráter instrumental e utilitário no que se refere à proteção dos recursos naturais, dispõe sobre a poluição das águas e estabelece, pela primeira vez na legislação brasileira, o conceito legal de poluição[234], prevendo como dever dos governos estaduais a fiscalização a fim de preveni-la[235]. O Código de Pesca de 1967 foi marcado, principalmente, por políticas desenvolvimentistas que controlavam a "indústria da pesca", considerada "indústria de base".[236]

4. O Código de Mineração, também, de 1967, que foi fruto de um amplo processo de internacionalização da economia em um período em que o setor mineral brasileiro expandiu significativamente. Removeu os antigos obstáculos à implementação de políticas voltadas ao capital estrangeiro, uma vez que a legislação mineral ao tempo vigente, Código de Minas de 1940, vedava a

---

234 O art. 3º do dispositivo estabeleceu parâmetros legais para o conceito de poluição ao prever que: "considera-se 'poluição' qualquer alteração das propriedades físicas, químicas e biológicas das águas, que possa importar em prejuízo à saúde, à segurança e ao bem-estar das populações e ainda comprometer a sua utilização para fins agrícolas, industriais, comerciais, recreativos e, principalmente, a existência normal da fauna aquática". O Decreto – Lei, dispunha, ainda, sobre as condutas poluidoras sujeitas a sanções administrativas, o que viria, mais tarde a evoluir para a responsabilidade dos poluidores. Note-se que, neste período, não havia, ainda, referência aos conceitos "meio ambiente" ou "ambiental".

235 Considera-se poluição qualquer alteração das propriedades físicas, químicas ou biológicas das águas, que possa constituir prejuízo, direta ou indiretamente, à fauna e à flora aquática. § 2º Cabe aos governos estaduais a verificação da poluição e a tomada de providências para coibi-la. §3º O Governo Federal supervisionará o cumprimento do disposto no parágrafo anterior. *Decreto-Lei no 221, de 28 de fevereiro de 1967.* Dispõe sobre a proteção e estímulos à pesca e dá outras providências. Disponível em: https://www2.camara.leg.br/legin/fed/declei/1960-1969/decreto-lei-221-28-fevereiro-1967-375913-publicacaooriginal-1-pe.html.

236 A "indústria de base" foi definida como o "exercício da atividade de captura, conservação, beneficiamento, transformação ou industrialização dos seres animais ou vegetais que tivessem na água seu meio natural ou mais frequente de vida (BRASIL, 1967, art. 18), disposição posteriormente revogada pela Lei 11.959/2009.

participação de estrangeiros na mineração.[237] Disciplinou, portanto, a exploração dos recursos minerais por meio de normas que estabeleciam o *modus operandi* da administração dos recursos minerais pela União, a indústria de produção mineral e a distribuição, o comércio e o consumo de produtos minerais no Brasil, sem qualquer viés ecológico e, até mesmo, sem uma abordagem conservacionista.

5. Lei da Responsabilidade por Danos Nucleares, de 1977, disciplinou a responsabilidade civil por danos nucleares e a responsabilidade criminal por atos relacionados a essas atividades, fornecendo conceitos legais para operar e regulamentar as atividades relacionadas aos processos nucleares[238], o que se justifica, principalmente, com a construção das Usinas Angra I e Angra II no Estado do Rio de Janeiro.

6. Lei do Zoneamento Industrial nas Áreas Críticas de Poluição, de 1980 (embora, como afirma Herman Benjamin, traga ela elementos próprios da terceira fase). Sofrendo influência já da Convenção de Estocolmo (1972), a Lei 6.83/80 estabeleceu parâmetros

---

237 REGINATTO, Ana Carolina. *A nova Constituição e o Código de Mineração de 1967: a consolidação do capital multinacional e associado no setor mineral brasileiro.* XXVIII Simpósio Nacional de História, Florianópolis, p. (1 – 15), julho, 2015.

238 Importante lembrar do trágico e famoso caso do césio 137 ocorrido em 1987 no município de Goiânia. O Instituto Goiano de Radioterapia, após adquirir uma bomba de césio 137 e transferir-se para outro endereço, deixou o material que não lhe servia mais no antigo prédio, sem comunicar as autoridades competentes. Posteriormente, o prédio passou por um processo de demolição, sem conhecimento da presença da bomba de césio no local. Passado um tempo, catadores de papel "adentraram os escombros e levaram consigo, entre outros objetos, a bomba abandonada. Sequencialmente, o objeto radioativo foi partido em duas peças, [...]. A peça menor foi transportada até a casa de [...], onde foi violada à base de marretadas, até atingir-se a janela de irídio, dentro da qual estava armazenada a substância radioativa. [...] outras duas pessoas foram até os escombros da antiga sede [...] e de lá levaram a peça maior, posteriormente vendida ao 'ferro velho'. O acidente radioativo foi agravado pela curiosidade e fascínio despertados pela coloração reluzente de césio 137, proporcionando um encadeamento de fatos que resultou na contaminação de três depósitos de ferro – velho, um quintal, algumas residências, um escritório de vigilância sanitária e locais públicos diversos. Devido à cápsula ter sido rompida a céu aberto houve a contaminação direta do solo. COMISSÃO DE MEIO AMBIENTE E DESENVOLVIMENTO SUSTENTÁVEL. *Relatório do Grupo de Trabalho Fiscalização e Segurança Nuclear.* Brasília: março de 2007, p.196. Disponível em: https://bd.camara. leg.br/bd/handle/bdcamara/3743.

para controlar a poluição ambiental provocada pelas atividades industriais, prevendo de forma inovadora o Estudo de Impacto Ambiental e o Licenciamento Ambiental.

Nessa época, tivemos no Brasil consequências catastróficas advindas da acelerada atividade industrial, como podemos ilustrar com o famoso caso de Cubatão – São Paulo: cidade até então cercada pela Mata Atlântica e considerada um "paraíso verde", que ficou mundialmente conhecida como "Vale da Morte", considerado pela ONU como o município mais poluído do mundo.[239]

---

239 Na década de 50, durante o governo de Juscelino Kubitschek, iniciou-se a um processo acelerado de industrialização do Brasil e Cubatão, que até então, era cercada pela Mata Atlântica e considerada um "paraíso verde", se tornou um "Vale da Morte", como ficou conhecida. Rica em recursos naturais e localizada a apenas 40 km de São Paulo, maior centro econômico do país e do Porto de Santos, o maior porto da América Latina, tornou-se um centro industrial paulista. Conforme recapitulação história realizada pela redação do Pensamento Verde, "na década de 1960, Cubatão contava com 18 grandes indústrias, sendo uma refinaria, uma siderúrgica, sete de fertilizantes e nove de produtos químicos. A construção delas aconteceu de forma indevida e invasiva ao meio ambiente. Em 15 anos cerca de 60 Km2 de Mata Atlântica havia sofrido a degradação, formando uma clareira que podia ser vista por quem descesse a Serra do Mar. [...] os governantes da cidade, assim como os empresários, não se preocupavam em reverter a situação, uma vez que a poluição de Cubatão rendia bilhões ao ano, levando a cidade a ser uma das cinco maiores arrecadadoras de impostos do estado, cerca de 76 bilhões de cruzeiros. O município representava 2% de toda a exportação do país. [...] O intenso volume que as indústrias trabalhavam, eliminando quantidades enormes de poluentes no ar e nos rios de forma descontrolada, começou a ter consequências catastróficas visíveis e preocupantes. O ar de Cubatão no início dos anos 80 era denso, possuía cheiro e cor. Segundo dados da CETESB (Companhia de Tecnologia de Saneamento Ambiental de São Paulo), 30 mil toneladas de poluentes eram lançadas por mês no ar da cidade, peixes e pássaros sumiram da poluição de Cubatão, pois não havia condições naturais para sobreviverem e nem para se reproduzirem, mas o estado só começou a intervir quando os danos à saúde da população começaram a demonstrar números alarmantes. Entre outubro de 1981 e abril de 1982, cerca 1.800 crianças nasceram na cidade, destas, 37 já nasceram mortas, outras apresentavam graves problemas neurológicos e anencefalia. Cubatão era líder em casos de problemas respiratórios no país. A ONU alarmou o mundo sobre os problemas e consequências causados pela poluição do polo industrial, usando a cidade como exemplo a não ser seguido.". A história da poluição em Cubatão e como a cidade deixou de ser o "Vale da Morte". *Pensamento Verde*, 29, janeiro de 2014. Disponível em: https://www.pensamentoverde.com.br/sustentabilidade/historia-poluicao-cubatao-cidade-deixou-vale- morte/.

2.1.2. DA SUBCIDADANIA À FLORESTANIA

"No começo pensei que estivesse lutando para salvar seringueiras, depois pensei que estava lutando para salvar a Floresta Amazônica. Agora, percebo que estou lutando pela humanidade."

Chico Mendes

Conforme veremos, as experiências jurídicas internacionais, norte-americanas, brasileiras e comparadas em geral demonstram que a noção moderna de Direito Ambiental teve início a partir da década de 70, com adoção de contornos conceituais e normativos próprios, porém amparada, ainda, pelo paradigma conservacionista antropocêntrico.[240]

A literatura jurídica costuma se referir à Declaração de Estocolmo sobre Meio Ambiente Humano (1972) como o "marco inaugural no cenário jurídico internacional". Alguns autores a equiparam, inclusive, em termos de relevância, à Declaração Universal dos Direitos Humanos. Nós, contudo, tecemos críticas à simbologia dada a tais documentos, pois, assim como os direitos humanos nunca foram "universais" (podemos perceber isso observando e vivenciando as lutas cotidianas da maioria enquadrada como "minorias"), os direitos ambientais, conforme a própria Declaração prevê, estão previstos na condição de direitos do homem (para o "homem").

Os padrões desenvolvimentistas criados por esse "homem", pela racionalidade moderna e pelo mito da superioridade da civilização ocidental afirmam que o melhoramento do "meio ambiente humano" está relacionado ao desenvolvimento econômico no mundo inteiro e coloca o desenvolvimento como condição e dever a ser alcançado por todos os governos. Seguindo esse padrão, a Declaração afirma que o "subdesenvolvimento" deve ser combatido com o "desenvolvimento acelerado" como forma de "melhorar o futuro dos países em crescimento".[241]

Por essa perspectiva, a terra, os elementos da Natureza e os seres vivos perdem seu valor intrínseco. A economia mundial passa a ser

---

240 SARLET, Ingo Wolfgang; FENSTERSEIFER, Tiago. *Curso de Direito Ambiental*. 2 ed. Rio de Janeiro: Forense/GEN, 2021.

241 DECLARAÇÃO DE ESTOCOLMO: Declaração sobre o Meio Ambiente Humano. Disponível em: http://portal.iphan.gov.br/uploads/ckfinder/arquivos/Declaracao%20de%20Estocolmo%201972.pdf.

um todo, "uma realidade viva", que sustenta desigualdades para a manutenção do poder político e acumulação de capital. Centro, periferia e semiperiferia são processados em favor da formação do mercado mundial. Direitos humanos e democracia passam a ser "valores invocados pelas grandes potências, sob a liderança dos Estados Unidos, para legitimar e justificar o direito de intervenção, que avocam para si, e o desrespeito aos princípios de soberania e autodeterminação.".[242]

Nesse contexto, o "Outro", humano ou não humano, não é, de fato, respeitado a partir de sua diversidade econômica e cultural e em suas experiências jurídicas plurais e distintas. Pelo contrário, analisando esse fenômeno a partir de onde estamos, do Sul-global, o que verificamos é a exploração dos não "homens" e a destruição da Natureza não humana, reduzida a recurso e matéria-prima pelos mesmos atores que atuam, historicamente, formalizando direitos e desmaterializando cenários.

Cumpre esclarecer que,

> Recurso natural é uma expressão utilizada de forma utilitarista pelo pensamento moderno a favor do capitalismo predatório 'regularizado'. Parte do princípio de que os elementos da natureza 'úteis' aos seres humanos devem ser explorados pela 'civilização' em prol do 'desenvolvimento'. São classificados em renováveis (energia solar, vento), potencialmente renováveis (solo, árvores, água) e não renováveis (petróleo, minérios).
> Matéria-prima é uma palavra utilizada para indicar um elemento animal, vegetal ou mineral utilizado para a fabricação de produtos. Com a colonização da América e em seguida com a Revolução Industrial, a palavra passou a ser utilizada de forma indiscriminada para tornar comum a coisificação da Natureza, assim como foi feito em relação ao ser humano, cuja mão de obra foi utilizada em prol do empregador e da acumulação de riqueza. A matéria-prima passa então a se tornar a fonte (substância utilizada) para fabricação de mercadorias; essencial à manutenção do processo produtivo industrial.[243]

---

242 WALLERSTEIN. *O universalismo europeu: a retórica do poder*. Tradução de Beatriz Medina. São Paulo: Boitempo, 2007, p. 14.

243 CARVALHO, Flávia Alvim de. Reflexões decoloniais sobre como ressignificar o humano no antropoceno. *Rede Brasileira de Direito e Literatura*, Anais do X CIDIL, As Fronteiras em Direito & Literatura: Narrativas Insurgentes e Inquietações Contemporâneas, p. 413-436, mês, 2022, p.414. Disponível em: link. https://periodicos.rdl.org.br/anacidil/article/view/951/1137.

Conforme nos lembra Quijano[244], todos os países com um desenvolvimento avançado do capitalismo são presididos por um Estado-nação moderno e forte. Estados-nação modernos ou Estados nacionalizados configuram o poder para o desenvolvimento da ordem capitalista em todas as partes do mundo. Logo, esse padrão de dominação-exploração-conflito cria relações desiguais no que diz respeito ao controle da produção, das próprias instituições e mecanismos de autoridade. "Como consequência, a democracia na distribuição desses ditos recursos e instituições não pode ser senão relativa e limitada.".[245] Ainda assim, como afirma o sociólogo peruano, o desenvolvimento se apresenta por meio de diversos sobrenomes: desenvolvimento humano, desenvolvimento econômico, desenvolvimento social, desenvolvimento global, desenvolvimento sustentável, entre outros que no fim das contas são sempre o desenvolvimento com suas características inatas.[246]

Nossa memória ancestral e nossa vivência cotidiana nos permitem afirmar que, desde a invasão de Abya Yala pelos europeus, criam-se obstáculos à (r)existência dos povos originários, ou seja, à dimensão ecológica desses direitos que se dizem "humanos" aos povos indígenas. A pretensão em reconhecer direitos nos parece perversa quando, ao contrário, a conduta que se deveria adotar seria a de não intervenção e respeito às nações que os "homens brancos proprietários e ricos" julgam ser primitivas, antidemocráticas ou "subdesenvolvidas"[247]. Há, de fato, um oxímoro entre os direitos humanos e o desenvolvimento.

---

244 QUIJANO, Aníbal. El fantasma del desarrollo en América Latina. In: ACOSTA, Alberto (Org.). *El desarrollo en la globalización: el resto de América Latina*. Caracas: Nueva Sociedad e ILDIS, 2000.

245 QUIJANO, Aníbal. El fantasma del desarrollo en América Latina. In: ACOSTA, Alberto (Org.). *El desarrollo en la globalización: el resto de América Latina*. Caracas: Nueva Sociedad e ILDIS, 2000, p. 14.

246 QUIJANO, Aníbal. El fantasma del desarrollo en América Latina. In: ACOSTA, Alberto (Org.). *El desarrollo en la globalización: el resto de América Latina*. Caracas: Nueva Sociedad e ILDIS, 2000.

247 Segundo Alberto Acosta, "o imperativo global do subdesenvolvimento se institucionalizou em 20 de janeiro de 1949", quando o presidente dos EUA, Harry Truman, "definiu a maior parte do mundo como 'áreas subdesenvolvidas' [...] consciente de que os Estados Unidos e outras nações industrializadas estavam 'no topo da escala social evolutiva', [...] anunciou que todas as nações teriam que percorrer a mesma trilha [...]. E, claro, afirmou as bases conceituais de outra forma de imperialismo: 'o desenvolvimento'. A metáfora do desenvolvimento obteve vigor inusitado. Transformou-se em uma meta a ser alcançada por toda a Humanidade.

A própria classificação de "mundos" criada pela "teoria dos mundos" e suas subdivisões de acordo com a "grandeza econômica" estipulada em um contexto de Guerra Fria, confirma essa tese, à medida que compreendemos ter ela sido criada para categorizar os países de acordo com suas posições políticas e alinhamento aos padrões de desenvolvimento econômico e social estipulados pela episteme ocidental.

O "primeiro mundo", era composto pelos países capitalistas denominados "desenvolvidos" (modelos que os "primitivos" deveriam seguir); o "segundo mundo" era composto por aqueles que, de alguma forma, identificavam-se ou se alinhavam com os ideais soviéticos; e, o "terceiro mundo", aquele representado pelos "Outros", ou seja, por aquelas nações que não eram "desenvolvidas", mas encobertas por um tipo de soberania simbólica, pois historicamente exploradas e "carentes de ajuda humanitária", de "desenvolvimento", de intervenção.

Como preconizou o francês Alfred Sauvy, que cunhou o termo "Terceiro Mundo" do alto de sua autoconfiança e presunção europeia: "… no final esse Terceiro Mundo ignorado, explorado, desprezado como o Terceiro Estado, quer se tornar alguma coisa também".[248] Àqueles que não pudessem alcançar o sonhado "desenvolvimento", ou seja, aos "Outros" restaria, como disse o poeta: "o maior trem do mundo/ puxado por cinco locomotivas a óleo diesel/ engatadas geminadas desembestadas/ […] / triturada em 163 vagões de minério e destruição …".[249] Isso confirma essa contradição existente entre os direitos humanos formalizados, "assinados" e exigidos e a realidade enfrentada, cotidianamente, por aqueles que muitas vezes possuem alto grau de consciência e prática ecológica em suas diversas formas de organização sociocultural e que são, contudo, destruídas.

Por influência de discursos sobre segurança e desenvolvimento, ecossistemas inteiros foram privados de seu curso natural, essencial à vida. É o caso, por exemplo, dos "grandes projetos" iniciados na década de 1970, em regiões amazônicas, entre eles os projetos energéticos,

---

Converteu-se em uma exigência global que implicava a difusão do modelo de sociedade norte-americano, herdeiro de muitos valores europeus.". ACOSTA, Alberto. *O bem viver: uma possibilidade para imaginar outros mundos.* Tradução de Tadeu Breda. Autonomia Literária, 2016, pp.52, 53.

248 Alfred Sauvy. Disponível em: https://stringfixer.com/pt/Alfred_Sauvy.

249 ANDRADE, Carlos Drummond de. *O maior trem do mundo.* Cometa Itabirano, 1984.

que geraram sérios impactos socioambientais na região. A discussão sobre a viabilidade desses projetos, em período de regime militar, era feita intramuros, ou seja, sem a escuta de especialistas e sem participação popular.[250]

O modelo colonial foi mantido, por meio de práticas de imposição, motivando estudos como o Inventário Hidrelétrico da Bacia Hidrográfica do Rio Xingu, iniciado em 1975, ano do primeiro mapeamento do rio, assim como o projeto de localização de barramentos. Na década de 1980, finalizado o inventário, com previsão de sete barramentos, iniciaram-se estudos para a construção do Complexo Hidrelétrico de Altamira, com as usinas Babaquara (6,6 mil MW) e Kararaô (11 mil MW) – dessa última derivou a UHE Belo Monte.[251] "Segundo o estudo daquele período, as usinas exigiriam o deslocamento de sete mil índios, de 12 terras indígenas".[252] Podemos dizer que a devastação ambiental causada pela construção da usina de Belo Monte, com o início das obras em 2011, reflete uma destruição que ficará para sempre marcada na vida das pessoas do Xingu. A busca pelo "desenvolvimento" defendida na década de 1970, passou por cima dos povos e saberes originários, tirando-lhes, posteriormente, o rio, suas terras e a dimensão ecológica de sua dignidade.

Considerando parte dessa conjuntura que sofre, ainda, os efeitos perversos da colonização, reconhecemos e defendemos a importância dos acordos internacionais no sentido de ampliar a proteção ao meio ambiente, bem difuso, que transcende a individualidade, por

---

250 "É importante lembrar que obras de grande porte no setor elétrico foram implementadas na década de 1970 no país, época anterior à legislação ecológica vigente, somente consolidada em 1981, quando os projetos já estavam definidos e iniciados. Com a criação da Eletronorte (1973), o Governo Federal desconsidera as características naturais da Amazônia – rios de planície com baixa declividade natural e estabelece a região como fonte de energia abundante para a transmissão por longas distâncias até os centros mais desenvolvidos do país.". COSTA, Alda Cristina; OLIVEIRA, Ivana Cláudia; RAVENA, Nírvea. Vozes institucionais e os discursos de dominação: análise dos grandes projetos hidrelétricos na Amazônia. *Revista Famecos: mídia, cultura e tecnologia*, v. 24, no 2, maio, junho, julho e agosto de 2017. Disponível em: https://revistaseletronicas.pucrs.br/ojs/index.php/revistafamecos/article/viewFile/24880/15202.

251 *A História de Belo Monte – Cronologia. Norte Energia. Brasília, DF.* Disponível em: https://www.norteenergiasa.com.br/pt-br/uhe-belo-monte/historico.

252 *A História de Belo Monte – Cronologia. Norte Energia. Brasília, DF.* Disponível em: https://www.norteenergiasa.com.br/pt-br/uhe-belo-monte/historico.

meio, portanto, de mecanismos jurídicos transnacionais; porém não podemos deixar de registar suas incongruências. Pensamos que não basta a formalização desses acordos em "peles de papel"[253], como diz Davi Kopenawa, ao criticar a falta de memória e de comprometimento dos brancos, ou "povo da mercadoria", em relação a princípios, valores e tradições. Para o líder Yanomami, conhecimento e ecologia são práticas diárias, que integram a alma e são passados de geração para geração; ao passo que, para os brancos, representam vãs palavras, demonstrando que, mesmo cheios de livros, os brancos as deixam sumir, mesmo quando desenhadas e fixadas. Isso ratifica a ideia de que a leitura e a escrita são processos muito distantes da prática.

Com o objetivo de alcançar algum tipo de pressão ou influência, geralmente dos países do norte sobre os países do sul para que se adequem às políticas e formas de desenvolvimento consideradas sustentáveis ou "ambientalmente corretas", por uma perspectiva local, declarações que se autointitulam "universais" ajudam, também, a ofuscar desigualdades, que são, por sua vez, sustentadas por práticas econômicas neoliberais adotadas pelo sistema capitalista "global". Em outras palavras, a exploração continua no tempo e nos mesmos espaços, provocando injustiças locais e desastres globais; portanto, não nos parece suficiente declarar direitos como "universais" para que alcancemos o resultado pretendido.

Como sabemos, a expansão do capitalismo destruiu as economias existentes no Sul-global, em especial nas Américas. Portanto, assim como defende Wallerstein, pensamos ser preciso respeitar a soberania e a autodeterminação dos povos, abdicando do "direito à ingerência" constantemente utilizado por grandes potências mundiais, principalmente quando se trata do agir ou não agir de acordo com as leis da economia neoliberal para, dessa forma, não impedir que se tornem, de fato, universais.[254] O paradoxo apresentado pelo autor entre o "universalismo europeu", dos que dominam o sistema-mundo moderno e pretendem continuar a dominar e o "universalismo universal", genuíno, que vai além da perversidade da ordem mundial, leva-nos a refletir sobre três jargões universais:

---

253 KOPENAWA, Davi; BRUCE, Albert. *A queda do céu: palavras de um xamã yanomami*. Tradução de Beatriz Perrone – Moisés. 1a.ed. São Paulo: Companhia das Letras, 2015.

254 WALLERSTEIN. *O universalismo europeu: a retórica do poder*. Tradução de Beatriz Medina. São Paulo: Boitempo, 2007.

O primeiro é o argumento de que a política seguida pelos líderes do mundo pan-europeu defende os 'direitos humanos' e promove uma coisa chamada 'democracia'. O segundo acompanha o jargão do choque entre civilizações, no qual sempre se pressupõe que a civilização 'ocidental' é superior às 'outras' civilizações porque é a única que se baseia nesses valores e verdades universais. E o terceiro é a afirmação da verdade científica do mercado, do conceito de que 'não há alternativa' para os governos se não aceitar e agir de acordo com as leis da economia neoliberal.[255]

No Brasil, a violência, o encobrimento da verdade e a pretensão de domínio são exemplos de heranças do processo "civilizatório" colonial colocadas em prática pelos governos militares que atuaram em detrimento de regiões amazônicas, como o Acre, consideradas "submundos", "distantes" e "vazias". Em 1970, o governo militar, como vimos, sob a égide do slogan "integrar para não entregar"[256], criou incentivos fiscais para a ocupação dos Estados do Acre e Rondônia, passando a vigorar um "plano de ocupação da Amazônia" que não reconhecia os seringueiros e privilegiava "a pata do boi".[257]

Por meio dessa

> nova diretriz governamental para o 'progresso econômico' da região, [...] foi estimulada uma nova ocupação da Amazônia, com grandes projetos mineradores, madeireiros e agropecuários recebendo financiamento internacional e incentivos fiscais em nome de uma pretensa defesa da soberania brasileira.[258]

---

255 WALLERSTEIN. *O universalismo europeu: a retórica do poder*. Tradução de Beatriz Medina. São Paulo: Boitempo, 2007, p.26.

256 "'Integrar para não entregar' era o lema que orientava a expansão da fronteira agropecuária, da mesma maneira que as frentes de migração de pequenos agricultores sulistas para o interior do Pará, na região da Transamazônica, ou para os projetos Calha Norte e Polo Noroeste, este com recursos do Banco Mundial. O pressuposto era tão injusto quanto mentiroso: 'vazio amazônico'.". DINIZ, Nilo Sérgio de Melo. *Chico Mendes: um grito no ouvido do mundo: como a imprensa cobriu a luta dos seringueiros*. 1a.ed. Curitiba: Appris, 2019, p. 149.

257 "A pata do boi" representa a expansão da fronteira agropecuária na Amazônia, a ocupação desordenada junto à grilagem das terras, à devastação ambiental, à violência social proveniente dessa ocupação que é racista em relação à sua população e desdenhosa em relação à Natureza considerada um obstáculo ao "progresso". *Ibid.*

258 NEVES, Marcos Vinicius. Uma breve história da luta acreana. In: BRASIL, Ministério do Meio Ambiente. Secretaria de Coordenação da Amazônia. *Caderno Povos da Floresta*. Secretaria Executiva do Comitê Chico Mendes, Rio Branco/ AC, 2003.

Nesse contexto, determinados conflitos sociais se instauraram, como os que ocorreram entre os paulistas[259] e os povos da floresta. Em meio a milhares de assassinatos, contabilizados pela Igreja Católica[260] como conflitos no campo, um movimento socioambiental de extrema relevância para a disseminação do pensamento ecológico se destacou internacionalmente, tornando-se, posteriormente, "um grito no ouvido do mundo".[261]

Estamos nos referindo a um dos mais intensos movimentos socioambientais pacíficos que já ocorreram na história do ser humano no planeta: o movimento de luta e resistência dos seringueiros no Estado do Acre que, aliados posteriormente aos povos indígenas, resistiram e lutaram, na condição de "povos da floresta", contra o "progresso", contra a ideia de "crescimento a qualquer custo". Na mesma época em que, reafirmando seus objetivos, "na Conferência da ONU sobre Ambiente Humano, em Estocolmo (1972), a diplomacia brasileira defendia que se o preço do desenvolvimento fosse a degradação ambiental, o Brasil estaria disposto a pagar.".[262]

A resistência pacífica aos impactos socioambientais derivados da integração da Amazônia e, em especial, à derrubada dos seringais era realizada pelos seringueiros e suas famílias por meio dos "empates". "Os empates eram uma espécie de piquetes nos quais os seringueiros e suas famílias se colocavam na área escolhida para a derrubada e conversão de florestas em pastos para o gado".[263] Nas palavras de Chico Mendes, "a gente foi descobrindo, no avanço da conscientização, que o importante

---

259 "'Paulistas' era como ficaram conhecidos os novos fazendeiros e compradores de terra que chegavam do Sul do país. Mas havia paranaenses, gaúchos, mineiros e também paulistas, entre outros.". DINIZ, *op.cit.*, n.p.

260 Dados da Igreja Católica demonstram que de 1964 a 1985 foram registrados mais de 1.300 assassinatos no campo e, de acordo com a Pastoral da Terra, em 1985 tivemos mais de 1.900 mortes por conflitos desse tipo, demonstrando a gravidade da violência contra as lideranças dos movimentos populares. *Ibid.*

261 "Como escreveu Antônio Alves, Wilson e Chico souberam 'gritar no ouvido do mundo'". ALVES, Antônio; MARTINS, Elson *et al.*, em entrevista coletiva. Varadouro, um jornal das selvas, vinte anos depois. *Jornal O Acre*, Rio Branco, agosto de 1997, n°1.

262 DINIZ, Nilo Sérgio de Melo. *Chico Mendes: um grito no ouvido do mundo: como a imprensa cobriu a luta dos seringueiros*. 1a.ed. Curitiba: Appris, 2019.

263 DINIZ, Nilo Sérgio de Melo. *Chico Mendes: um grito no ouvido do mundo: como a imprensa cobriu a luta dos seringueiros*. 1a.ed. Curitiba: Appris, 2019, p. 33.

não era fazer o acordo com o fazendeiro e ganhar um pedaço de terra. O importante era lutar pela conservação da nossa floresta, pela defesa da seringueira e, finalmente, pela defesa da nossa posse.".[264]

Segundo o Inpe,

> entre 1977 e 1988, a média anual de área engolida pelas derrubadas foi de 620km contra 2.340km em Rondônia. No final deste período, a extensão de território acreano que perdeu a cobertura vegetal ficou em 8.900km contra 30 mil km em Rondônia. A partir de 1986, os empates chamaram atenção e ganharam apoio fora do Acre. Muitas destas ações resultaram na desapropriação e criação de reservas controladas pelos seringueiros. Dessa forma, além de dificultar os planos dos grandes negociantes rurais, este movimento contribuiu para a conquista de boa parte do território do Acre. Atualmente, 2 milhões de hectares são ocupados por Reservas Extrativistas, outros 2 milhões de hectares foram reconhecidos como áreas indígenas e um milhão de hectares abriga projetos de assentamento agrícola.[265]

A organização dos sindicatos de trabalhadores rurais e extrativistas do Acre teve início em 1975. O sindicato de Brasileia teve Wilson Pinheiro como primeiro presidente, sucedido, posteriormente, por Chico Mendes, ambos violentamente assassinados. O legado que deixaram deu origem ao termo "florestania", cidadania ativa que tem como princípio a preservação da floresta amazônica. Assim, podemos dizer que, de um padrão extremamente periférico de "subcidadania"[266] criado,

---

264 DINIZ, Nilo Sérgio de Melo. *Chico Mendes: um grito no ouvido do mundo: como a imprensa cobriu a luta dos seringueiros.* 1a.ed. Curitiba: Appris, 2019, p. 33.

265 SANDRI, Sinara. A assustadora década de 70. In: BRASIL, Ministério do Meio Ambiente. Secretaria de Coordenação da Amazônia. *Caderno Povos da Floresta.* Secretaria Executiva do Comitê Chico Mendes, Rio Branco/ AC, 2003, pp. .26, 27.

266 Jessé Souza, ao tratar da "modernidade periférica", apresenta estudos sobre as origens, a construção de um padrão especificamente periférico de cidadania e subcidadania. O autor propõe compreender, em um sentido não-retórico, categorias como gente e "subgente", cidadão e "subcidadão", refletindo sobre a legitimação das desigualdades e seu modo de ancoramento institucional em um contexto moderno de modernização periférica. O autor faz uma breve análise política e econômica da consolidação do Estado autoritário e modernizador brasileiro, que se consolida a partir de 1930, pelo, então, novo patamar de industrialização, gerador de um crescimento capitalista em grande escala. Considerando este novo período e novo padrão de institucionalização, examina o tema central de sua obra: "a formação de um padrão especificamente periférico de cidadania e subcidadania" [pag. 153], por meio de análises e discussões da obra de Florestan Fernandes quando, este, trata da integração do negro na sociedade de classes. O sociólogo e político brasileiro, analisa como o "povo" surge e se manifesta, a partir da transição da escravidão à moderna ordem competitiva que emergia na sociedade brasileira. Esta, por sua vez,

conforme ensina Jessé Souza, por uma sociedade contaminada pela indiferença social e pelo racismo, originou-se, como consequência direta desse processo de marginalização sofrido, nesse caso pelos acreanos, um tipo de cidadania global, uma luta em defesa da floresta.

O movimento pacífico de resistência à expansão pecuária, à conservação das seringueiras e castanheiras e ao direito à terra na região de Xapuri e Brasileia, também, deu origem ao "Projeto Seringueiro" e à ideia de Reservas Extrativistas. O "Projeto Seringueiro", criado por Mary Allegretti, proporcionou educação para adultos na floresta a partir do método Paulo Freire. Além de alfabetizar trabalhadores do campo promovia formação de lideranças, alcançando, com o tempo, mais de 20 Escolas da Floresta. As Reservas Extrativistas, por sua vez, constituem-se

> como módulos de assentamento extrativista e unidades territoriais protegidas pelo poder público. Destinadas à exploração sustentável e conservação dos recursos naturais, por parte de populações com tradição no uso de recursos extrativos, as Resex são reguladas por contrato de concessão real de uso. A ousadia da ideia das Reservas Extrativistas é que elas não preveem títulos de propriedade. Os extrativistas têm o direito ao uso, mas a propriedade é da União.[267]

---

retrato de uma sociedade marcada pela indiferença social e pelo racismo que geraram como consequência direta o processo de marginalização sofrido por aqueles que, antes escravos (objetos), adquiriram após libertos condição de pessoa, "livre". Estas pessoas "livres" foram esquecidas e abandonados a própria sorte, sem políticas públicas de inclusão, sem dignidade, sem a mínima instrução. SOUZA, Jessé. *A Construção Social da Subcidadania: Para uma Sociologia Política da Modernidade Periférica*. Belo Horizonte: Ed UFMG/ Rio de Janeiro: IUPERJ, 2003.

267 Ressalta-se que, "as primeiras Resex foram criadas em 1990. Em 1999, existiam 13 reservas no país, sendo 11 na Amazônia e 2 em áreas costeiras. Atualmente, 30 anos depois do crime, são 97 Resex – sendo 76 na Amazônia, 7 no Cerrado, 3 na Caatinga e 11 na Mata Atlântica – totalizando 154.678 quilômetros quadrados, com dezenas de milhares de pessoas, ocupando, só na Amazônia 3,5% do território. Além dessas, existem 22 Reservas Extrativistas em áreas marinhas, com 7.933 quilômetros quadrados. Soma-se a essas as Reservas de Desenvolvimento Sustentável (RDS), categoria de Unidade de Conservação criada posteriormente, com regime de uso por populações locais e tradicionais, semelhante aos status das Resex. Nesse caso, são mais de 43 RDS, totalizando 112.448 quilômetros quadrados, ou seja, 1,3% do território nacional. O Instituto Chico Mendes de Biodiversidade (ICMBio) instituição vinculada ao Ministério do Meio Ambiente, é atualmente o órgão responsável pelas Unidades de Conservação de competência federal. Porém, algumas unidades daquele montante são da alçada de estados e municípios". DINIZ, Nilo Sérgio de Melo. *Chico Mendes: um grito no ouvido do mundo: como a imprensa cobriu a luta dos seringueiros*. 1a.ed. Curitiba: Appris, 2019, p. 36.

Em meio aos discursos históricos hegemônicos, contados pelos vencedores, em prol do desmatamento relacionado à expansão da pecuária extensiva para exportação e outras atividades como a mineração, justificadas pela imposição das palavras que defendiam o "progresso" e o pagamento da dívida externa, o movimento acreano, que incorporou o "protecionismo verde" emergente nos anos 80, provocou segmentos internacionais, levando o nome de sua liderança, Chico Mendes, ao prêmio Global 500 das Nações Unidas. Em 1987, "o BID e o Bird anunciavam que as Reservas Extrativistas seriam incluídas nos futuros créditos para a região amazônica.".[268]

Nesse contexto, importante registrar que, em 1976, com o aval de nove entidades ecológicas brasileiras, José Lutzenberger publicou a obra "Fim do Futuro? Manifesto Ecológico Brasileiro"[269], na qual denunciava os problemas ambientais locais e a crise ecológica que estaria atingindo o planeta. A preocupação com "o consumo do futuro" e o risco de não existir futuro devido à destruição causada no tempo presente, foi retratada sob o viés de um paradigma ecológico que relembrava a harmonia existente entre as civilizações pré-colombianas e a Natureza. Segundo o autor, técnicas predatórias de exploração da floresta amazônica utilizadas no século XVI ainda eram aplicadas no século XX, sob a égide do mesmo discurso de integração da região ao resto do Brasil.

O ano de 1981 foi marcado pela promulgação da Lei 6.938, Lei da Política Nacional de Meio Ambiente (LPNMA), que inaugurou, em território nacional, segundo a maioria de autores, o que compreendemos por Direito Ambiental moderno, conhecido, também, como "Código Ambiental Brasileiro". A LPNMA sofreu grande influência de legislações alienígenas. Além da Declaração de Estocolmo sobre o Meio Ambiente Humano podemos destacar, no cenário internacional, a *National Environmental Policy Act,* de 1º de janeiro de 1970, assinada pelo presidente estadunidense Richard Nixon. A *NEPA* foi uma das primeiras leis gerais a prever uma política nacional para o meio ambiente, com o objetivo de determinar a harmonia entre o ser humano e o ambiente, bem como promover esforços para prevenir e eliminar danos ao ambiente

---

268 DINIZ, Nilo Sérgio de Melo. *Chico Mendes: um grito no ouvido do mundo: como a imprensa cobriu a luta dos seringueiros.* 1a.ed. Curitiba: Appris, 2019, p.55.

269 LUTZENBERGER, José. *Fim do Futuro? Manifesto Ecológico Brasileiro* (5ª edição). Porto Alegre: Editora Movimento, 1999.

e à biosfera, resguardando a saúde e o bem-estar humanos. Ela, também, previu a criação do *Council on Environmental* Qualit[270]e trouxe a exigência do *Environmental Impact Statement*[271], considerado um dos instrumentos jurídicos mais relevantes do Direito Ambiental moderno, adotado, posteriormente, por diversos países.[272] No Brasil está previsto o Estudo de Impacto Ambiental (EIA), por intermédio da Lei da Política Nacional do Meio Ambiente e da CF/88.[273]

---

270 O Conselho de Qualidade Ambiental - CEQ aconselha o presidente e desenvolve políticas sobre alterações climáticas, justiça ambiental, sustentabilidade federal, terras públicas, oceanos, e conservação da vida selvagem, entre outras áreas. Na condição de agência responsável pela implementação da NEPA, o CEQ também trabalha para assegurar que as análises ambientais de projetos de infraestruturas e ações federais sejam exaustivas, buscando, com a eficiência, refletir um tipo de contribuição pública, com participação das comunidades locais. Council on Environmental Quality. *THE WHITE HOUSE.* Disponível em: https://www.whitehouse.gov/ceq/.

271 O EIS é um documento governamental que descreve o impacto de um projeto proposto no seu ambiente circundante. Nos Estados Unidos, estas declarações são mandatadas por lei federal para determinados projetos. Nos Estados Unidos a nível federal, o EIS é um relatório que serve para avaliar o potencial impacto de ações "que afetem significativamente a qualidade do ambiente humano". Este requisito ao abrigo da NEPA não proíbe danos ao ambiente, mas exige antes uma identificação e divulgação avançada dos danos. Podem incluir projetos de construção, limpeza e infraestruturas. Podem, também, se tornar mais amplos, como é o caso de projetos de desenvolvimento que utilizam terrenos federais, dólares dos impostos federais, ou que estão sob jurisdição de agência federal. Estes são obrigados a avaliar o impacto do projeto proposto nos ambientes físicos, culturais e humanos. "O *U.S. Bureau of Land Management* apresentou uma das primeiras declarações em fevereiro de 1970, para o projeto *Trans-Alaska Pipeline.* O Alabama *Trustee Implementation Group* trabalhou com várias agências federais em 2017 para produzir um EIS na sequência do derrame de petróleo da *Deepwater Horizon.* Aproximadamente 500 declarações são preparadas por agências federais nos Estados Unidos todos os anos. O EIS descreve o estado do ambiente na área afetada, fornece uma base de referência para compreender as potenciais consequências do projeto, identifica os efeitos positivos e negativos para o ambiente, e oferece ações alternativas, incluindo a inação, em relação à proposta.". MIDDLETON, Tiffany. What is an Environmental Impact Statement? *American Bar Association.* Disponível em: https://www.americanbar.org/groups/public_education/publications/teaching-legal-docs/teaching-legal-docs--what-is-an-environmental-impact-statement-/. (tradução nossa).

272 SARLET, Ingo Wolfgang; FENSTERSEIFER, Tiago. *Curso de Direito Ambiental.* 2 ed. Rio de Janeiro: Forense/GEN, 2021.

273 O Estudo de Impacto Ambiental foi introduzido no Direito brasileiro por meio da Lei 6.803/80 que "dispõe sobre as diretrizes básicas para o zoneamento industrial nas áreas críticas de poluição" e, após, com a Lei 6.938/81, passou a

Em seguida, a *Clean Air Act*, ou Lei do Ar Limpo (1970) regulamentou as emissões atmosféricas das fontes estacionárias e móveis, autorizando a Agência de Proteção Ambiental norte – americana a estabelecer o *National Ambient Air Quality Standards* – NAAQS, prevendo padrões de qualidade do ar e prazos para cumprimento de medidas concretas contra a poluição atmosférica.[274]

A preocupação com a poluição do ar e da água cresceu à medida que os EUA vivenciaram uma série de catástrofes ambientais. Uma plataforma petrolífera na Califórnia poluiu as praias após milhões de galões de petróleo serem derramados no oceano; perto de Cleveland, Ohio, o rio Cuyahoga, atingido por compostos químicos (lixo tóxico), pegou fogo; espontaneamente ardeu em chamas devido à grande poluição presente no sistema de esgoto e descarte de resíduos da região. Na

---

ser componente da Avaliação de Impacto Ambiental – Instrumento da PNMA. Ao EIA, foi conferido, pela CR/88, "um dos mais importantes instrumentos de proteção do ambiente, já que destinado à prevenção de danos". Nesse sentido, consagra-se a essência preventiva do Direito Ambiental, à medida que se objetiva "evitar que um projeto (obra ou atividade), justificável pelo prisma econômico ou em relação aos interesses imediatos de seu proponente, revele-se posteriormente nefasto ou catastrófico para p meio ambiente." Em tese, a proposta é promover a participação informada e contribuir para seu aprimoramento. MILARÉ, Édis. *Direito do Ambiente.* 12a ed. São Paulo: Thomson Reuters Brasil, 2020, p. 180.

274 No Brasil, importante observar que os padrões de qualidade do ar são estabelecidos, atualmente, pela Resolução CONAMA no 491/2018 que define poluente atmosférico como "qualquer forma de matéria em quantidade, concentração, tempo ou outras características, que tornem ou possam tornar o ar impróprio ou nocivo à saúde, inconveniente ao bem-estar público, danoso aos materiais, à fauna e flora ou prejudicial à segurança, ao uso e gozo da propriedade ou às atividades normais da comunidade". BRASIL. *Resolução No 491 de 19 de novembro de 2018.* No entanto, esses padrões precisam ser revistos, respeitando as particularidades de cada lugar, como explica o Boletim Informativo ItabirAR, desenvolvido pela Secretaria Municipal de Meio Ambiente do Município de Itabira – MG em parceria com o Centro de Estudos Atmosféricos da UNIFEI – campus Itabira: "Cada local tem suas fontes particulares de poluição e, portanto, os poluentes a serem monitorados devem ser determinados em cada cidade a partir da realização de um inventário de emissões atmosféricas, que nada mais é do que um levantamento para identificar, caracterizar e quantificar as contribuições dos poluentes emitidos por cada uma das fontes emissoras.". ITABIRA. Secretaria Municipal de Meio Ambiente. *Boletim ItabirAR*, junho 2021.Itabira, 2021, p.04. Disponível em: https://meioambiente.itabira.mg.gov. br/abrir_arquivo.aspx/Boletim_ItabirAR_Junho_2021?cdLocal=2&a rquivo={2D-7516DA-3B66-BABB-27CA-8E055ADEBC8D}.pdf#search=boletim.

mesma época, os astronautas fotografavam a Terra a partir do espaço, trazendo mais evidências de que os recursos da Terra são finitos.[275]

Como consequência, foi criada a *Environmental Protection Agency*, ou Agência de Proteção Ambiental, estruturando o órgão administrativo federal norte-americano para a adoção de medidas concretas que efetivassem a proteção ambiental. Esse órgão teria a função de responder aos problemas ambientais, investigando os poluentes e seus impactos, estabelecendo "linhas de base ambientais" quantitativo - críticas para medir adequadamente o sucesso ou o fracasso dos esforços de redução da poluição.[276] No Brasil, o IBAMA, criado em 1989, seria o órgão que cumpriria essa função; contudo, faz-se referência em respeito à cronologia, à criação, em 1973, do plano federal da Secretaria Estadual do Meio Ambiente (SEMA).[277]

A *Clean Water Act*, ou Lei da Água Limpa, editada em 1972, proveniente da *Federal Water Pollution Control*, ou Lei Federal de Controle da Poluição das Águas, de 1948, estabeleceu a regulou as descargas de poluentes nas águas do território norte-americano, estabelecendo critérios nacionais de qualidade da água para poluentes em águas superficiais. Com isso, a EPA colocou em prática alguns programas de controle de poluição como, por ex., a edição de normas de águas residuais para a indústria.

Somadas aos avanços legislativos supracitados, no cenário europeu, as Constituições portuguesa (1976) e espanhola (1978) traziam dispositivos específicos sobre a proteção ambiental, que influenciaram não só a PNMA como a própria redação do art. 225 da CR/88, conforme veremos no próximo item.

Para Herman Benjamin, a LPNMA significou uma mudança radical na compreensão e proteção do meio ambiente, uma vez que esse passou a ser considerado como "sistema ecológico integrado", donde suas partes recebem proteção a partir do todo e, o mais importante, "com

---

275 *The Origins of EPA. United States Environmental Protection Agency.* Disponível em: https://www.epa.gov/history/origins-epa.

276 *The Origins of EPA. United States Environmental Protection Agency.* Disponível em: https://www.epa.gov/history/origins-epa.

277 SARLET, Ingo Wolfgang; FENSTERSEIFER, Tiago. *Curso de Direito Ambiental.* 2 ed. Rio de Janeiro: Forense/GEN, 2021.

autonomia valorativa" na condição de bem jurídico.[278] A partir daí, a proteção integral conferida ao meio ambiente supera a fragmentariedade até então vigente, originando o que o ministro denomina "fase holística", sob o viés de uma metodologia que avança estabelecendo princípios, objetivos e instrumentos, como o Estudo de Impacto Ambiental e o regime de responsabilidade civil objetiva para evitar e punir o dano ambiental, respectivamente.[279]

A LPNMA instituiu o Sistema Nacional de Meio Ambiente (SISNAMA) com objetivo de organizar administrativamente os entes federados que atuam na tutela, proteção e melhoria da qualidade ambiental. O Conselho Nacional do Meio Ambiente (CONAMA), presente na estrutura do SISNAMA, é o órgão colegiado deliberativo e consultivo que tem como finalidade (além de "assessorar, estudar e propor ao Conselho de Governo, diretrizes políticas e governamentais para o meio ambiente e os recursos naturais e deliberar, [...], sobre normas e padrões compatíveis com o meio ambiente ecologicamente equilibrado e essencial à sadia qualidade de vida"[280]), promover a participação pública nas decisões que tratem de matéria ambiental.

O dispositivo legal dispôs de instrumentos de gestão ambiental para regulamentar a exploração dos recursos naturais pela cadeia produtiva, dentre os quais destacamos: zoneamento ambiental; padrões de qualidade ambiental; avaliação de impactos ambientais e a exigência de licenciamento e estudo de impacto ambiental de atividades efetiva ou potencialmente poluidoras. Afirmou-se, contudo, um conceito amplo de poluidor, considerando-se poluidora "a pessoa física ou jurídica, de

---

278 BENJAMIN, Antônio Herman V. Introdução ao Direito Ambiental Brasileiro. *Revista dos Tribunais Online*, p. 1 – 33, Revista de Direito Ambiental, vol. 14/1999, pp. 48 – 82, Abr. - Jun. / 1999; Doutrinas Essenciais de Direito Ambiental, vol. 1, pp. 41 – 91, Mar / 2011. Disponível em: https://edisciplinas.usp.br/pluginfile.php/5337701/mod_resource/content/1/Texto%2001%20Introdu%C3 %A7%-C3%A3o%20ao%20Direito%20Ambiental%20-%20Herman%20Benjamin.pdf.

279 BENJAMIN, Antônio Herman V. Introdução ao Direito Ambiental Brasileiro. *Revista dos Tribunais Online*, p. 1 – 33, Revista de Direito Ambiental, vol. 14/1999, pp. 48 – 82, Abr. - Jun. / 1999; Doutrinas Essenciais de Direito Ambiental, vol. 1, pp. 41 – 91, Mar / 2011. Disponível em: https://edisciplinas.usp.br/pluginfile.php/5337701/mod_resource/content/1/Texto%2001%20Introdu%C3 %A7%-C3%A3o%20ao%20Direito%20Ambiental%20-%20Herman%20Benjamin.pdf.

280 BRASIL. *Lei no 6.938 de 31 de agosto de 1981*. Dispõe sobre a Política Nacional do Meio Ambiente, seus fins e mecanismos de formulação e aplicação, e dá outras providências. Brasília, 1981.

direito público ou privado, responsável, direta ou indiretamente, por atividade causadora de degradação ambiental".[281]

O papel do Ministério Público, também, merece destaque, pois o *Parquet* adquire legitimidade para propor ação de responsabilidade (que atualmente é administrativa, civil e penal com a aprovação da Lei dos Crimes contra o Meio Ambiente) em decorrência de danos causados ao meio ambiente, ou seja, assume um trabalho de grande relevância no que diz respeito à tutela do meio ambiente, direito difuso, transindividual.

Na sequência, conforme demonstra Sarlet e Fensterseifer, o Decreto 91.145/85 previu a criação do Ministério do Desenvolvimento Urbano e Meio Ambiente, que "tinha a proteção ambiental em segundo plano, conforme se pode depreender dos 'considerandos' do diploma que o instituiu.".[282] Em 1990, o Ministério foi desconstituído e as atribuições da pasta ambiental foram transferidas para a nova Secretaria do Meio Ambiente, resultando "na diminuição de seu *status* administrativo ministerial".[283] Após o *impeachment* do mandato do então presidente Fernando Collor de Mello e sua renúncia, ou seja, sob o governo de Itamar Franco e com influência dos compromissos assumidos pelo governo brasileiro na Conferência da ONU (Eco 92) realizada no Rio de Janeiro, criou-se o Ministério do Meio Ambiente, retomando o caráter ministerial para as políticas administrativas ambientais em âmbito federal. Em 1993, "a nomenclatura da pasta foi transformada para Ministério do Meio Ambiente e da Amazônia Legal"[284]; em 1995 passou a se chamar Ministério do Meio Ambiente, dos Recursos Hídricos e da Amazônia Legal; em 1999, foi transformado em Ministério do Meio Ambiente, nomenclatura adotada atualmente.

---

281 BRASIL. *Lei no 6.938 de 31 de agosto de 1981.* Dispõe sobre a Política Nacional do Meio Ambiente, seus fins e mecanismos de formulação e aplicação, e dá outras providências. Brasília, 1981.

282 SARLET, Ingo Wolfgang; FENSTERSEIFER, Tiago. *Curso de Direito Ambiental.* 2 ed. Rio de Janeiro: Forense/GEN, 2021, p.230.

283 SARLET, Ingo Wolfgang; FENSTERSEIFER, Tiago. *Curso de Direito Ambiental.* 2 ed. Rio de Janeiro: Forense/GEN, 2021, p. 231.

284 SARLET, Ingo Wolfgang; FENSTERSEIFER, Tiago. *Curso de Direito Ambiental.* 2 ed. Rio de Janeiro: Forense/GEN, 2021, p.232.

Em 1985, a Lei da Ação Civil Pública (Lei 7.347/85)[285], em harmonia com a LPNMA, reconheceu o direito ao ambiente como direito ou interesse difuso, sistematizando a matéria dos direitos e interesses transindividuais (difusos, coletivos em sentido estrito e individuais homogêneos).[286] Criou-se, portanto, um conjunto de mecanismos de prevenção, fiscalização e reparação de práticas degradadoras do ambiente, tanto quando praticadas por atores públicos como quando por particulares".[287] Teori Zavascki afirma que a Ação Civil Pública se contrapõe às ações e interesses privados, pois seus titulares ativos (Ministério Público ou os legitimados ativos previstos em seu art. 5º), devem tutelar interesses de toda a coletividade e não os particulares[288], ou seja, é o instrumento adequado para cessar ou impedir a ocorrência de danos tanto em matéria ambiental, quanto a outros interesses difusos e coletivos.[289]

---

285 BRASIL. *Lei 7.347 de 24 de julho de 1985.* Disciplina a ação civil pública de responsabilidade por danos causados ao meio-ambiente, ao consumidor, a bens e direitos de valor artístico, estético, histórico, turístico e paisagístico e dá outras providências. Brasília, 1985.

286 O direito ao meio ambiente ecologicamente equilibrado é um direito essencialmente difuso, pois possui objeto indivisível, titularidade indeterminável e alta abstração; logo seus impactos alcançam, simultaneamente, tudo e todos. Por sua vez, o direito ao abastecimento de água, exemplifica um direito coletivo em sentido estrito, uma vez que se refere, apesar de o objeto ser indivisível, ou seja, pertencer a todos, a direitos de um grupo de pessoas, possuindo indeterminabilidade relativa e, consequentemente, menor grau de abstração. Por fim, os direitos individuais homogêneos, recebem proteção coletiva para promover o acesso à justiça e colaborar com a economia processual. São direitos individuais que podem ser tutelados coletivamente, sendo considerados "acidentalmente coletivos" por serem provenientes de uma origem comum.

287 SARLET, Ingo Wolfgang; FENSTERSEIFER, Tiago. *Curso de Direito Ambiental.* 2 ed. Rio de Janeiro: Forense/GEN, 2021, p.234.

288 ZAVASCKI, Teori Albino. *Processo Coletivo: tutela de direitos coletivos e tutela coletiva de direitos.*2005. Tese de Doutorado. Programa de Pós-graduação em Direito da Universidade Federal do Rio Grande do Sul. Porto Alegre, setembro de 2005.

289 A promoção do acesso à justiça e a consagração desses "novos direitos", entre eles o ambiental, recepcionados, posteriormente, pela CR/88, em seu art. 129. III, que se refere à tutela de interesses indisponíveis, sofreu alterações com o advento da Lei 8.078/90 (CDC), que ampliou seu âmbito de aplicação, como, por ex., a defesa dos direitos individuais homogêneos, metaindividuais, que, antes das alterações, tratados individualmente.

Em 1987, em âmbito internacional, tivemos a publicação do Relatório *Brundtland* ou "Nosso Futuro Comum", propondo o desenvolvimento sustentável como "aquele que atende às necessidades do presente sem comprometer a possibilidade de as gerações futuras atenderem às suas necessidades"[290]. A Comissão Mundial sobre Meio Ambiente e Desenvolvimento desenvolveu estudos críticos sobre a incompatibilidade entre o modelo de crescimento econômico praticado pelos países industrializados e de certa forma, pensamos nós, impostos às nações subdesenvolvidas pelo discurso desenvolvimentista aliado ao "progresso". Esse modelo econômico, como apontado, além de utilizar, de forma excessiva e desenfreada, os recursos naturais sem considerar a capacidade de resiliência dos ecossistemas, colabora para o agravamento dos conflitos e das desigualdades sociais.

O documento, ressalta-se que de caráter amplamente antropocêntrico, explicita que "satisfazer as necessidades e as aspirações humanas é o principal objetivo do desenvolvimento"[291] e enfatiza a importância em se enfrentarem os problemas ambientais como o aquecimento global, a destruição da camada de ozônio, o consumismo, o crescimento populacional, o uso indiscriminado de produtos químicos prejudiciais à saúde na produção de alimentos, entre outros, além de deixar claro que uma tecnologia mal empregada pode marginalizar pobres e ricos. A intervenção humana sobre os recursos naturais é tema central da pauta, transversal a todos os demais problemas apresentados no Relatório, que afirma: "o desenvolvimento sustentável não deve pôr em risco os sistemas naturais que sustentam a vida na Terra: a atmosfera, as águas, os solos e os seres vivos.".[292]

No Brasil, em 1987, a Lei 7.643, que proibiu da pesca de cetáceos em águas brasileiras[293], com clara influência da Comissão Baleeira Inter-

---

290 COMISSÃO MUNDIAL SOBRE MEIO AMBIENTE E DESENVOLVIMENTO. *Nosso Futuro Comum.* 2o.ed. Rio de Janeiro: Fundação Getúlio Vargas, 1991, p.46.

291 COMISSÃO MUNDIAL SOBRE MEIO AMBIENTE E DESENVOLVIMENTO. *Nosso Futuro Comum.* 2o.ed. Rio de Janeiro: Fundação Getúlio Vargas, 1991, p.46.

292 COMISSÃO MUNDIAL SOBRE MEIO AMBIENTE E DESENVOLVIMENTO. *Nosso Futuro Comum.* 2o.ed. Rio de Janeiro: Fundação Getúlio Vargas, 1991, p.48.

293 BRASIL. *Lei 7.643 de 18 de dezembro de 1987.* Proíbe a pesca de cetáceo nas águas jurisdicionais brasileiras, e dá outras providências. Brasília, 1987.

nacional[294] e do movimento ambientalista brasileiro (que na década de 1980 promoveu forte campanha contra a caça de baleias), ganhou repercussão internacional, pois marcou a ampliação da proteção ecológica, fundamental para a proteção dessas populações na costa brasileira.

Por fim, mas longe de exaurir os dispositivos legais que compõem esse período histórico do Direito Ambiental, principalmente em território brasileiro, citamos a Lei 7.661 de 16 de maio de 1988, que dispõe sobre o Plano Nacional de Gerenciamento Costeiro e antecipou a provisão constitucional (art.225, §4º, da CF/88) que estabeleceu ser a Zona Costeira patrimônio nacional, juntamente com a Floresta Amazônica brasileira, a Mata Atlântica, a Serra do Mar, o Pantanal Mato – Grossense, prevendo que sua utilização respeitaria as condições necessárias à preservação ambiental e reconhecendo a importância fundamental dos ecossistemas costeiros para o equilíbrio ambiental.

Assim, a proteção do meio ambiente, ainda na condição de patrimônio de toda a coletividade e sua previsão constitucional, vem, posteriormente, introduzir uma compreensão sistêmica e um compromisso ético com a saúde humana, com a biodiversidade e com terra em diferentes países. A defesa do meio ambiente e a tutela jurídica sobre determinados bens passaram a ser direito e dever; e o acesso à informação em matéria ambiental, condição para a participação (participação informada) em processos decisórios ambientais democráticos, que envolvem direitos transindividuais, difusos. Como veremos, a constitucionalização do Direito Ambiental apresentará limitações à exploração desenfreada do sistema capitalista sobre a Natureza; no entanto, encontramos limitações estruturais para a realização desse objetivo.

2.1.3. A CONSTITUCIONALIZAÇÃO DO DIREITO AMBIENTAL

A partir da década de 1970, como vimos, alguns países como Portugal e Espanha começaram a reconhecer o meio ambiente como direito

---

294 A Comissão Baleeira Internacional foi criada em 1946, como organismo global responsável pela gestão da caça à baleia e proteção das baleias. Atualmente, a CBI, tem 88 países membros e existem novas preocupações sobre conservação e proteção. O programa de trabalho da CBI inclui, agora, também, capturas acessórias e enredamento, ruido oceânico, poluição e detritos, assim como a observação sustentável das baleias. The International Whaling Commission – IWC. *International Whaling Commission – IWC*. Disponível em: https://iwc.int/home.

fundamental. Em um segundo momento, países que saíam de regimes ditatoriais, como o Brasil, passaram pela denominada "virada ecológica" no âmbito jurídico, integrando a proteção ao meio ambiente à estrutura normativa constitucional interna. A constitucionalização do Direito Ambiental ou a tutela jurídica do meio ambiente frente a um sistema, ainda, fundamentado no pensamento antropocêntrico, apesar de demonstrar sua crescente relevância em um contexto histórico, social e cultural específicos, enfrentou e enfrenta, como veremos, inúmeros desafios.

No caso do Brasil, o direito ao meio ambiente ecologicamente equilibrado, previsto no art. 225 da Constituição brasileira de 1988, passou a limitar outros direitos e a redimensionar o princípio da dignidade humana, que passou a ser considerado, também, em sua dimensão ecológica[295], ou seja, em sua dimensão sistêmica e ecossistêmica. No entanto, como sabemos, o que é ideal nem sempre é real e a normatividade, na qual o direito moderno está inserido, é permeada por interpretações provenientes de grupos restritos e, por isso, os compromissos públicos nem sempre são cumpridos.

Em outras palavras, ao mesmo tempo em que uma Constituição deve refletir a memória e a boa-fé em relação ao passado e democratizar os espaços de discussão, movimentos (como os movimentos ecológicos) nos mostram que a estrutura política e jurídica estatal apresenta limitações que impedem a efetivação desse escopo, qual seja, a proteção ecológico-ambiental. O modelo econômico e produtivo vigente demonstra que a proteção da Natureza é contraproducente, é inviável ao "desenvolvimento" e ao "progresso" nacional. Por tal motivo, assumir compromissos descoloniais[296], decoloniais[297] ou mesmo contra-

---

295 SARLET, Ingo Wolfgang, FENSTERSEIFER, Tiago. *Direito Constitucional Ecológico: constituição, direitos fundamentais e proteção da natureza*. São Paulo: Thomson Reuters Brasil, 2019.

296 Se refere ao enfrentamento do colonialismo, ou seja, à violenta opressão provocada pelo domínio político e cultural exercido pelos europeus sobre territórios e povos que invadiram ao redor do mundo e sobre os quais impuseram suas estruturas, instituições, religião, culturas e línguas. A descolonização está relacionada aos processos históricos de independência das antigas colônias e simboliza a luta pela superação do colonialismo e de subordinação que é proveniente desse mecanismo.

297 Decolonialidade se refere ao necessário enfrentamento das estruturas coloniais, ainda, presentes, mesmo após os processos de independência, como é o caso da ciência, do pensamento eurocêntrico apresentado como "universal", da manutenção

coloniais[298] é fundamental para promover outra lógica organizacional, principalmente para países do Sul-global.

Não podemos olvidar que o desenvolvimento histórico moderno e, consequentemente, as Constituições modernas possuem como base a integração das práticas materiais de produção capitalista, que são, por sua vez, baseadas na livre iniciativa, na acumulação e no extrativismo. A história demonstra que, o constitucionalismo, na condição de movimentos por governos democráticos a partir do princípio do governo limitado, deu origem às Constituições nacionais, frutos de processos sociopolíticos modernos, comprometidos com direitos e garantias fundamentais como, por ex., o "bem-estar" de seus cidadãos, compreendendo a Natureza, portanto, como bem jurídico a ser preservado para as presentes e futuras gerações.

Herman Benjamin assevera que, apesar de leis e regulamentos nacionais e internacionais resguardarem processos ecológicos e combaterem a poluição e de países como os Estados Unidos contarem com legislações avançadas no que se refere à matéria ambiental, a constitucionalização dos direitos e deveres ambientais colabora sobremaneira com a proteção ambiental e, venturosamente, tornou-se tendência mundial.[299]

Segundo o *Environmental Rule of Law*[300], mais de oitenta países já adotam previsões constitucionais que dispõem sobre o direito a um

---

das estruturas patriarcais, do sistema econômico, da mercantilização da Natureza e, entre outros, o conceito de raça e o modelo de Estado nacional. Essas estruturas refletem a manutenção do poder "colonial" sobre o ser e o saber, mesmo após o fim da colonização e demonstram que não obstante a descolonização, a colonialidade permanece presente em nossa forma de sentir, pensar e agir.

298 Perspectiva apresentada por Antonio Bispo dos Santos como um antídoto ao colonialismo centrado na prática e na vivência de povos indígenas e quilombolas, valorizando a oralidade e saberes que não se encontram em livros.

299 BENJAMIN, Antônio Herman V. Introdução ao Direito Ambiental Brasileiro. *Revista dos Tribunais Online*, p. 1 – 33, Revista de Direito Ambiental, vol. 14/1999, pp. 48 – 82, Abr. - Jun. / 1999; Doutrinas Essenciais de Direito Ambiental, vol. 1, pp. 41 – 91, Mar / 2011. Disponível em: https://edisciplinas.usp.br/pluginfile.php/5337701/mod_resource/content/1/Texto%2001%20Introdu%C3%A7%C3%A3o%20ao%20Direito%20Ambiental%20-%20Herman%20Benjamin.pdf.

300 Relatório Global sobre o Estado de Direito Ambiental. ENVIRONMENTAL RULE OF LAW: first global report. United Nations Environment Programme, 2019. Disponível em: https://wedocs.unep.org/bitstream/handle/20.500.11822/27279/Environmental_rule_of_law.pdf?sequence =1&isAllowed=y.

meio ambiente saudável como fundamental e mais de sessenta nações incorporaram em suas Constituições o dever de proteção ambiental. Mais de trezentas Cortes ambientais foram formadas em mais de cinquenta nações e mais de sessenta dispõem de instrumentos normativos que se referem ao direito dos cidadãos à informação ambiental.

No entanto, a crítica que se apresenta diz respeito à

> incapacidade de implementar e de fazer cumprir essas leis [...]. Embora a ajuda internacional tenha, de fato, auxiliado dezenas de países a assinar mais de 1.100 acordos ambientais desde 1972 e a elaborar muitos dispositivos legais na área ambiental, nem a ajuda nem os orçamentos nacionais levaram ao estabelecimento de agências e órgãos ambientais capazes de aplicar as leis e regulamentos de forma eficaz. Os autores identificam múltiplos fatores para a baixa implementação do Estado de Direito Ambiental, tais como a falta de coordenação entre as agências governamentais, a fraca capacidade institucional, a falta de acesso à informação, a corrupção e o sufocamento do engajamento civil.[301]

Incluímos nessa análise observações apresentadas por Eduardo Viola no que diz respeito à influência e reflexos do processo de globalização na dinâmica do ambientalismo, especialmente em países periféricos. Isso porque, após a Guerra Fria, como bem lembra o autor, as transformações internacionais desenharam um novo cenário que constituiu a nova ordem mundial.

As semiperiferias, como o Brasil, enfrentaram duas "tendências mundiais": 1) "a erosão dos Estados nacionais pelo mercado mundial"[302], triunfando o modelo liberal, mais eficiente para a alocação de recursos produtivos em detrimento da justiça social e da proteção ambiental local; e 2) "a emergência ou intensificação dos problemas socioambientais globais"[303], ou seja, a crise ecológica e os desastres ambientais, intensificadas, principalmente, no "Terceiro Mundo" pela exploração

---

301 CRESCEM LEIS PARA PROTEGER O MEIO AMBIENTE, MAS HÁ FALHAS GRAVES DE IMPLEMENTAÇÃO, AFIRMA NOVO RELATÓRIO DA ONU. *UN environment programme*, 24 de janeiro de 2019. Disponível em: https://www.unep.org/pt-br/noticias-e-reportagens/press-release/crescem- leis-para-proteger-o-meio-ambiente-mas-ha-falhas?_ga=2.196871973.888345710.1650044585- 1637927173.1650044585.

302 VIOLA, Eduardo J. *A Dinâmica do Ambientalismo e o Processo de Globalização*. Perspectiva, São Paulo, 6(1-2): 6- 12, janeiro/junho 1992, p.6.

303 VIOLA, Eduardo J. *A Dinâmica do Ambientalismo e o Processo de Globalização*. Perspectiva, São Paulo, 6(1-2): 6- 12, janeiro/junho 1992, p.6.

desenfreada dos recursos naturais e pela dívida externa, refletindo a "vitória do mercado sobre o planejamento estatal".[304]

A título de memória, registra-se a separação de mundos (natural x social) refletida pelo "paradoxo do Direito Ambiental Internacional"[305], que absorve as exigências e pressões do discurso desenvolvimentista global em detrimento da Natureza e da qualidade ambiental local. Esse dualismo pode ser ilustrado pelos casos da Convenção Internacional para a Conservação de Animais Selvagens, Aves e Peixes na África, conhecido, também, como Convenção de Londres - documento assinado em 1900 por colonizadores europeus, ou seja, "elaborado por caçadores interessados na 'sustentabilidade' dos recursos de caça"[306]; e da Convenção sobre o Comércio Internacional de Espécies Ameaçadas de Extinção no Brasil (CITES-1973), também conhecida por Convenção de Washington, segundo a qual o comércio é o negócio principal. Situações como essas não são difíceis de explicar quando se compreendem quais são as bases que, marginalmente, sustentam e regulamentam o Direito Ambiental Internacional, quais sejam: o mercado amparado pelo liberalismo econômico e pelos direitos de propriedade individual.

Contudo, mesmo diante da evidente inadequação dos conceitos constitucionais à realidade, a tutela ecológica prevista nos diversos ordenamentos jurídicos de países periféricos, como nos casos brasileiro e sul-africano, tornou tarefa do Estado e da sociedade zelar pelo ambiente ecologicamente equilibrado e, portanto, seguro e saudável.[307] Importante destacar que, em contextos como esses, a concepção mítica

---

304 VIOLA, Eduardo J. *A Dinâmica do Ambientalismo e o Processo de Globalização.* Perspectiva, São Paulo, 6(1-2): 6- 12, janeiro/junho 1992, p.6.

305 VIOLA, Eduardo J. *A Dinâmica do Ambientalismo e o Processo de Globalização.* Perspectiva, São Paulo, 6(1-2): 6- 12, janeiro/junho 1992, p.6.

306 KOTZE⊠, L. J.; ALVES, S. O. M. O meio ambiente sul-africano e a Constituição de 1996: Reflexões sobre uma década de democracia e proteção constitucional do meio ambiente. *Revista Brasileira de Direitos Fundamentais & Justiça, [S. l.],* v. 1, n. 1, p. 79–101, 2007. DOI: 10.30899/dfj.v1i1.595. Disponível em: https://dfj.emnuvens. com.br/dfj/article/view/595.

307 O reconhecimento dos Direitos da Natureza à luz de um novo paradigma ecocêntrico, como é o caso das Constituições do Equador e da Bolívia, serão tratadas afrente, em tópico dedicado à fase ecocêntrica do Direito, partindo de uma perspectiva normativa que desencobre as tradições originárias da América Latina, ou seja, parte de uma perspectiva complexa e plural.

do universo está ligada, como no caso dos povos originários americanos e africanos, à concepção de ordem social. A diversidade de costumes, nesses continentes, possui traços originários comuns como, por exemplo, a perspectiva coletiva de sujeito, ou seja, o indivíduo não é ignorado, mas sua personalidade é analisada perante o contexto do grupo, que se destaca como "unidade de base".[308]

No caso da China, ou seja, analisando uma perspectiva de ordem social que "se desenvolveu longe de qualquer influência estrangeira até o século XIX"[309] e que "difere totalmente da concepção ocidental"[310], apresentou-se o conceito de "civilização ecológica" como uma espécie de cláusula objetiva nacional para o enfrentamento da crise ecológica, climática, ética e civilizacional. Em outros termos, a concepção tradicional chinesa, baseada na função menor do direito, ou seja, acreditando que a lei é o último recurso a ser aplicado, apresentou a "civilização ecológica" como proposta de resgate da compreensão do humano na condição de parte do mundo natural. Para a cultura milenar chinesa, "a harmonia, da qual dependem o equilíbrio do mundo e a felicidade dos homens, comporta um duplo aspecto"[311], qual seja: deve haver harmonia entre o humano e a Natureza e o comportamento humano deve ser coordenado com a ordem da Natureza, evitando, assim, "as más colheitas, as inundações, os tremores de terras".[312]

Logo, nesta nova época denominada Antropoceno, o reconhecimento da transparência e cooperação internacional quando se considera a dimensão transfronteiriça das externalidades negativas em matéria ambiental é um desafio a ser enfrentado não só pelas lentes do direito moderno e pela primazia da ideia de desenvolvimento, mas também, pelas lentes do pluralismo que compreendem modos de sentir-pensar não ocidentais. Precisaremos ultrapassar o direito pautado no humanis-

---

308 Allot, A. N., African Law. In: Derret, J. D. M., org., *An Introduction to Legal Systems* (1968).

309 DAVID, René. *Os grandes sistemas do direito contemporâneo*. Tradução de Hermínio A. Carvalho. São Paulo: Martins Fontes, 1986, p. 471.

310 DAVID, René. *Os grandes sistemas do direito contemporâneo*. Tradução de Hermínio A. Carvalho. São Paulo: Martins Fontes, 1986, p. 471.

311 DAVID, René. *Os grandes sistemas do direito contemporâneo*. Tradução de Hermínio A. Carvalho. São Paulo: Martins Fontes, 1986, p. 471.

312 DAVID, René. *Os grandes sistemas do direito contemporâneo*. Tradução de Hermínio A. Carvalho. São Paulo: Martins Fontes, 1986, p. 471.

mo jurídico, que não considera os perigos perpetrados pelas leis e/ou convenções moldadas pela elite europeia, para estabelecer sistemas sociopolíticos biodiversos, constituídos por relações de solidariedade do humano com os demais seres vivos e elementos que proporcionam o equilíbrio necessário à vida na Terra.

2.1.3.1. BRASIL: A DISCREPÂNCIA ENTRE O IDEAL LEGISLATIVO E A REALIDADE

Desde o período colonial, até recentemente, o Estado brasileiro desempenhou um papel corporativo, empreendedor, intervencionista e patrimonialista que exaltava a ordem herdada dos militares e o progresso marcado pelo processo de modernização capitalista, que conduziu o Brasil às dez maiores economias do mundo, às custas da exploração da Natureza e da inibição das organizações sociais[313]. Em se tratando do Direito Ambiental pátrio, no período anterior à Constituição de 1988, as Constituições tinham como principal objetivo proteger a saúde, assegurando para isso, por meio de medidas sanitárias, o ambiente "com indisfarçável conteúdo economicista e utilitarista".[314]

Essa racionalidade, que vigorou durante esse período, fundamentou intervenções legislativas e contou com respaldo judicial; contudo, hoje, podemos aferir "o caráter limitado desse esforço, eticamente insuficiente e dogmaticamente frágil".[315] Isso porque o paradigma an-

---

313 MAGALHÃES, José Luiz Quadros de; CARVALHO, Flávia Alvim de. Poder do ente municipal na fiscalização de atividade efetiva ou potencialmente poluidora à luz de uma teoria constitucional federal e ecológica comprometida com os direitos fundamentais. In: SOUZA, Dimas Antônio de Souza; ANJOS, José Jorge Figueiredo dos (Orgs.). *Estudos acerca da democracia, dos direitos humanos dos serviços jurisdicionais: obra em homenagem ao Desembargador José Joaquim Figueiredo dos Anjos.* São Luís: ESMAM, 2002.

314 BENJAMIN, Antônio Herman V. Introdução ao Direito Ambiental Brasileiro. *Revista dos Tribunais Online*, p. 1 – 33, Revista de Direito Ambiental, vol. 14/1999, p. 48 – 82, Abr. - Jun. / 1999; Doutrinas Essenciais de Direito Ambiental, vol. 1, p. 41 – 91, Mar / 2011, p. 4. Disponível em: https://edisciplinas.usp.br/pluginfile.php/5337701/mod_resource/content/1/Texto%2001%20Introdu%C3 %A7%-C3%A3o%20ao%20Direito%20Ambiental%20-%20Herman%20Benjamin.pdf.

315 BENJAMIN, Antônio Herman V. Introdução ao Direito Ambiental Brasileiro. *Revista dos Tribunais Online*, p. 1 – 33, Revista de Direito Ambiental, vol. 14/1999, p. 48 – 82, Abr. - Jun. / 1999; Doutrinas Essenciais de Direito Ambiental, vol. 1, p. 41 – 91, Mar / 2011, p. 4. Disponível em: https://edisciplinas.usp.br/plugin-

tropocêntrico não abrange a complexidade e a totalidade da vida e o direito ao meio ambiente ecologicamente equilibrado não se reduz à saúde humana, mesmo sabendo que, quando se protege o meio ambiente, beneficia-se, consequentemente, a humanidade.

Após a criação da Lei da Política Nacional do Meio Ambiente, a constitucionalização da proteção ambiental, ainda com viés antropocêntrico, mudou o curso dessa racionalidade. Nas palavras de Benjamin, "esse quadro de omissão constitucional mudou inteiramente com a Constituição Federal de 1988, que tem todo um capítulo dedicado ao 'meio ambiente', complementado por outros dispositivos esparsos que, direta ou indiretamente, cuidam também da matéria".[316] O art. 225 Carta Magna[317] demonstra que a qualidade ambiental está entre

---

file.php/5337701/mod_resource/content/1/Texto%2001%20Introdu%C3 %A7%-C3%A3o%20ao%20Direito%20Ambiental%20-%20Herman%20Benjamin.pdf.

316 BENJAMIN, Antônio Herman V. *Introdução ao Direito Ambiental Brasileiro. Revista dos Tribunais Online*, p. 1 – 33, Revista de Direito Ambiental, vol. 14/1999, p. 48 – 82, Abr. - Jun. / 1999; Doutrinas Essenciais de Direito Ambiental, vol. 1, p. 41 – 91, Mar / 2011, p. 4. Disponível em: https://edisciplinas.usp.br/pluginfile.php/5337701/mod_resource/content/1/Texto%2001%20Introdu%C3 %A7%-C3%A3o%20ao%20Direito%20Ambiental%20-%20Herman%20Benjamin.pdf.

317 "Art. 225. Todos têm direito ao meio ambiente ecologicamente equilibrado, bem de uso comum do povo e essencial à sadia qualidade de vida, impondo-se ao Poder Público e à coletividade o dever de defendê-lo e preservá-lo para as presentes e futuras gerações. § 1o Para assegurar a efetividade desse direito, incumbe ao Poder Público: I - preservar e restaurar os processos ecológicos essenciais e prover o manejo ecológico das espécies e ecossistemas; II - preservar a diversidade e a integridade do patrimônio genético do País e fiscalizar as entidades dedicadas à pesquisa e manipulação de material genético; III - definir, em todas as unidades da Federação, espaços territoriais e seus componentes a serem especialmente protegidos, sendo a alteração e a supressão permitidas somente através de lei, vedada qualquer utilização que comprometa a integridade dos atributos que justifiquem sua proteção; IV - exigir, na forma da lei, para instalação de obra ou atividade potencialmente causadora de significativa degradação do meio ambiente, estudo prévio de impacto ambiental, a que se dará publicidade; V - controlar a produção, a comercialização e o emprego de técnicas, métodos e substâncias que comportem risco para a vida, a qualidade de vida e o meio ambiente; VI - promover a educação ambiental em todos os níveis de ensino e a conscientização pública para a preservação do meio ambiente; VII - proteger a fauna e a flora, vedadas, na forma da lei, as práticas que coloquem em risco sua função ecológica, provoquem a extinção de espécies ou submetam os animais a crueldade. § 2o Aquele que explorar recursos minerais fica obrigado a recuperar o meio ambiente degradado, de acordo com solução técnica exigida pelo órgão público competente, na forma da lei. § 3o As condutas e ativida-

os "valores permanentes e fundamentais da República brasileira"[318] e qualquer tentativa de retrocesso "representaria flagrante violação aos valores edificantes do nosso sistema constitucional".[319]

Segundo Sarlet e Fensterseifer[320], a proteção do meio ambiente ecologicamente equilibrado na condição de cláusula pétrea se deve à sua imprescindibilidade para o alcance de uma vida digna, o que resulta, inclusive, no reconhecimento da dimensão ecológica da dignidade da pessoa humana, ou seja, uma sadia qualidade de vida requer padrões ecológicos mínimos. Os autores explicam que "a dignidade da pessoa humana constitui conceito submetido a permanente processo de reconstrução, cuidando-se de uma noção histórico-cultural em permanente transformação quanto ao seu sentido e alcance".[321] Dessa forma,

---

des consideradas lesivas ao meio ambiente sujeitarão os infratores, pessoas físicas ou jurídicas, a sanções penais e administrativas, independentemente da obrigação de reparar os danos causados. § 4o A Floresta Amazônica brasileira, a Mata Atlântica, a Serra do Mar, o Pantanal Mato- Grossense e a Zona Costeira são patrimônio nacional, e sua utilização far-se-á, na forma da lei, dentro de condições que assegurem a preservação do meio ambiente, inclusive quanto ao uso dos recursos naturais. § 5o São indisponíveis as terras devolutas ou arrecadadas pelos Estados, por ações discriminatórias, necessárias à proteção dos ecossistemas naturais. § 6o As usinas que operem com reator nuclear deverão ter sua localização definida em lei federal, sem o que não poderão ser instaladas. § 7o Para fins do disposto na parte final do inciso VII do § 1o deste artigo, não se consideram cruéis as práticas desportivas que utilizem animais, desde que sejam manifestações culturais, conforme o § 1o do art. 215 desta Constituição Federal, registradas como bem de natureza imaterial integrante do patrimônio cultural brasileiro, devendo ser regulamentadas por lei específica que assegure o bem-estar dos animais envolvidos. (Incluído pela Emenda Constitucional no 96, de 2017) BRASIL. *Constituição da República Federativa do Brasil de 1988*. Brasília, 5 de outubro de 1988. Disponível em: http://www.planalto.gov.br/ccivil_03/constituicao/constituicaocompilado.htm.

318 SARLET, Ingo Wolfgang, FENSTERSEIFER, Tiago. *Direito Constitucional Ecológico: constituição, direitos fundamentais e proteção da natureza*. São Paulo: Thomson Reuters Brasil, 2019, p.113.

319 SARLET, Ingo Wolfgang, FENSTERSEIFER, Tiago. *Direito Constitucional Ecológico: constituição, direitos fundamentais e proteção da natureza*. São Paulo: Thomson Reuters Brasil, 2019, p.113.

320 SARLET, Ingo Wolfgang, FENSTERSEIFER, Tiago. *Direito Constitucional Ecológico: constituição, direitos fundamentais e proteção da natureza*. São Paulo: Thomson Reuters Brasil, 2019, p.113.

321 SARLET, Ingo Wolfgang, FENSTERSEIFER, Tiago. *Direito Constitucional Ecológico: constituição, direitos fundamentais e proteção da natureza*. São Paulo: Thomson Reuters Brasil, 2019, p. 77.

os valores ecológicos criam espaço no conteúdo do princípio da dignidade da pessoa humana, pois são condição *sine qua non* à vida e, por isso, a dignidade humana passa a consolidar-se numa conjuntura de integridade da Natureza.

Nas palavras dos autores:

> Dessa compreensão, pode-se conceber a indispensabilidade de um patamar mínimo de qualidade ambiental ou mínimo existencial ecológico para a concretização da vida humana em níveis dignos, [...]. Aquém de tal padrão ecológico, a vida e a dignidade humana estariam violadas no seu núcleo essencial. A qualidade (e segurança) ambiental, com base em tais considerações, passaria a figurar como elemento integrante do conteúdo normativo do princípio da dignidade da pessoa humana, sendo, portanto, fundamental ao desenvolvimento de todo o potencial humano num quadrante de completo bem-estar existencial. [322]

Logo, o mínimo existencial ecológico é direito fundamental, condição mínima "sem a qual não se pode exercer qualquer dever ou lutar pela efetivação e/ou reconhecimento de qualquer direito".[323] Seguindo a mesma lógica vinculada à dimensão ecológica da dignidade humana, os direitos e interesses das gerações futuras, o reconhecimento do valor intrínseco dos animais não humanos e o respeito à capacidade de resiliência aos ecossistemas, também, foram resguardados. Para Sarlet e Fensterseifer, "a crise ecológica nos conduz a repensar o conceito kantiano de dignidade"[324] e isso requer que repensemos o "paradigma moderno antropocêntrico conformador do conceito kantiano de dignidade, ampliando-o ou alargando-o".[325]

Nesse sentido, o princípio da solidariedade intergeracional retirado do *caput* art. 225 do texto constitucional estabelece responsabilida-

---

322 SARLET, Ingo Wolfgang, FENSTERSEIFER, Tiago. *Direito Constitucional Ecológico: constituição, direitos fundamentais e proteção da natureza*. São Paulo: Thomson Reuters Brasil, 2019, p. 77.

323 CARVALHO, Flávia Alvim de. Mínimo existencial ecológico. In: MAGALHÃES, José Luiz Quadros de; GONTIJO, Lucas de Alvarenga; COSTA, Bárbara Amelize; BICALHO, Mariana Ferreira (Orgs.). *Dicionário de Direitos Humanos*. Porto Alegre, RS: Editora Fi, 2021, p. 313.

324 SARLET, Ingo Wolfgang, FENSTERSEIFER, Tiago. *Direito Constitucional Ecológico: constituição, direitos fundamentais e proteção da natureza*. São Paulo: Thomson Reuters Brasil, 2019, p. 82.

325 SARLET, Ingo Wolfgang, FENSTERSEIFER, Tiago. *Direito Constitucional Ecológico: constituição, direitos fundamentais e proteção da natureza*. São Paulo: Thomson Reuters Brasil, 2019, p. 82.

des e deveres não só para com os seres humanos que hoje existem, mas, também, para "seres ainda virtuais"[326], para as gerações futuras. O princípio da solidariedade interespécies aparece no §1°, VII do mesmo dispositivo e visa proteger a fauna e a flora, vedando "práticas que coloquem em risco sua função ecológica, provoquem a extinção de espécies ou submetam os animais a crueldade", limitando, assim, direitos fundamentais humanos para resguardar direitos e interesses de entes não humanos. Outrossim, o inciso I, do mesmo dispositivo constitucional, prevê o dever do Estado de preservar e restaurar, ou seja, manter os processos ecológicos essenciais.

O direito-dever fundamental de proteção ambiental previsto na Constituição de 1988 é um direito procedimental, "consagrando a 'tríade' dos direitos ambientais procedimentais: acesso à informação, participação pública na tomada de decisão e acesso à justiça".[327] [328] Isso se deve ao fato de o texto constitucional prever a proteção ambiental em uma perspectiva que ultrapassa o direito, impondo-a como dever fundamental. Logo, esse dever jurídico não é direcionado apenas ao Estado, mas a todos os cidadãos por meio da participação e controle de práticas capazes de contribuir para o desequilíbrio ecológico e socioambiental.

Com o advento da proteção ambiental trazida pela Constituição de 1988, a legislação infraconstitucional brasileira abordou diversos temas ambientais, regulamentando as diretrizes constitucionais estabelecidas no art. 225. A organização do Estado brasileiro, agora com seu capítulo dedicado especialmente ao meio ambiente, evoluiu no que se refere à criação de órgãos e entidades de preservação ambiental, não só em âmbito estadual, mas, também, municipal, o que demonstra que o

---

326 OST, François. *O tempo do Direito*. Lisboa: Instituto Piaget, 1999, p.81.

327 SARLET, Ingo Wolfgang, FENSTERSEIFER, Tiago. *Direito Constitucional Ecológico: constituição, direitos fundamentais e proteção da natureza*. São Paulo: Thomson Reuters Brasil, 2019, p. 148.

328 O Acordo de Escazú, é o primeiro tratado ambiental e de proteção aos defensores ambientais celebrado na América Latina e Caribe. O acordo prevê o acesso à informação e participação pública nos processos de tomada de decisão em matéria ambiental e o acesso à justiça. Apesar de assinado pelo Brasil em 2018, o acordo que aborda questões centrais no que se refere ao interesse público ambiental, não foi, ainda, até a publicação dessa obra, ratificado.

"federalismo cooperativo ecológico"[329] é intrínseco à ordem constitucional nacional. O artigo 23 da Constituição prevê que cabem a todos os entes federados a defesa e proteção do meio ambiente, ou seja, Municípios, Estados e União têm obrigação de proteger a Natureza e de garantir o respeito aos direitos fundamentais.[330]

No ordenamento jurídico pátrio, a proteção do meio ambiente, para que esse se mantenha ecologicamente equilibrado - garantindo saúde e bem-estar às gerações presentes e futuras, passou a "integrar o núcleo da nossa estrutura normativa constitucional e, com isso, a assegurar um novo fundamento para toda a ordem jurídica interna".[331] O Estado se tornou aquele que é responsável por regulamentar e fiscalizar atividades capazes de afetar efetiva ou potencialmente o equilíbrio ecossistêmico e a saúde da população, intrinsecamente relacionada, por sua vez, às questões ambientais.[332] Desse modo, novos direitos e, entrelaçados a esses, novos deveres foram previstos, assim como responsabilidades.

Importante ressaltar que a constitucionalização do direito ambiental proporcionou grandes avanços, como a ampliação do objeto da Ação Popular, que foi além da proteção patrimonial, alcançando a moralidade administrativa e o meio ambiente ecologicamente equilibrado, passando a tutelar, portanto, além dos valores de natureza pública, os

---

329 SARLET, Ingo Wolfgang, FENSTERSEIFER, Tiago. *Direito Constitucional Ecológico: constituição, direitos fundamentais e proteção da natureza*. São Paulo: Thomson Reuters Brasil, 2019, p. 244.

330 MAGALHÃES, José Luiz Quadros de; CARVALHO, Flávia Alvim de. Poder do ente municipal na fiscalização de atividade efetiva ou potencialmente poluidora à luz de uma teoria constitucional federal e ecológica comprometida com os direitos fundamentais. In: SOUZA, Dimas Antônio de Souza; ANJOS, José Jorge Figueiredo dos (Orgs.). *Estudos acerca da democracia, dos direitos humanos dos serviços jurisdicionais: obra em homenagem ao Desembargador José Joaquim Figueiredo dos Anjos*. São Luís: ESMAM, 2002.

331 SARLET, Ingo Wolfgang; FENSTERSEIFER, Tiago. *Curso de Direito Ambiental*. 2 ed. Rio de Janeiro: Forense/GEN, 2021, p. 334. E-book.

332 MAGALHÃES, José Luiz Quadros de; CARVALHO, Flávia Alvim de. Poder do ente municipal na fiscalização de atividade efetiva ou potencialmente poluidora à luz de uma teoria constitucional federal e ecológica comprometida com os direitos fundamentais. In: SOUZA, Dimas Antônio de Souza; ANJOS, José Jorge Figueiredo dos (Orgs.). *Estudos acerca da democracia, dos direitos humanos dos serviços jurisdicionais: obra em homenagem ao Desembargador José Joaquim Figueiredo dos Anjos*. São Luís: ESMAM, 2002.

valores não econômicos, de natureza difusa. Podemos citar, também, a criação do Instituto Brasileiro do Meio Ambiente e dos Recursos Renováveis (IBAMA), um dos entes executores do Sisnama incumbido da promoção de políticas e diretrizes governamentais estabelecidas para o meio ambiente que simbolizou, nas palavras de Fabiano Melo, "a integração das políticas ambientais no Brasil, que estavam fragmentadas em diversos ministérios e órgãos governamentais"[333].

Outro ponto importante a ser destacado foi o tratamento dado, por meio da Lei de Agrotóxicos (Lei 7.802/89), à poluição química. Como é sabido, com o advento da Revolução Industrial, a tecnologia fornecida pelas indústrias aumentou a produtividade no campo e, logo, tivemos, também, a chamada Revolução Agrícola. Mãos antes semeadoras e coletoras foram transformadas em "mãos produtoras". O objetivo era impulsionar vendas em prol do "desenvolvimento" e do abastecimento do mercado dos fertilizantes, o que encobriu as tradicionais práticas de fertilização orgânicas. Após a 2ª Guerra Mundial, a indústria farmacêutica avançou, colaborando com o aumento populacional e difundiram-se, ainda mais, as "justificativas" para o uso de agrotóxicos.[334] Entre as décadas de 1960 e 1970, destacou-se no cenário glo-

---

[333] Conforme explica o autor, o IBAMA "constitui-se em uma autarquia federal de regime especial e tem como principais atribuições exercer o poder de polícia ambiental; executar ações das políticas nacionais de meio ambiente, referentes às atribuições federais, relativas ao licenciamento ambiental, ao controle da qualidade ambiental, à autorização de uso dos recursos naturais e à fiscalização, monitoramento e controle ambiental; e executar as ações supletivas de competência da União. Entre suas atribuições, enquadram-se: a) propor e editar normas e padrões de qualidade ambiental; b) o zoneamento e a avaliação de impactos ambientais; c) o licenciamento ambiental, nas atribuições federais; d) a implementação do Cadastro Técnico Federal; e) a fiscalização ambiental e a aplicação de penalidades administrativas; f) a geração e a disseminação de informações relativas ao meio ambiente; g) o monitoramento ambiental, principalmente no que diz respeito à prevenção e controle de desmatamentos, queimadas e incêndios florestais; h) o apoio às emergências ambientais; i) a execução de programas de educação ambiental; j) a elaboração do sistema de informação; e k) o estabelecimento de critérios para a gestão do uso dos recursos faunísticos, pesqueiros e florestais." OLIVEIRA, Fabiano Melo Gonçalves de. *Direito Ambiental*. 2a.ed. Rio de Janeiro: Forense; São Paulo: MÉTODO, 2017, p. 220. Ebook.

[334] Estes, como sabemos, foram utilizados pelo exército norte – americano, como arma química, na guerra do Vietnã. O famoso "agente laranja", combinação produzida para localizar os considerados inimigos, além de provocar consequências ambientais devastadoras, causou problemas graves de saúde aos que foram a ele expostos.

bal a "Revolução Verde" que, apesar da promessa de modernização da agricultura e aumento da produção de alimentos em escala mundial, provocou sérios desequilíbrios.[335] Após a confirmação dos efeitos nocivos dos pesticidas e inseticidas químicos sintéticos, diversos países restringiram e baniram a utilização dos produtos.[336] Foi então que, a partir de 1989, os agrotóxicos começaram a ser controlados no Brasil pela Lei 7.802, hoje, regulamentada pelo Decreto no 4.074/2002, que define agrotóxico como:

> produtos e agentes de processos físicos, químicos ou biológicos, destinados ao uso nos setores de produção, no armazenamento e beneficiamento de produtos agrícolas, nas pastagens, na proteção de florestas, nativas ou plantadas, e de outros ecossistemas e de ambientes urbanos, hídricos e industriais, cuja finalidade seja alterar a composição da flora ou da fauna, a fim de preservá-las da ação danosa de seres vivos considerados nocivos, bem como as substâncias e produtos empregados como desfolhantes, dessecantes, estimuladores e inibidores de crescimento.[337]

---

335 Longe de garantir a segurança alimentar, o modelo baseado na utilização de sementes geneticamente modificadas associadas aos fertilizantes e agrotóxicos, apesar de trazer inegáveis avanços em termos de pesquisas, melhoramento genético e tecnologia, provocou desequilíbrios ambientais (como poluição do solo e da água), negativos impactos aos pequenos produtores (que não tiveram como concorrer com os grandes empresários) e ao ordenamento do território rural, que envolve questões como o esgotamento de seus nutrientes e prejuízos em sua estrutura. Contudo, começaram a surgir estudos sobre os efeitos nocivos dos pesticidas e inseticidas químicos sintéticos, demonstrando o seu percurso pela cadeia alimentar e os riscos de causar danos genéticos e desenvolver doenças como câncer, o que alertou a humanidade sobre a confiança cega, a crença, no progresso tecnológico.

336 No Brasil, foi a partir de 1975, com o Plano Nacional de Desenvolvimento, instituído no período de ditadura militar, que houve a abertura ao comercio internacional de produtos dessa categoria, aumentando, como consequência, a aplicação na agricultura. Os impactos socioambientais foram devastadores, provocando contaminações ambientais, comprometendo a saúde humana e o trabalho rural.

337 BRASIL. Lei nº 7.802 de 11 de julho de 1989. Dispõe sobre a pesquisa, a experimentação, a produção, a embalagem e rotulagem, o transporte, o armazenamento, a comercialização, a propaganda comercial, a utilização, a importação, a exportação, o destino final dos resíduos e embalagens, o registro, a classificação, o controle, a inspeção e a fiscalização de agrotóxicos, seus componentes e afins, e dá outras providências. Diário Oficial da União, Brasília, 11 de julho de 1989. Contudo, atualmente, a PL 6299/2002, conhecida por "Pacote do Veneno", propõe alterações das regras existentes, facilitando o registro de novas substâncias e flexibilizando a fiscalização e a utilização de agrotóxicos.

Além disso, podemos citar o Código de Defesa do Consumidor (Lei 8.078/90) que proporcionou maior grau de sistematização ao Direito Processual Coletivo, produzindo reflexos na legislação ambiental brasileira; a Lei do SUS - Sistema Único de Saúde (Lei 8.080/90) e a proteção da tutela ambiental para a garantia da saudável qualidade de vida; a Lei da Política Nacional de Recursos Hídricos (Lei 9.433/97), que estabeleceu a gestão pública democrática dos recursos hídricos; a repressão e criminalização das condutas lesivas ou potencialmente lesivas ao meio ambiente por meio da Lei dos Crimes e Infrações Administrativas Ambientais (Lei 9.605/98) que, conforme dispõe Milaré,

> cumpriu ao mesmo tempo duas missões: deu efetividade ao ideário constitucional de apenar as condutas lesivas ao meio ambiente e atendeu a recomendações insertas na Carta da Terra e na Agenda 21, aprovadas na Conferência do Rio de Janeiro, exortando os Estados a formularem leis direcionadas à efetiva responsabilidade por danos ao ambiente e para a compensação às vítimas da poluição.[338]

Em 1999, a Lei da Política Nacional de Educação Ambiental (Lei 9. 795) comprovou o pioneirismo do Brasil no que se refere à promoção de uma política de educação ambiental em âmbito nacional. Passou-se, portanto, a afirmar o papel da sociedade e do Estado na promoção da consciência ambiental e, por consequência, construção de valores sociais comprometidos com a qualidade de vida e sustentabilidade. De toda forma, o pioneirismo brasileiro foi sacralizado pela Constituição de 1988 ao determinar como obrigação do poder público a promoção da educação ambiental em todos os níveis de ensino, assim como a conscientização da população sobre a importância de se preservar o meio ambiente; com isso, a legislação ambiental, aprimorou-se, buscando a melhoria da qualidade ambiental por meio de práticas de planejamento e, o mais importante, pelo reconhecimento da necessidade de processos participativos.[339]

No mesmo contexto, a Lei do Sistema Nacional de Unidades de Conservação da Natureza (Lei 9.985/2000) sistematizou o regime jurídico das áreas ambientais especialmente protegidas; o Estatuto da Cidade (Lei 10.257/2001), por sua vez, destinou-se a estabelecer orientação jurídica às administrações municipais no que se refere ao uso da

---

[338] MILARÉ, Édis. *Direito do Ambiente*. 12a ed. São Paulo: Thomson Reuters Brasil, 2020, p.430.

[339] MILARÉ, Édis. *Direito do Ambiente*. 12a ed. São Paulo: Thomson Reuters Brasil, 2020.

propriedade urbana, considerando-se o bem coletivo, a segurança, o bem-estar dos cidadãos, bem como do equilíbrio ambiental; e a "função ecológica" da propriedade (e da posse), prevista pelo art. 1228, §1°, do Código Civil de 2002 que, como ressaltam Sarlet e Fensteseifer[340], por força do artigo 225 da Constituição Federal, limitou os direitos que garantem o poder de propriedade, estabelecendo, entre outros, obrigações destinadas à preservação ecológica para que esse poder seja mantido. Além disso, os artigos 170 e 186, ambos contidos no texto constitucional, limitam o direito de propriedade e garantem a preservação ambiental.

O princípio da precaução, previsto, implicitamente, no art. 225, § 1o, IV e V, da CF/88 foi expresso na Lei da Biossegurança (Lei 11. 105/2005). Extremamente importante para a proteção da capacidade de resiliência dos ecossistemas terrestres, esse princípio dispõe que, na dúvida sobre os impactos ambientais negativos de determinada atividade, ou seja, quando não se têm estudos científicos capazes de garantir a inocorrência de danos graves e irreversíveis para a Natureza, é mais prudente proteger: *in dubbio pro Natura*. Por consequência, o princípio da precaução se desdobra, também, no procedimento de inversão do ônus da prova, que transfere para o interessado o encargo de provar a inofensividade da atividade que pretende desenvolver, a não lesividade de sua conduta.[341] A Lei 11. 105 de 2005 prevê, já em seu art. 1°, como diretrizes, "o estímulo ao avanço científico na área de biossegurança e biotecnologia, a proteção à vida e à saúde humana,

---

340 SARLET, Ingo; FENSTERSEIFER, Tiago. *Direito Ambiental: introdução, fundamentos e teoria geral*. São Paulo: Saraiva, 2014, p. 268, 269.

341 O Protocolo de Cartagena sobre Biossegurança, que entrou em vigor em setembro de 2003, reafirmou o princípio da precaução contido no Princípio 15 da Declaração do Rio sobre Meio Ambiente e Desenvolvimento, como um de seus eixos transversais. Os Estados devem, portanto, observá-lo na promoção de ações políticas e administrativas, procurando garantir, com isso, proteção na transferência, manipulação e uso dos organismos vivos modificados (OVMs), condicionando a exploração da biotecnologia à um conjunto de normas, parâmetros e procedimentos que não coloquem em risco a sadia qualidade de vida intrinsecamente relacionada a um meio ambiente ecologicamente equilibrado. BRASIL. Decreto no 5.705, de 16 de fevereiro de 2006. Promulga o Protocolo de Cartagena sobre Biossegurança da Convenção sobre Diversidade Biológica. Brasília, 2006. Disponível em: http://www.planalto.gov.br/ccivil_03/_ato2004- 2006/2006/decreto/d5705.htm.

animal e vegetal, e a observância do princípio da precaução para a proteção do meio ambiente".[342]

A proteção das últimas áreas remanescentes do bioma da Mata Atlântica[343] em território brasileiro, por meio da Lei da Mata Atlântica (Lei 11.428/2006), também foi uma conquista, nesse caso, no que se refere à utilização e proteção da vegetação nativa, assim como também merece destaque a promoção de direitos socioambientais por meio da Lei da Política Nacional de Saneamento Básico (Lei 11. 445/2007) e a criação do Instituto Chico Mendes de Conservação da Biodiversidade (Lei 11.516/2007), por meio de medida provisória, na gestão da então Ministra de Meio Ambiente Marina Silva. O Instituto leva esse nome em homenagem ao seringueiro Chico Mendes, assassinado em 1988 – uma forma de reconhecimento ao seu trabalho em defesa dos povos tradicionais e da Floresta.

Outros pontos de destaque são: a Lei 11.934/2009, que dispõe sobre os limites à exposição humana a campos elétricos, magnéticos e eletromagnéticos, visando garantir a proteção da saúde e do meio ambiente, com conteúdo intrinsecamente relacionado ao princípio da precaução;

---

342 BRASIL. Lei 11.105 de 25 de março de 2005. Regulamenta os incisos II, IV e V do § 1o do art. 225 da Constituição Federal, estabelece normas de segurança e mecanismos de fiscalização de atividades que envolvam organismos geneticamente modificados – OGM e seus derivados, cria o Conselho Nacional de Biossegurança – CNBS, reestrutura a Comissão Técnica Nacional de Biossegurança – CTNBio, dispõe sobre a Política Nacional de Biossegurança – PNB, revoga a Lei no 8.974, de 5 de janeiro de 1995, e a Medida Provisória no 2.191-9, de 23 de agosto de 2001, e os arts. 5o, 6o, 7o, 8o, 9o, 10 e 16 da Lei no 10.814, de 15 de dezembro de 2003, e dá outras providências. Brasília, DF, 2005. Disponível em: http://www.planalto.gov.br/ccivil_03/_ato2004- 2006/2005/lei/l11105.htm.

343 "No início dos anos 90, a Mata Atlântica estava em uma situação crítica. Se aquelas faixas remanescentes identificadas ou supostas primárias iriam sobreviver, teriam de ser tomadas medidas drásticas imediatamente, medidas exatamente opostas às habituais à cultura e ao governo brasileiro. Não se sabia ao certo quantas espécies da floresta ainda existiam. Ainda mais vaga era a possibilidade de recriar partes da floresta que haviam desaparecido. O que era bastante evidente era que, na medida em que a floresta primária em propriedades privadas continuava a se converter em terra arável e em pastagem, reservatórios e rodovias, clubes de campo e favelas, e em que mais terras de propriedade pública conquistassem novas instâncias de proteção legal, as repartições governamentais estavam se tornando a última esperança de salvação da floresta.". DEAN, Warren. *A ferro e fogo: a história e a devastação da Mata Atlântica brasileira.* Tradução de Cid Knipel Moreira. São Paulo: Companhia das Letras, 1996, p. 365.

a Lei 12.187/2009, que institui a Política Nacional sobre Mudança do Clima, que alcança conceitos novos, propondo medidas e prevendo responsabilidades comuns, adotando um novo paradigma jurídico ambiental para o direito pátrio em sintonia com os diplomas internacionais sobre mudanças climáticas[344]; e a Política Nacional de Resíduos Sólidos, instituída pela Lei 12.305/2010, que trata dos principais impactos negativos provenientes do descarte de resíduos enfrentados no meio urbano.[345]

No que diz respeito à informação, a Lei 12.527 de 2011 assegurou o acesso público aos dados e informações de interesse coletivo, garantindo, com isso, o direito de acesso à informação em matéria ambiental, colaborando, consequentemente, para o exercício da participação popular.[346] O direito à informação em matéria ambiental decorre do direito fundamental de viver em um ambiente ecologicamente equilibrado. A partir do momento em que se promove o acesso à informação de forma clara e correta, abre-se espaço para a participação informada, isto é, para a compreensão de contextos, muitas vezes, desafiadores que requerem da população, principalmente daqueles em situação de vulnerabilidade, a tomada de posição nos debates. Uma linguagem acessível e adequada aos diferentes contextos sociais e culturais é essencial para seja possível a participação informada no âmbito da efetivação dos direitos humanos e, principalmente, no que se refere às suas violações.

---

344 Em 19 de maio de 2022, por meio do Decreto no 11.075, foram estabelecidos os procedimentos para a elaboração dos Planos Setoriais de Mitigação das Mudanças Climáticas e institui-se o Sistema Nacional de Redução de Emissões de Gases de Efeito Estufa.

345 A gestão dos resíduos sólidos possui extrema relevância porque é um dos principais impactos negativos gerados pelo sistema-mundo-moderno. O aumento da produção de resíduos gerado pelo crescimento populacional e pelos "novos" padrões de consumo, ou seja, pelo consumismo, demandam políticas publicas inovadoras capazes de, entre outros, incentivar a cooperação, principalmente em nível local e regional, fomentando novas formas de governança, sistêmicas e participativas.

346 Documentos internacionais como a Declaração do Rio de Janeiro (ECO – 92), estabelecem o direito à informação ambiental. Em seu princípio 10, prevê que "no nível nacional, cada individuo deve ter acesso adequado a informações relativas ao meio ambiente que disponham as autoridades públicas, inclusive informações sobre materiais e atividades perigosas à comunidade, bem como a oportunidade de participar dos processos decisórios". ONU. *Declaração do Rio sobre Meio Ambiente e Desenvolvimento*. Rio de Janeiro, 1992. Disponível em: https://www5.pucsp.br/ecopolitica/projetos_fluxos/doc_principais_ecopolitica/Declaracao_rio_1992.pdf.

Na sequência, podemos mencionar: a Lei sobre Competência Administrativa em Matéria Ambiental, que traz a fixação de normas para a cooperação entre os entes federativos (União, Estados, Distrito Federal e Municípios) e, também, outras instituições como Ministério Público e Defensoria Pública, com o objetivo de potencializar a proteção ambiental; a Lei 12.608/2012, que institui a Política Nacional de Proteção e Defesa Civil e, entre outros, cria o sistema de informações e monitoramento de desastres (essa lei trabalha em conjunto com a Lei da PNMC; logo, a proteção dos refugiados ou necessitados ambientais é tratada como um regime jurídico de proteção socioambiental de indivíduos e grupos sociais em vulnerabilidade); e o Novo Código Florestal Brasileiro (Lei 12.651/2012) , que demonstra a flagrante violação ao princípio da vedação ao retrocesso em matéria ambiental.[347]

Em âmbito internacional, pode-se afirmar que, diante de seu caráter de direito fundamental, a proteção do direito humano ao meio ambiente também adquire, conforme fundamentos do voto da Min. Rosa Weber no julgamento da ADI 4.066/DF (Caso Amianto), *status* de supralegalidade, prevalecendo, então, em relação à legislação infraconstitucional.[348] Seguindo o mesmo entendimento e dialogando com a Corte Interamericana de Direitos Humanos, que atribuiu o mesmo *status*

---

347 Sarlet e Fensterseifer afirmam que a edição do Novo Código Florestal é mais um exemplo de como a Legislação ambiental brasileira, nos últimos anos, tem sido vítima de um processo de "flexibilização". Os autores lembram que "o antigo Código Florestal Brasileiro [...] foi, do ponto de vista histórico, um dos mais importantes marcos normativos da proteção ambiental no cenário jurídico brasileiro. Em razão da sua importância para frear e reprimir práticas degradadoras – como o desmatamento das nossas florestas, no caso da Floresta Amazônica -, ele foi objeto de uma verdadeira 'cruzada' no sentido da flexibilização da regulação jurídica por ele dispensada às nossas áreas florestais, com claro intuito de ampliar as fronteiras agrícolas e pecuárias sobre as áreas protegidas.". SARLET, Ingo Wolfgang, FENSTERSEIFER, Tiago. *Direito Constitucional Ecológico: constituição, direitos fundamentais e proteção da natureza*. São Paulo: Thomson Reuters Brasil, 2019, p. 451.

348 À luz do conhecimento científico acumulado sobre a extensão dos efeitos nocivos do amianto para a saúde e para o meio ambiente e à evidência da ineficácia das medidas de controle nela contempladas, a tolerância ao uso do amianto crisotila, tal como positivada no art. 2º da Lei no 9.055/1995, não protege adequada e suficientemente os direitos fundamentais à saúde e ao meio ambiente equilibrado (arts. 6o, 7o, XXII, 196, e 225 da CF), tampouco se alinha aos compromissos internacionais de caráter supralegal assumidos pelo Brasil e que moldaram o conteúdo desses direitos, especialmente as Convenções nº 139 e 162 da OIT e a Convenção de Basileia. Juízo de procedência da ação no voto da Relatora." BRASIL. Supremo Tribunal

e hierarquia de tratados de direitos humanos aos tratados que versem sobre matéria ambiental, o Min. Luís Roberto Barroso, no julgamento paradigmático da ADPF 708/DF (Caso Fundo Nacional sobre Mudança do Clima), afirmou que

> A Constituição reconhece o caráter supralegal dos tratados internacionais sobre direitos humanos de que o Brasil faz parte, nos termos do seu art. 5º, § 2º. E não há dúvida de que a matéria ambiental se enquadra na hipótese. Como bem lembrado pela representante do PNUMA no Brasil, durante a audiência pública: "Não existem direitos humanos em um planeta morto ou doente". Tratados sobre direito ambiental constituem espécie do gênero tratados de direitos humanos e desfrutam, por essa razão, de status supranacional. Assim, não há uma opção juridicamente válida no sentido de simplesmente omitir-se no combate às mudanças climáticas.[349]

Destarte, o Estado Ecológico de Direito brasileiro é estabelecido pelos pilares da solidariedade, igualdade substancial, dignidade da pessoa humana e manutenção das bases naturais da vida que a Constituição de 1988, em seu artigo 225, chamou de "processos ecológicos essenciais".[350] Porém, para que o ideal legislativo se projete na realidade, precisamos de perspectiva de sustentabilidade que reafirme valores como a complementaridade para, de fato, alcançarmos a sustentabilidade ecológica, dissociando, nas palavras dos professores Wolkmer e Wolkmer, "a sustentabilidade do desenvolvimento capitalista predatório, redefinindo sua compreensão para um maior equilíbrio, reconhecendo a interação entre os ecossistemas que reproduzem a vida e a interconectividade do planeta".[351]

Federal. AÇÃO DIRETA DE INCONSTITUCIONALIDADE 4.066 DISTRITO FEDERAL, Tribunal Pleno, Rel. Min. Rosa Weber, j. 24.08.2017.

349 BRASIL. Supremo Tribunal Federal. ARGUIÇÃO DE DESCUMPRIMENTO DE PRECEITO FUNDAMENTAL 708 DISTRITO FEDERAL. Direito Constitucional Ambiental. Arguição de Descumprimento de Preceito Fundamental. Fundo Clima. Não destinação dos recursos voltados à mitigação das mudanças climáticas. Inconstitucionalidade. Violação a compromissos internacionais. Relator: Min. Roberto Barroso. 04/07/2022, p.23. Disponível em: https://portal.stf.jus.br/processos/downloadPeca.asp?id=15353796271&ext=.pdf.

350 PPGD PUC Minas. Abertura Solene e Palestra Inaugural. YouTube, 3 de dezembro de 2021. Disponível em: https://www.youtube.com/watch?v=xB7sLoOrUVs.

351 WOLKMER, Antonio Carlos; WOLKMER, Maria de Fátima S. *Horizontes Contemporâneos do Direito na América Latina: Pluralismo, **Buen Vivir**, Bens Comuns e Princípio do "Comum"*. Criciúma: UNESC, 2020, p. 43.

2.1.3.2. ÁFRICA DO SUL: A CONQUISTA DO DIREITO AMBIENTAL E "RAZOABILIDADE" DA JUSTIÇA

No caso da África do Sul, antes do advento das Constituições de 1994 (Constituição Provisória) e de 1996 (Constituição sancionada pelo então presidente Nelson Mandela), sob o reinado do *apartheid,* as questões ambientais eram compreendidas, conforme demonstra Kotzé, dentro de um contexto colonial marcado por conflitos agrários e disputas por recursos naturais, como "preocupações de uma elite branca"[352]. Nesse contexto, o Direito Ambiental sul-africano foi conquistado, especialmente, por aqueles que enfrentaram as injustiças políticas e sociais desse período nefasto, que, por consequência, provocaram o surgimento de injustiças ambientais[353], insustentáveis.

---

352 KOTZÉ, L. J.; ALVES, S. O. M. O meio ambiente sul-africano e a Constituição de 1996: Reflexões sobre uma década de democracia e proteção constitucional do meio ambiente. *Revista Brasileira de Direitos Fundamentais & Justiça, [S. l.],* v. 1, n. 1, p. 79–101, 2007. DOI: 10.30899/dfj.v1i1.595. Disponível em: https://dfj.emnuvens. com.br/dfj/article/view/595.

353 A definição de injustiça ambiental depende do contexto histórico e das diferentes noções de justiça que cada sociedade pode ter, porque as prioridades e as necessidades mudam de acordo com cada contexto. No caso da África do Sul e de países colonizados que partem de regimes opressivos que conduziram desigualdades e injustiças sociais, a discriminação ambiental está enraizada na discriminação racial. A minoria branca manteve privilégios em detrimento dos povos originários africanos, excluídos. Dessa forma, a promoção da proteção ambiental favoreceu prioritariamente os brancos, proprietários e ricos, enquanto os originários foram profundamente afetados em sua relação com o ambiente. A estes eram reservadas, por ex., as remoções forçadas de suas terras tradicionais para a criação de reservas naturais como foi o caso do *Kruger National Park,* o que se agravou com as leis de segregação e com o *apartheid.* O ambiente foi utilizado como forma de opressão, exclusão e discriminação. Com a transição da África do Sul para um regime, em tese, democrático, as preocupações com a justiça ambiental passaram a incluir a satisfação das necessidades humanas básicas. O chamado "constitucionalismo ambiental", permitiu ao poder judiciário interpretar o conceito de "bem-estar" como um conceito aberto e inclusivo, onde todas as pessoas têm direito a um ambiente saudável. A justiça ambiental, nesse novo contexto, é interpretada pelos magistrados como direito pertencente a todos os membros do corpo social, independente de raça, gênero ou classe social. TOXOPEÜS, Michelle; KOTZÉ, Louis J. Promoting Environmental Justice through Civil-Based Instruments in South Africa, 13/1 *Law, Environment and Development Journal* (2017), available at http://www.lead-journal. org/content/17047.pdf.

A partir do novo sistema constitucional, a proteção ambiental passou a ter *status* de direito fundamental "justiciável"[354], propondo um caminho de proteção ambiental integrada, para além dos direitos e interesses socioeconômicos.[355] Esse direito foi, inclusive, em alguns casos, previsto como "não menos importante que o direito à vida". No entanto, parece-nos que melhor seria interpretá-lo como condição *sine qua non* à própria vida, já que é anterior a essa e de acordo com os costumes e tradições africanas, "num mundo onde tudo está ligado"[356], um direito existencial, refletindo concepções originárias que são "diametralmente opostas às que dominam o pensamento ocidental moderno".[357]

O direito ao meio ambiente previsto na Declaração de Direitos sul-africana, conforme se pode confirmar com a leitura dos artigos 24[358] e 7.2[359], possui características de direitos civis e políticos (*blue*

---

354 Justiciável é aquele direito que poderá ser executado por indivíduos, ou seja, oponível ao Estado ou ao setor privado.

355 KOTZÉ, L. J.; ALVES, S. O. M. O meio ambiente sul-africano e a Constituição de 1996: Reflexões sobre uma década de democracia e proteção constitucional do meio ambiente. *Revista Brasileira de Direitos Fundamentais & Justiça*, *[S. l.]*, v. 1, n. 1, p. 79–101, 2007. DOI: 10.30899/dfj.v1i1.595. Disponível em: https://dfj.emnuvens. com.br/dfj/article/view/595.

356 DAVID, René. *Os grandes sistemas do direito contemporâneo*. Tradução de Hermínio A. Carvalho. São Paulo: Martins Fontes, 1986, p. 500.

357 DAVID, René. *Os grandes sistemas do direito contemporâneo*. Tradução de Hermínio A. Carvalho. São Paulo: Martins Fontes, 1986, p. 500.

358 "24. ambiente": Todos têm direito: a) a um ambiente que não seja prejudicial à sua saúde ou bem-estar; e b) a que o ambiente seja protegido, para benefício das gerações presentes e futuras, através de medidas legislativas e outras medidas razoáveis que: i. previnam a poluição e a degradação ecológica; ii. promovam a conservação; e iii. assegurem um desenvolvimento ecologicamente sustentável e a utilização dos recursos naturais, promovendo simultaneamente um desenvolvimento econômico e social justiciável". (tradução nossa). No original: *"24. Environment: Everyone has the right: a) to an environment that is no harmful to their health or well-being; and b) to have the environment protected, for the benefit of present and future generations, through reasonable legislative and other measures that: i. prevent pollution and ecological degradation; ii. Promote conservation; and iii. secure ecologically sustainable development and use of natural resources while promoting justifiable economic and social development.".* SOUTH AFRICA. *Constitution of the Republic of South Africa*, 1996 – Chapter 2: Bill of Rights. Disponível em: https://www.gov.za/documents/constitution/chapter-2-bill-rights.

359 "7. Direitos: 1. Esta Carta de Direitos é uma pedra angular da democracia na África do Sul. Ela consagra os direitos de todas as pessoas no nosso país e afirma

rights)[360] e socioeconômicos (*red rights*), pois foi formulada em termos negativos e impõe deveres ao Estado e aos cidadãos; compromissos de proteção ambiental formalmente assumidos para com as presentes e futuras gerações. Conforme esclarece Kotzé, esses direitos visam proteger a saúde e o bem-estar humanos; o artigo 24 se refere a "todos" e não a "tudo"[361] e, nesses direitos humanos – ambientais, podem ser incluídos os valores estéticos que as paisagens naturais possuem para cada indivíduo.

Embora os tribunais sul-africanos não tenham especificado o significado substantivo do direito ambiental, sua natureza é antropocêntrica ou socialmente orientada e sua preocupação é manter as condições básicas necessárias à vida humana.[362]Por isso, sob essa ótica que vai além das vantagens econômicas, mas não as ultrapassa, o desenvolvimento sustentável é apresentado como um imperativo para essa condição humana imaginada. E isso reflete todo um processo de assimilação força-

---

os valores democráticos da dignidade humana, igualdade e liberdade. 2. O Estado deve respeitar, proteger, promover e cumprir os direitos consagrados na Carta de Direitos. 3. Os direitos contidos na Carta de Direitos estão sujeitos às limitações contidas ou referidas na secção 36, ou em qualquer outro lugar na Carta." (tradução nossa). No original: *"7. Rights: 1. This Bill of Rights is a cornerstone of democracy in South Africa. It enshrines the rights of all people in our country and affirms the democratic values of human dignity, equality and freedom. 2. The state must respect, protect, promote and fulfil the rights in the Bill of Rights.3. The rights in the Bill of Rights are subject to the limitations contained or referred to in section 36, or elsewhere in the Bill…".* SOUTH AFRICA. *Constitution of the Republic of South Africa,* 1996 – Chapter 2: Bill of Rights. Disponível em: https://www.gov.za/documents/constitution/chapter-2-bill-rights.

360 Flávia Piovezan afirma que tão importantes quanto os *blue rights* – direitos civis e políticos, são os *red rights* – direitos econômicos, sociais e culturais, ou seja, "tão importante quanto a liberdade de expressão é o acesso à saúde, à educação e ao trabalho" e "tão grave quanto morrer sob tortura é morrer de fome". PIOVENZAN, Flávia. *Direitos Humanos: desafios e perspectivas contemporâneas.* Revista TST, Brasília, vol. 75, no 1, jan/mar 2009, p.108.

361 "Este argumento, aliado ao fato de que 'todos' e não 'tudo' são titulares de um direito ambiental, indica claramente que o direito ambiental da África do Sul se destina aos seres humanos.". KOTZÉ, L. J.; ALVES, S. O. M. O meio ambiente sul-africano e a Constituição de 1996: Reflexões sobre uma década de democracia e proteção constitucional do meio ambiente. *Revista Brasileira de Direitos Fundamentais & Justiça, [S. l.],* v. 1, n. 1, p. 79–101, 2007. DOI: 10.30899/dfj.v1i1.595. Disponível em: https://dfj.emnuvens.com.br/dfj/article/view/595.

362 http://www.lead-journal.org/content/17047.pdf.

da, na medida que valores europeus como o progresso, o processo para a aplicação de um direito restrito baseado no princípio da autoridade e a propriedade privada são difundidos e se tornam postulados de uma justiça, agora, institucionalizada.

A degradação ambiental e a poluição devem ser prevenidas e combatidas de forma "razoável"[363], porém continuar a encobrir problemas graves como a falta de recursos e os costumes de civilizações originárias pode interferir na escolha em não se adotar a medida mais eficiente para a efetiva proteção do meio ambiente. Há que se considerar que o racismo estrutural, fundado no mito da superioridade da ordem europeia sobre os costumes africanos, assim como suas consequências tais quais o desequilíbrio econômico ou mesmo a escassez financeira são obstáculos à promoção dos direitos socioambientais em países "em desenvolvimento", que têm que aspirar a esse único objetivo, delimitado pelos Estados Unidos e outras nações industrializadas, para saírem da condição de "subdesenvolvidos" ou "insuficientemente civilizados".

De toda forma, o sistema constitucional de proteção do meio ambiente, proporcionado pela Constituição de 1996, colabora preenchendo lacunas legais e regulatórias dentro do Estado Sul-Africano, impedindo, em tese, interferências políticas desarrazoadas e colaborando, da mesma forma, para fortalecer os instrumentos internacionais que versam sobre a proteção ambiental.[364] No entanto, é preciso ressaltar que a importação de políticas por países considerados "atrasados", a colonialidade das instituições e do próprio sistema jurídico acabam afetando diretamente a governabilidade em todos os setores que visam promover a harmonia entre a Terra e seus membros, o respeito às culturas originárias e a seus antepassados, à dimensão ecológica e cultural da própria dignidade.

---

363 KOTZÉ, L. J.; ALVES, S. O. M. O meio ambiente sul-africano e a Constituição de 1996: Reflexões sobre uma década de democracia e proteção constitucional do meio ambiente. *Revista Brasileira de Direitos Fundamentais & Justiça*, [S. l.], v. 1, n. 1, p. 79–101, 2007. DOI: 10.30899/dfj.v1i1.595. Disponível em: https://dfj.emnuvens. com.br/dfj/article/view/595.

364 KOTZÉ, L. J.; ALVES, S. O. M. O meio ambiente sul-africano e a Constituição de 1996: Reflexões sobre uma década de democracia e proteção constitucional do meio ambiente. *Revista Brasileira de Direitos Fundamentais & Justiça*, [S. l.], v. 1, n. 1, p. 79–101, 2007. DOI: 10.30899/dfj.v1i1.595. Disponível em: https://dfj.emnuvens. com.br/dfj/article/view/595.

2.1.3.3. A "CIVILIZAÇÃO ECOLÓGICA" DA CHINA

Conforme assevera Fagundez[365], a cultura tradicional chinesa é milenar (possui mais de 5.000 anos) e sua história é complexa e rica. Antagonicamente às perspectivas ocidentais, a China, berço do taoísmo e do confucionismo, sempre considerou o direito como algo secundário, sendo a ética a base do controle das condutas sociais e a intuição mais valorizada do que a racionalidade adotada pela ciência. As influências ocidentais no sistema jurídico chinês, a partir do século XIX, e a codificação no início do século XX, não o fizeram, contudo, perder suas características principais, seus saberes tradicionais.

A visão sistêmica, característica do Extremo-Oriente e a forma holística de compreender o mundo dos chineses, não os deixaram reduzir o conflito a algo privado, sendo encarado, portanto, como um fenômeno social. A busca pelo consenso demonstra que "toda condenação, toda sanção, toda decisão da maioria devem ser evitadas".[366]Nesse contexto, "a lei, enquanto instrumento de controle criado pelo Estado, somente mais tarde foi considerada um elemento importante na composição do direito, [...] o controle político antecedeu ao surgimento do direito enquanto ciência regente das condutas humanas.".[367]

Em 2018, a Constituição da China introduziu, por meio de emenda, o conceito de civilização ecológica e, em 2007, a Suprema Corte decidiu criar Tribunais especializados em questões ambientais. O ministro Wang Xuguang esclareceu que, até 2015, o país passou a contar com mais de 500 Tribunais Ambientais nacionais em diversos locais.[368] Tais

---

365 FAGÚNDEZ, Paulo Roney Ávila. Reflexões sobre a História do Direito Chinês. In: WOLKMER, Antonio C. (Org.) *Fundamentos de História do Direito*. 10 ed. Belo horizonte: Del Rey Editora,2019, p.341-358.

366 DAVID, René. *Os grandes sistemas do direito contemporâneo*. Tradução de Hermínio A. Carvalho. São Paulo: Martins Fontes, 1986, p. 471.

367 FAGÚNDEZ, Paulo Roney Ávila. Reflexões sobre a História do Direito Chinês. In: WOLKMER, Antonio C. (Org.) *Fundamentos de História do Direito*. 10 ed. Belo horizonte: Del Rey Editora,2019, p.341-358.

368 AMERJ. 'Tribunal especializado em processo ambiental é um marco para o Judiciário chinês', diz Wang Xuguang. AMERJ. 28, abril de 2016. Disponível em: https://amaerj.org.br/noticias/tribunal-especializado- em-processo-ambiental-e-um-marco-para-o-judiciario-chines-diz-wang-xuguang/.

mudanças geram consideráveis contribuições ontológicas e procedimentais ao direito internacional.

Conforme afirma Douglas de Castro[369], o conceito de civilização ecológica foi incorporado à Constituição chinesa por meio da quinta emenda sofrida desde 1954. Esse conceito se apresentou na condição de cláusula objetiva nacional, impondo obrigações ao Estado e não como tradicionalmente conhecemos no Ocidente na condição de "direitos ambientais". Dessa forma, a "mão invisível" do Estado atua diante dos desequilíbrios gerados pelas atividades extrativistas que geram crescimento econômico, mas, em contrapartida, impactam negativamente a economia e o meio ambiente, gerando um nítido contraste entre desenvolvimento e poluição. A civilização ecológica depende, portanto, do equilíbrio entre as atividades exploradoras de recursos naturais e os aspectos ecológicos fundamentais à qualidade de vida, simbolizando uma proposta alternativa de desenvolvimento comprometido com práticas de agendas ambientais locais e globais.

Nas palavras do autor:

> A emenda marca a grande preocupação com as questões ecológicas no nível jurídico fundamental e com o processo de constitucionalização do "Plano Integrado das Cinco Esferas" do socialismo com características chinesas. A civilização ecológica significa que os seres humanos podem não apenas se beneficiar da natureza, mas também benefícios para a natureza, ou seja, os humanos devem proteger a natureza enquanto a transformam em uma interação harmoniosa entre o homem e a natureza. O conceito de civilização ecológica absorve e dá conta das variáveis de estudo da Teoria da Economia Circular, Teoria da Modernização Ecológica e Teoria da Economia de Baixo Carbono.[370]

Para Bean Boer, membro do Conselho Internacional de Direito Ambiental, o conceito de civilização ecológica chinês é "uma aplicação mais profunda da ideia de um desenvolvimento sustentável".[371] O uso do ter-

---

369 CASTRO, Douglas; ZHANG, Siyi; DAOSHAN, Chen. A Constituição da China e o Conceito de Civilização Ecológica. *PedLowski: ciência, política e sociedade*. 11, jan. 2022. Disponível em: https://blogdopedlowski.com/2022/01/11/a-constituicao-da-china-e-o-conceito-de-civilizacao- ecologica%ef%bf%bc/.

370 CASTRO, Douglas; ZHANG, Siyi; DAOSHAN, Chen. A Constituição da China e o Conceito de Civilização Ecológica. *PedLowski: ciência, política e sociedade*. 11, jan. 2022. Disponível em: https://blogdopedlowski.com/2022/01/11/a-constituicao-da-china-e-o-conceito-de-civilizacao- ecologica%ef%bf%bc/.

371 VINAGRE, André. China ainda não contempla direito ambiental na Constituição, mas vai "na direção certa". *Ponto Final*. 30, set., 2019. Disponível em: https://pon-

mo "meio ambiente" foi empregado porque, quando nos referimos à palavra "Natureza", estamos incluídos; nesse caso, meio ambiente é um conceito criado para se referir, realmente, ao que circunda o ser humano, evitando cair no dualismo cartesiano e nas armadilhas da modernidade que nos levam a crer que podemos "vencer" nos "separando".

Os "Princípios Gerais" previstos na Constituição chinesa são considerados normas programáticas e versam sobre o macrocontrole do ambiente ecológico. Estão previstos, entre outros, o uso racional dos recursos naturais, proteção de animais e plantas raros, o uso adequado da terra, o encorajamento e organização do (re)florestamento e proteção das florestas. Medidas como essas possuem como finalidade o controle da poluição e a prevenção de outros riscos ambientais, promovendo, por consequência, melhoria na qualidade de vida e no ambiente ecológico, questões essenciais para o "desenvolvimento da civilização ecológica"[372], tradicional- moderna.

Em suma, o caso da China, assim como os exemplos apresentados, exprimem diferentes formas de inserir as questões ambientais no cenário político-jurídico. A conjuntura brasileira demonstra que, apesar do farto sistema legislativo, esse não opera de forma eficiente, havendo um buraco negro entre o plano normativo, ainda fragmentado, e a realidade existente. O contexto sul-africano demonstra como a conquista do Direito Ambiental no plano formal não é suficiente, vez que as condições econômicas continuam definindo as relações sociais e as relações da própria comunidade com o meio ambiente, de forma, ainda, estruturalmente racista.

Por outro prisma, a China nos apresenta uma perspectiva ecológica, sistêmica e não amarrada ao sistema positivo, visto que os chineses possuem valores éticos transmitidos há milênios de geração para geração e consideram a moral mais eficaz na condução das relações humanas do que o sistema normativo. A previsão da "civilização ecológica" na Constituição da China nos apresenta uma nova proposta ecológica para o Direito sob um viés ético que aposta no papel que a moralidade exerce sobre as condutas cotidianas e, apesar de utilizar o

---

tofinalmacau.wordpress.com/2019/09/30/china-ainda-nao-contempla-direito-ambiental-na- constituicao-mas-vai-na-direccao-certa/.

372 CASTRO, Douglas; ZHANG, Siyi; DAOSHAN, Chen. A Constituição da China e o Conceito de Civilização Ecológica. *PedLowski: ciência, política e sociedade*. 11, jan. 2022. Disponível em: https://blogdopedlowski.com/2022/01/11/a-constituicao-da-china-e-o-conceito-de-civilizacao- ecologica%ef%bf%bc/.

sistema normativo, não o considera o elemento mais importante na composição do Direito.

O Direito Ecológico nos apresenta novas possibilidades e desafios, mas acima de tudo requer diálogos interculturais que considerem a crise ecológica como crise sistêmica e não desconsiderem as assimetrias encobertas pelo colonialismo. Um paradigma ecocêntrico para o Direito ganha vida e sentido à medida que povos de diferentes lugares, com diferentes culturas, saberes e línguas dialogam, inclusive, sobre a própria forma de compreender o Direito, superando o utilitarismo do Direito Ambiental moderno.

2.2. DIREITO ECOLÓGICO TRANSMODERNO

É mister o emprego de uma práxis libertadora e, portanto, descolonizadora, que revise a pretensa ideia de superioridade conferida à racionalidade moderna para o emprego de um projeto transcendente que vise desencobrir a pluralidade cultural e a Natureza. É urgente a construção de uma ética capaz de reconciliar a estrutura normativa com o mundo da vida. É preciso resgatar o equilíbrio, fazer prevalecerem valores como complementaridade, reciprocidade e interdependência. Alcançar uma nova forma de cidadania, amparada pela diversidade e pela complexidade, capaz de reconhecer à Natureza seu valor intrínseco, é condição *sine qua non* à manutenção da vida.

Podemos dizer que a substituição do paradigma jurídico e epistemológico antropocêntrico por um paradigma jurídico e epistemológico ecocêntrico, conforme será demonstrado, simboliza um processo coletivo de ampliação de consciência e, consequentemente, o amadurecimento das responsabilidades humanas perante um planeta vivo. A teoria ecológica do direito parte do pressuposto de que os ecossistemas possuem valor intrínseco e, por isso, defende-se que, por meio de instrumentos jurídicos, reconheça-se à Natureza direitos subjetivos. Dessa forma, pretende-se superar o finalismo antropocêntrico e o utilitarismo que condenam à condição de coisa, "objeto" de satisfação das necessidades do "indivíduo", todos os demais elementos e seres vivos.

O Direito Ecológico, em contraposição às estruturas jurídicas e epistemológicas que sustentam o Direito Ambiental vigente, propõe uma inversão de valores em relação à dualidade, ao binarismo cartesiano que opõe ciências naturais e sociais, sujeito e objeto, humano e Natureza. Em outras palavras, o Direito Ecológico convida o observador a se perceber como aquele que, também, está, naturalmente, inserido na complexidade ecológica observada. Não se confere ao ser humano, por essa perspectiva, qualquer tipo de privilégio, "papel central", ou destaque. Devido às suas capacidades, entre elas, de "saber que sabe"[373] e de transformar a Natureza da qual é parte, ao humano são conferidas responsabilidades, principalmente pelas contradições causadas por um sistema econômico depredador que gera, por sua vez, catástrofes.

A abordagem do Direito por uma vertente ecológica e crítica em uma época orientada pela busca de lucro a todo custo, pela acumulação de riquezas e pela propriedade privada, é essencial para compreendermos que devemos nos relacionar "como redes, não como máquinas"[374]. Como sugerem Capra e Matei[375], a "emancipação em relação à concepção mecanicista do direito" propõe "leis que servem à comunidade ecológica em vez de imitar a teoria econômica e servir o *homo economicus* supostamente racional". O direito ecológico, ou a "revolução ecojurídica"[376], contrapõe-se ao direito de propriedade, ainda fundamentado em uma visão de mundo utilitarista e individualista. Defende-se, por essa perspectiva, a liberdade comunitária como o centro da vida

---

373 "[…] o 'homem sábio' ou *homo sapiens* surgiu neste planeta há cerca de 350 mil anos e a espécie que sobressaiu foi o *homo sapiens sapiens* ou 'aquele que sabe que sabe', que segundo enciclopédias e livros científicos de fácil acesso, foi a única espécie sábia. Evoluindo e intervindo, a raça humana vem sofrendo com sérios impactos ambientais que ela mesma provocou e ainda provoca… Poluir, infelizmente é verbo no infinitivo, permanente. Fato é que o planeta Terra, hoje, pede socorro e demonstra sérios sintomas de desequilíbrio, o que, ironicamente, a espécie […] que se diz mais evoluída parece que 'não sabe que sabe'". CARVALHO, Flávia Alvim de. *Educação Ambiental à Luz do Direito: uma introdução aos direitos difusos e coletivos de forma lúdica e acessível: um caminha à conscientização*. Rio de Janeiro: Lumen Juris, 2019, p. 15, 16.

374 CAPRA, Frijot; MATTEI, Ugo. *A revolução ecojurídica: o direito sistêmico em sintonia com a natureza e a comunidade*. Tradução de Jeferson Luiz Camargo. São Paulo: Editora Cultrix, 2018, p. 264.

375 CAPRA, Frijot; MATTEI, Ugo. *A revolução ecojurídica: o direito sistêmico em sintonia com a natureza e a comunidade*. Tradução de Jeferson Luiz Camargo. São Paulo: Editora Cultrix, 2018, p. 264.

376 CAPRA, Frijot; MATTEI, Ugo. *A revolução ecojurídica: o direito sistêmico em sintonia com a natureza e a comunidade*. Tradução de Jeferson Luiz Camargo. São Paulo: Editora Cultrix, 2018.

política e, por consequência, o eixo transversal das normas jurídicas produzidas pelo corpo social.

Os autores sugerem que às empresas não seja mais possível "comprar vida eterna para si próprias"[377], influenciando o ambiente jurídico e concentrando dinheiro; ao contrário, essas, que "são a face atual do capital acumulado"[378], não serão consideradas pessoas, "porque, ao contrário de todas as outras criaturas, elas são imortais"[379]. Os contratos legais insustentáveis devem ser revisados, impondo limites ecológicos e coletivos à liberdade contratual, de forma que o excesso de capital hoje existente seja transformado, "devolvendo-os aos *commons* em situação de risco"[380]. Da mesma forma, a estrutura jurídica existente não deve continuar a serviço do humano, mas alcançar, também, os interesses das gerações futuras e do planeta, ampliando, no sistema jurídico ecológico, a legitimidade ativa, a "legitimidade difusa", que assegura "aos animais, às plantas e aos ainda não nascidos o acesso à justiça ecológica"[381].

Precisamos de "um sistema jurídico baseado em princípios que sejam o extremo oposto da irresponsável transformação extrativista do *commons* em capital que temos testemunhado nos três últimos séculos"[382]. Juridicamente, podemos dizer que o termo *commons* (bens comuns) se refere a questões coletivas não compreendidas em âmbito individual,

---

377 CAPRA, Frijot; MATTEI, Ugo. *A revolução ecojurídica: o direito sistêmico em sintonia com a natureza e a comunidade*. Tradução de Jeferson Luiz Camargo. São Paulo: Editora Cultrix, 2018, p. 261.

378 CAPRA, Frijot; MATTEI, Ugo. *A revolução ecojurídica: o direito sistêmico em sintonia com a natureza e a comunidade*. Tradução de Jeferson Luiz Camargo. São Paulo: Editora Cultrix, 2018, p. 261.

379 CAPRA, Frijot; MATTEI, Ugo. *A revolução ecojurídica: o direito sistêmico em sintonia com a natureza e a comunidade*. Tradução de Jeferson Luiz Camargo. São Paulo: Editora Cultrix, 2018, p. 261.

380 CAPRA, Frijot; MATTEI, Ugo. *A revolução ecojurídica: o direito sistêmico em sintonia com a natureza e a comunidade*. Tradução de Jeferson Luiz Camargo. São Paulo: Editora Cultrix, 2018, p. 262.

381 CAPRA, Frijot; MATTEI, Ugo. *A revolução ecojurídica: o direito sistêmico em sintonia com a natureza e a comunidade*. Tradução de Jeferson Luiz Camargo. São Paulo: Editora Cultrix, 2018, p. 263.

382 CAPRA, Frijot; MATTEI, Ugo. *A revolução ecojurídica: o direito sistêmico em sintonia com a natureza e a comunidade*. Tradução de Jeferson Luiz Camargo. São Paulo: Editora Cultrix, 2018, p. 253.

mas que demandam o reconhecimento do valor intrínseco dos ecossistemas e a relacionalidade desse conjunto de interações que promovem a vida e se necessitam reciprocamente. Deve-se evitar a interpretação utilitarista do termo, uma vez que o elemento social, cultural e natural é englobado nesse contexto, implicando, necessariamente, o cuidado da comunidade em relação a esses bens em contextos complexos.[383]

> O direito não é um sistema morto de princípios e normas escritos em livros que só os iniciados são capazes de entender. Ao contrário, tem presença viva e é uma expressão de nosso comportamento ético e social, formado pelas obrigações que temos uns para com os outros e para com o *commons*. (…) Desse modo, o direito é uma expressão da 'totalidade' – algo muitíssimo diferente do conjunto de suas partes, mas produzido por uma relação entre elas, sem exploração ou abuso.[384]

O direito deve compreender o sujeito coletivo e, por isso, consideramos, também, normas não estatais, manifestações plurais e novos padrões normativos. Como afirma Lyra Filho, "o direito autêntico e global não pode ser isolado em campos de concentração legislativa"[385], pois, dessa forma, continuaríamos submissos à dogmática jurídica, à dominação ilegítima. Pelo contrário, ao direito compete participar de uma "cadeia de transformações"[386]. O direito, assim como tudo e todos, não "é", mas "está"; logo, os fenômenos não se encaixam de forma natural aos ideais filosóficos e metafísicos que pregam molduras e modelos pré-estabelecidos, assim como à linearidade histórica, sem a qual a ideia de progresso não seria concebível.

Ademais, as condições de existência advindas da própria Natureza e os movimentos histórico- sociais provenientes da sociedade é que fornecem as bases sobre as quais o direito deve ser criado e/ou transformado. Nesse sentido, empregamos o que Enrique Dussel chama de transmodernidade, em um contexto em que a vida no planeta é posta

---

383 WOLKMER, Antonio Carlos; WOLKMER, Maria de Fátima S. *Horizontes Contemporâneos do Direito na América Latina: Pluralismo,* **Buen Vivir***, Bens Comuns e Princípio do "Comum"*. Criciúma: UNESC, 2020.

384 CAPRA, Frijot; MATTEI, Ugo. *A revolução ecojurídica: o direito sistêmico em sintonia com a natureza e a comunidade*. Tradução de Jeferson Luiz Camargo. São Paulo: Editora Cultrix, 2018, p. 257.

385 FILHO, Roberto Lyra. *O que é o Direito*. São Paulo: Brasiliense, 2012, p .10.

386 FILHO, Roberto Lyra. *O que é o Direito*. São Paulo: Brasiliense, 2012, p .13.

em risco pelo critério formal do capital[387], acrescentando, contudo, o paradigma ecocêntrico a essa análise.

Dussel apresenta a transmodernidade como uma nova idade do mundo que compreende diálogos críticos interculturais em um pluriverso multicultural, "*trans*-moderno"[388]. O fenômeno da transmodernidade pressupõe uma mudança, uma nova interpretação do sistema-mundo superando a interpretação eurocêntrica da história. Representa o retorno dos atores negados, silenciados; a releitura de uma história encoberta, ocultada; o emergir dessa potencialidade não incluída que irrompe, de forma renovada, em um horizonte cultural "*más allá de la modernidad*"[389]e, por isso, capaz de provocar movimentos ecológicos que enfrentem a causa principal do suicídio humano- ecológico qual seja, o capital como critério de "seleção natural".

A criatividade que se afirma, apesar da relação de exterioridade provocada pela cultura ocidental globalizada, por meio de culturas viventes e (r)existentes, reflete a possibilidade de encontrar outras respostas para a crise ecológica, climática, social e econômica hodierna. Tradições milenares dos povos originários oriundos das Américas, e não só delas, que atuam desencobrindo relações harmônicas entre o humano e o todo do qual é parte, permitem-nos afirmar que, diante da globalização da cultura ocidental, "deixar de pensar desde a Europa"[390] é fundamental para enfrentar a situação atual. Faz-se mister pensar em um mundo no qual seja possível, por meio da interculturalidade, ressignificar a relação do humano com a Natureza, fazendo valer princípios ecológicos que mantenham a vida nesse planeta.

Nas palavras do autor,

> *Así como las selvas tropicales guardan inmensa cantidad de especies vegetales y animales, que genéticamente son esenciales para el futuro de la*

---

387 DUSSEL, Enrique. Principio material normativo y crítico de la economia. In: DUSSEL. E. *16 Tesis de Economía Política: una interpretación filosófica*. México: Editorial siglo XXI, 2014. pp. 1-22.

388 DUSSEL, Enrique. *Filosofías del Sur: descolonización y transomdernidad*. México: Edições Akal, 2015. Reimpressão 2017.

389 DUSSEL, Enrique. *Sistema – Mundo y "Transmodernidade"*, p.222. Recuperado de: http://www.ram-wan.net/restrepo/decolonial/10-dussel-sistema%20mundo%20y%20transmodernidad.pdf.

390 DUSSEL, Enrique. *Sistema – Mundo y "Transmodernidade"*, p.222. Recuperado de: http://www.ram-wan.net/restrepo/decolonial/10-dussel-sistema%20mundo%20y%20transmodernidad.pdf.

humanidad, las culturas de la mayoría de la humanidad excluidas por la modernidad (que no son ni serán posmodernas) y por la globalización (porque la miseria es 'necesidad sin dinero', sin solvencia, y por lo tanto no es mercado) guardan una inmensa capacidad y cantidad de invenciones culturales necesarias para la sobrevivencia futura de la humanidad, para una nueva definición de la relación humanidad-naturaleza desde el punto de vista ecológico, desde el punto de vista de relaciones interhumanas de solidaridad (no reductivamente definidas con el criterio solipsista y esquizoide del mero aumento de la tasa de la ganancia).[391]

Para além das necessidades humanas, é preciso reconhecer o valor intrínseco das demais espécies e elementos que compõem a diversidade existente na Terra. A Natureza, de forma geral, assim como os povos originários, as mulheres e, entre outros, os negros, foram vítimas de um processo excludente, estão entre os "sem direitos"[392]. O equilíbrio necessário para a manutenção das condições propícias à vida humana depende da compreensão de que participamos de todo um contexto ecossistêmico, dinâmico e complexo. Ampliar o sentido de solidariedade, ultrapassando o individualismo especitário, o racismo e o machismo é vital para alcançarmos a simpoiesis, conceito trabalhado por Donna Haraway[393], que nos remete à nossa capacidade de "configurar mundos de maneira conjunta", "generar-con".

Nesse sentido, o Direito Ecológico transmoderno é aquele que se desancora de um sistema jurídico inconformado com a interdependência do humano em relação à Natureza. Dialoga com as cosmovisões indígenas e vai além da pretensão de gestão da juridicidade do dano ambiental consumado ou na iminência de ser consumado. Desprende-se da lógica societária, da lógica de tolerância e aceitação social da lesão ecológica, que consideram apenas a importância primária dos valores antropocêntricos, econômicos e de apropriação da Natureza dentro de uma base civilista. Conforme explica o professor José Rubens Morato Leite, precisamos dar um passo além da invisibilidade do

---

[391] DUSSEL, Enrique. *Sistema – Mundo y "Transmodernidade"*, p.222. Recuperado de: http://www.ram-wan.net/restrepo/decolonial/10-dussel-sistema%20mundo%20y%20transmodernidad.pdf.

[392] DUSSEL, Enrique. *Direitos Humanos e Ética da Libertação: pretensão política de justiça e a luta pelo reconhecimento dos novos direitos*. Revista InSURgência, Brasília, ano 1, v.1, n.1, | jan./jun. 2015. pp. 121-136.

[393] HARAWAY, Donna. *Seguir con el problema: generar parentesco em el Chthuluceno*. Traducción de Helen Torres. Buenos Aires: Consonni, 2019, p.99.

dano ambiental e parar de enxergar a Natureza por uma perspectiva instrumental.

Para uma abordagem ecológica e transmoderna do direito, é preciso assegurar, para além do Estado de Direito Ecológico, a interculturalidade, a plurinacionalidade e o pluralismo jurídico, eixos importantes para a transformação de um sistema monista, uniformizador e utilitarista em um direito eco-sistêmico, capaz, de fato, de dialogar com o diverso. Uma das principais diferenças entre o Direito Ambiental vigente e o Direito Ecológico transmoderno está na importância conferida à ética, ao que podemos inventar e escolher, procurando a harmonia entre o saber e o viver. Como diz Savater, "alguns garantem que o mais nobre é viver para os outros, mas há pessoas que acham que o mais útil é conseguir que os outros vivam para elas"[394].

O Direito Ambiental, regido pela fusão da ciência com a tecnologia, integra um projeto de busca pelo progresso e se baseia na ideia de Natureza como recurso. Sua ética capitalista e sua racionalidade antropocêntrica permitem acumular e explorar a Natureza, como se humano e Natureza fossem coisas distintas. Sob o manto do "desenvolvimento sustentável", pessoas e sociedades são orientadas a "percorrer a mesma trilha"[395] que envolve apropriação, exploração e domínio, sem perceber, contudo, que "desenvolvimento" e "sustentabilidade" são, na realidade, oxímoros. A relação com o "meio ambiente", fundamentada pelo Estado nacional, assemelha-se a uma ficção, nesse caso, a uma ficção jurídica que permite transformar territórios e espécies em matérias-primas, ou seja, materiais para a produção de mercadorias.

O Direito Ecológico transmoderno propõe uma abordagem decolonial e crítica, baseada em uma racionalidade ecocêntrica, sob a qual a Natureza é considerada sujeito de direitos, inspirado por conceitos indígenas. O bem-estar e a proteção de interesses privados cedem lugar ao Bem Viver[396] e à lógica dos comuns, a partir dos quais as ações e as

---

394 SAVATER, Fernando. *Ética para meu filho*. Tradução de Monica Stahel. São Paulo: Editora Planeta, 2005, p.20.

395 ACOSTA, Alberto. *O bem viver: uma possibilidade para imaginar outros mundos*. Tradução de Tadeu Breda. Autonomia Literária, 2016, p. 53.

396 A ideia de *Buen-Vivir* expressada, também, pelas palavras *Sumak Kawsay* (vida em plenitude em Kichua) e *Suma Kamaña* (vida doce em Aymará), são princípios constitucionais que podem ser compreendidos a partir da filosofia (cosmovisão) Andina. Trata-se de uma vivência interativa e cotidiana, bastante distinta da ideia de acumulação e competição constantes na modernidade ocidental. Significa ter

relações constroem significados para uma ética de não apropriação da Natureza, baseada no compartilhamento de valores, tradições, costumes e línguas. Ao contrário de sustentar uma justiça que trabalha para poderes dominantes e possui um sistema de responsabilidade baseado na reparação, a justiça ecológica está entrelaçada à ética do cuidado, à solidariedade interespécies[397] e intergerações e ao agir responsável, que visa à proteção da integridade ecossistêmica do planeta.

O princípio da precaução[398] ensina que, quando há ausência de certeza científica, dúvida a respeito do risco ou do perigo que envolve determinada atividade, deve-se optar por proteger a Natureza. A proteção ecológica tem natureza pública, refere-se a direitos existenciais e, por isso, há o que chamamos de supremacia do interesse público sobre o

---

acesso ao necessário, o suficiente para ser feliz e viver em harmonia na Natureza, perpassado pelo carinho e solidariedade. Alvim de Carvalho, F., & Quadros de Magalhães, J. L. (2022). Un nuevo paradigma jurídico y epistemológico como respuesta a los nuevos desafíos presentados por el Antropoceno al derecho ambiental internacional. *Anuario Mexicano De Derecho Internacional*, 22(22), 45–70. https://doi.org/10.22201/iij.24487872e.2022.22.16948.

397 "A solidariedade interespécies pode ser compreendida como um dos princípios mais urgentes para o Direito Ecológico transmoderno, que é, por sua vez, fruto de um diálogo autêntico e intercultural no qual busca-se por processos contínuos de renascimento. Esse princípio é capaz de abranger relações simbiônticas que a autopoiese, apesar de toda sua importância, não alcança. Conforme demonstra Haraway, a simpoiesis é importante para superarmos as políticas de indiferença, a subalternização do mundo natural e as práticas de domínio. Precisamos «seguir com o problema», gerando parentescos raros, conscientes de que nos necessitamos reciprocamente e de que, ainda, estamos vivos. CARVALHO, Flávia Alvim de. Capitaloceno e colapso climático: redes de solidariedade e parentesco para enfrentar o problema. In: DALMAU, Rubén Martínez; BUENO, Aurora (Orgs.). *Debates y perspectivas sobre los derechos de la Naturaleza. Una lectura desde el Mediterráneo*. València: Colección Pireo Universidad, 2023, p.222.

398 O princípio *in dubio pro natura* vem sendo aplicado hermeneuticamente, em situações em que há incerteza sobre o alcance das disposições legais ambientais. De acordo com esse princípio, os magistrados devem, no momento de aplicação da norma, aplicar aquela que garanta situação mais favorável à Natureza. "Na dúvida, em favor da Natureza". De acordo com o Ministro do STJ, Herman Benjamin, "no contexto do Direito Ambiental, o adágio *in dubio pro reo* é transmudado, no rastro do princípio da precaução, em *in dubio pro natura*, carregando consigo uma forte presunção em favor da proteção da saúde humana e da biota.". *In dubio pro natura*: mais proteção judicial ao meio ambiente. *STJ*. Disponível em: https://www.stj.jus.br/sites/portalp/Paginas/Comunicacao/Noticias-antigas/2019/In-dubio-pro-natura-mais-protecao-judicial-ao-meio-ambiente.aspx.

privado. Nesse caso, considerando-se que habitamos um mundo complexo e conectado, há que se amparar juridicamente a Natureza frente a um paradigma reducionista e ainda vigente que aborda de forma fragmentada a realidade. A dinâmica do progresso tecnológico e do atual sistema econômico excludente que adequa pessoas ao mercado exige uma nova forma de cidadania amparada pela interdependência, reciprocidade e complementaridade, capaz de proteger a Natureza e contrapor os mecanismos de reificação que fragmentam o sujeito retirando-lhe da totalidade da qual é parte.

Na América Latina, conforme veremos no próximo capítulo, encontramos previsões legais e constitucionais que asseguram direitos à Natureza. Essas previsões refletem um aspecto importante, a interculturalidade, pois compreendem as cosmovisões dos povos originários, rompem com a uniformização, com a hegemonia do pensamento ocidental e com o modelo monista empregado pela modernidade. Esses países "do lado de lá da linha"[399] apresentam uma nova forma de cidadania, amparada pela diversidade e pela harmonia do agir humano, considerando o contexto e a complexidade da vida, repensando, consequentemente o direito e o alcance da justiça. Essa, por uma perspectiva ecológica, passa a compreender a diversidade e a relação de cada elemento com os demais; a aplicabilidade das relações humanas com as diferentes formas de vida.[400]

A crise ecológica globalizada torna inevitável a junção da complexidade à ecologia, provocando uma guinada epistemológica rumo a uma necessária mudança de paradigma. Nesse sentido, as culturas indígenas e o reconhecimento de direitos subjetivos à Natureza permitem que possamos dar o primeiro passo rumo à superação da razão instrumental, que nega a influência das peculiaridades que resistem à padronização proveniente da colonização e do neoliberalismo. A transmodernidade, na condição de movimento de desencobrimento e alteridade, pressupõe a pluriversalidade, fruto de cosmovisões provenientes de experiências culturais distintas e transforma conceitos como direitos humanos e democracia.

---

[399] SANTOS, Boaventura de Souza, Meneses, M.P, *Epistemologias do Sul*, Coimbra, Almedina, 2009.

[400] SCHOLOSBERG, D, *Defining Environmental Justice: Theories, Movements and Nature*. United Kingdom: Oxford University Press, 2007.

Pode-se dizer que a causa primordial do direito é emancipadora e a luta pelo reconhecimento do direito de ter direitos compreende a imposição de limites à exploração. A quantidade deve ser substituída pela qualidade e uma ética do consumo é necessária para se compreender que, ao contrário do que defende o capitalismo, liberdade é antítese de acumulação. A busca de equilíbrio envolve o enfrentamento, em âmbito jurídico, de severas simplificações que privilegiam os fins e desconsideram os meios, que extraem proveito econômico da vida e negam direitos aos despossuídos e subalternizados. A lógica da produção capitalista transforma tudo e todos em mercadoria; assim, esse processo de alienação transformou radicalmente a relação do humano com a Natureza, que foi modificada, marginalizada e ressignificada em prol da produção de riquezas.

As consequências ecológicas e climáticas do sistema moderno de produção demonstram ser preciso outra racionalidade para que relações complexas entre as diversas formas de vida respondam adequadamente a "eventos que soam devastadores como o aquecimento global".[401]

> Isso demonstra que a justiça climática está relacionada à justiça ecológica, ou seja, deve ser analisada por meio de um padrão ético de matriz não antropocêntrica que permita a compreensão da complexidade por outros meios que não sejam aqueles adotados pela razão instrumental. Pela perspectiva das nações originarias, podemos dizer que estamos diante do ressurgimento e da necessidade de um paradigma ecocêntrico, contra-hegemônico e decolonial. A ecologização da justiça, por esse viés, rompe com o dualismo do pensamento cartesiano moderno e se torna instrumento para garantia de dignidade a todos os sistemas vivos, nos permitindo enxergar o mudo através de outra lente que não seja etnocêntrica, sexista e especista, como as impostas durante os últimos 500 anos pelo mundo ocidental. [402]

Um "pluriverso *trans*-moderno"[403], segundo Enrique Dussel, seria aquele movimentado por valores tradicionais ignorados pela moder-

---

401 CARVALHO, Flávia Alvim de. Capitaloceno e colapso climático: redes de solidariedade e parentesco para enfrentar o problema. In: DALMAU, Rubén Martínez; BUENO, Aurora (Orgs.). *Debates y perspectivas sobre los derechos de la Naturaleza· Una lectura desde el Mediterráneo*. València: Colección Pireo Universidad, 2023, p.220.

402 CARVALHO, Flávia Alvim de. Capitaloceno e colapso climático: redes de solidariedade e parentesco para enfrentar o problema. In: DALMAU, Rubén Martínez; BUENO, Aurora (Orgs.). *Debates y perspectivas sobre los derechos de la Naturaleza· Una lectura desde el Mediterráneo*. València: Colección Pireo Universidad, 2023, p.220, 221.

403 DUSSEL, Enrique. *Filosofías del Sur: descolonización y transomdernidad*. México: Edições Akal, 2015, p. 282. Reimpressão 2017.

nidade, mas capazes de absorver seus pontos positivos. Reunidos em espaços de diálogo crítico e intercultural, assumiriam novos desafios postos pelo sistema-mundo moderno, refletidos no Antropoceno e impossíveis de serem respondidos pela mesma cultura que os criou e, portanto, pela mesma estrutura política-jurídica-econômica-social. O respeito à capacidade de resiliência dos ecossistemas envolve educação ecológica e, como vimos, novos princípios éticos e jurídicos que absorvam como fonte conceitos e práticas herdadas dos povos indígenas.[404]

Diante do exposto, podemos dizer que o Direito Ecológico transmoderno não possui uma relação funcional, monista e utilitarista com a realidade. O que ele propõe é que dignidade, integridade, complementaridade, alteridade, solidariedade e amor sejam as bases da filosofia política. Para uma Ecologia Jurídica, precisamos nos preocupar em garantir direitos plurais baseados na democracia do comum. O respeito aos seres humanos, não humanos e aos demais elementos como a água, o ar e a terra considera que a identidade também está, por diversos motivos (sociais, culturais ou biológicos), vinculada ao território, à multidimensionalidade de sistemas diversos. Processos socioecológicos, altamente complexos, não cabem em reducionismos formais e a transdisciplinaridade é, portanto, fundamental para a construção de pontes de diálogo entre as ciências exatas, da terra, sociais e as experiências cotidianas da vida refletidas tanto na literatura e na poesia, como nas cosmovisões ancestrais.

---

[404] Povos originários representam, segundo Dussel, culturas "pré-modernas (mais antigas que a modernidade), contemporâneas da modernidade e brevemente *trans*-modernas". DUSSEL, Enrique. *Filosofías del Sur: descolonización y transomdernidad.* México: Edições Akal, 2015, p. 283. Reimpressão 2017. (tradução nossa).

3. SUL-GLOBAL: ESTADO PLURINACIONAL, PLURALISMO JURÍDICO E A NATUREZA COMO SUJEITO DE DIREITOS

Parece loucura querer que a natureza tenha direitos. Em compensação, parece normal que as grandes empresas dos EUA desfrutem de direitos humanos, conforme foi aprovado pela Suprema Corte, em 1886.

Eduardo Galeano[405]

O conceito de Sul não se reduz, necessariamente, à geografia. "Sul-global"[406] simboliza uma metáfora à opressão causada pelo colonialismo, capitalismo e patriarcado; remete-nos à (r)existência às formas de violência contra a diversidade; reflete o sofrimento e a luta, as desigualdades. Quando falamos em Sul-global nos referimos às diversas formas de conhecimento e organização social encobertos e desperdiçados pela modernidade. A partir do momento em que a Europa se autoafirma o "centro" da história mundial, "centro do mundo" em escala planetária, justificando a violência e encobrindo o não-europeu, nasce a primeira "periferia da Europa Moderna"[407], constituída por um processo de modernização que depois se aplicará na África e na Ásia.

---

405 GALEANO, Eduardo, *A natureza não é muda,* Tradução Naila Freitas, Documento digital, n.p.

406 SANTOS, Boaventura de Sousa. *Towards a New Common Sense: law, science and politics in the paradigmatic transition.* New York, London: Routledge, 1995.

407 DUSSEL, Enrique. *1492: O Encobrimento do Outro: a origem do mito da modernidade.* Conferências de Frankfurt. Tradução de Jaime A. Clasen. Petrópolis, RJ: Vozes, 1993.

Por conseguinte, para organizar juridicamente um novo suporte epistemológico, filosófico e conceitual decolonial, que tenha como princípio fundamental a harmonia do humano com a Natureza – que o constitui -, ou seja, para instituir uma Teoria do Direito que se baseie na interdependência, reciprocidade, complementaridade e pluralidade das práticas comunitárias, ecológicas e tradicionais, requer-se, necessariamente, uma crítica ao Estado Nacional e a ampliação do conceito de direito. Faz-se necessário superar a máquina ideológica que busca a uniformidade em detrimento da diversidade, que desconhece particularidades, para ir além das "racionalidades típicas das verticalidades"[408].

É nesse sentido que emergem, no Sul-global, o Estado Plurinacional, o pluralismo jurídico e o reconhecimento da Natureza na condição de sujeito de direitos. No âmbito do "constitucionalismo transformador"[409], um fenômeno que alcança manifestações além das estatais, enfrentam-se os efeitos do direito como ciência dotada de mecanismos de dominação e exclusão e apresenta-se um olhar aberto à diversidade. Pode-se afirmar que o novo constitucionalismo latino-americano cria um movimento de luta contra a uniformização binária e criadora de subalternidades, proveniente da racionalidade moderna.

Verifica-se que a moderna concepção de direito na condição de Estado provocou variados prejuízos em termos de experiências e práticas jurídicas, chegando a legitimar o que se conhece por "juridicídio massivo"[410], ou seja, o aniquilamento de práticas e concepções que não se enquadram no modelo jurídico moderno. No caso latino-americano, é importante ressaltar que as desigualdades são naturalizadas e os valores são importados, o que reflete antigos projetos políticos que tendem à supervalorização da economia em detrimento da Natureza (humana e não humana). Nesse cenário, as classes populares, assim como as articulações teóricas e políticas das periferias, são historicamente suprimidas em prol do mercado.

---

408 SANTOS, Milton. *Por uma outra globalização: do pensamento único à consciência universal*. 15a ed. Rio de Janeiro: Record, 2008, p.110.

409 SANTOS, Boaventura de S. *Para uma Revolução Democrática de Justiça*. São Paulo: Cortez, 2011, p.114 -117.

410 SANTOS, Boaventura de S. *Para uma Revolução Democrática de Justiça*. São Paulo: Cortez, 2011, p.114.

O "constitucionalismo a partir de baixo"[411], desempenhado pelos excluídos/pelos negados, promove a ideia de expansão do horizonte político para além dos ditames liberais, por meio de

> uma nova institucionalidade (plurinacionalidade), de uma nova territorialidade (autonomias assimétricas), uma nova legalidade (pluralismo jurídico), um novo regime político (democracia intercultural) e novas subjetividades individuais e coletivas (indivíduos, comunidades, nações, povos, nacionalidades).[412]

Tal institucionalidade rompe com a uniformização do sistema jurídico alimentado pelo paradigma liberal moderno, que defende que "todo o Estado é de direito e todo direito é de Estado"[413].

O pluralismo jurídico, hoje, é uma conquista e está diretamente relacionado à luta pela reconceituação multicultural dos direitos humanos e à plurinacionalidade. Isso porque a superação do Estado-Nação, na condição de modelo moderno de Estado - herdado do colonizador europeu - e sua transformação em Estado Plurinacional, representa a reformulação da "universalidade" a partir da diversidade e da interculturalidade; e a reformulação da universalidade é um dos caminhos para a transformação dos padrões modernos. A interculturalidade, para muito além da multiculturalidade, é capaz de promover diálogos desafiadores entre saberes transculturais por meio do princípio da complementaridade.

Posto isso, faz-se mister ressaltar alguns aspectos do constitucionalismo plurinacional, assim como seu potencial de ruptura com a modernidade (europeia) para compreendermos por que precisamos utilizar elementos essenciais da modernidade, como Estado e Constituição, para transformá-la, sem cairmos em contradição. Devemos considerar que Constituições Plurinacionais estabelecem, assim como as outras, princípios, estrutura, funcionamento e fundamentos baseados em processos históricos complexos e trazem em seu texto expressões da modernidade estruturadas pelo capitalismo e pelo patriarcado[414]. Es-

---

[411] SANTOS, Boaventura de S. *Para uma Revolução Democrática de Justiça*. São Paulo: Cortez, 2011, p.114.

[412] SANTOS, Boaventura de S. *Para uma Revolução Democrática de Justiça*. São Paulo: Cortez, 2011, p.116.

[413] SANTOS, Boaventura de S. *Para uma Revolução Democrática de Justiça*. São Paulo: Cortez, 2011, p.117.

[414] LLASAG, Raul. *Constitucionalismo Plurinacional desde los Sumak Kawsay y sus saberes – plurinacionalidad desde abajo y plurinacionalidad desde arriba*. Quito: Huapony Ediciones, 2018.

sas Constituições são, portanto, modernas, assim como a ideia de um Estado constitucional; entretanto, por meio de princípios, fundamentos e elementos revolucionários, elas podem ir além da construção do Estado e da Constituição a partir da Europa.

Apesar de ser um caminho complexo e permeado de armadilhas, os instrumentos e instituições modernos têm sido utilizados para a superação da violência e exclusão provocados nos últimos 500 anos.[415] Para compreender esses elementos de ruptura presentes nas Constituições dos Estados Plurinacionais é necessário partir de uma perspectiva decolonial que revele a diversidade de experiências, teorias, epistemologias e cosmovisões. À vista disso, a ampliação dos fundamentos constitucionais do Estado Plurinacional demonstram que esse constitucionalismo é plural; diverso; intercultural (o que permitirá sua construção permanente – mutação constitucional transcultural e dinâmica) e capaz de superar a perspectiva antropocêntrica por meio da perspectiva ecocêntrica (que reformula a forma de sentir e pensar a vida por meio da complexidade e da integralidade). Daí o necessário reconhecimento da Natureza como sujeito de direitos, para além de um "direito mitificado, divinizado, hierarquizado e universalizado"[416] que "cria o sujeito e o suprime"[417].

Diálogos interculturais e simpoiéticos abrem possibilidades criativas e variadas, produzem sociabilidades mais que humanas, pois compreendem, também, aqueles que não compartilham da linguagem simbólica[418]. O professor Raul Llasag,[419] no livro *Constitucionalismo*

---

415 LLASAG, Raul. *Constitucionalismo Plurinacional desde los Sumak Kawsay y sus saberes – plurinacionalidad desde abajo y plurinacionalidad desde arriba.* Quito: Huapony Ediciones, 2018.

416 LLASAG, Raul. *Constitucionalismo Plurinacional desde los Sumak Kawsay y sus saberes – plurinacionalidad desde abajo y plurinacionalidad desde arriba.* Quito: Huapony Ediciones, 2018.

417 LLASAG, Raul. *Constitucionalismo Plurinacional desde los Sumak Kawsay y sus saberes – plurinacionalidad desde abajo y plurinacionalidad desde arriba.* Quito: Huapony Ediciones, 2018.

418 TSING, Anna Lowenhaupt. *O cogumelo no fim do mundo: sobre a possibilidade de vida nas ruínas do capitalismo.* Tradução de Jorgge Menna Barreto e Yudi Rafael. São Paulo: n-1edições, 2022.

419 LLASAG, Raul. *Constitucionalismo Plurinacional desde los Sumak Kawsay y sus saberes – plurinacionalidad desde abajo y plurinacionalidad desde arriba.* Quito: Huapony Ediciones, 2018.

Plurinacional desde los Sumak Kawsay y sus saberes, lembra-nos que o Estado é um monstro moderno que ainda pode nos servir, mas que pode nos engolir; logo, é preciso construir uma sociedade - *desde abajo* - plural, diversa, complementar, organizada e mobilizada para evitar que o "monstro estatal" moderno destrua o processo de transformação que permitirá a sua superação.

Reflexões, debates e ações *desde abajo* são fundamentais diante do perigo de, mais uma vez, usar as instituições modernas para tentar superar a modernidade. Isso porque o Estado moderno[420], criado por meio da aliança entre Rei, nobres e burgueses, visava promover a segurança da burguesia, o que permitiu o desenvolvimento da economia capitalista. As Constituições, por sua vez, inicialmente liberais, foram criadas para proteger interesses burgueses e, por isso, surgem os contratos, a propriedade privada e a liberdade individual garantida aos homens brancos, proprietários e ricos. Por isso, é importante questionar, permanentemente, até que ponto uma instituição criada por e para garantir interesses patrimoniais nobres e burgueses pode ser instrumento de proteção dos povos originários, da diversidade em geral e da Natureza. A própria experiência do "socialismo real"[421], no século XX, demonstra como sucumbir diante de um Estado burocrático, hierarquizado e violento.

Conforme defende Goméz Isa[422], as concepções indígenas da lei estão diretamente relacionadas à concepção de dignidade e sua dimensão pela perspectiva desses povos. Em outras palavras, o que o Ocidente vem descrevendo como "universal" é nada mais que uma concepção hegemônica, isto é, uma ficção criada para atender aos interesses li-

---

420 Usamos a expressão "Estado moderno" para nos referir ao Estado criado a partir da aliança entre o Rei, os nobres e os burgueses, a partir da data simbólica de 1492. Para isso dialogamos com Enrique Dussel.

421 A expressão "socialismo real" é utilizada para nomear as experiencias socialistas do século XX, a partir da revolução de 1917 na Rússia, a posterior formação da União das Repúblicas Socialistas Soviéticas e a expansão dessas revoluções e experiencias constitucionais e estatais no pós-segunda guerra mundial para diversos países. O objetivo é chamar a atenção da vivência, da realidade construída a partir de teorias sociais, políticas e econômicas, especialmente o marxismo-leninismo.

422 ISA, Felipe Goméz. Human Rights, Cultural Diversity and Legal Pluralism. In: CORRADI, Giselle; BREMS, Eva; GOODALE, Mark. *Human Rights Encounter Legal Pluralism: normative and empirical approaches*. Oxford, Portland, Oregon: Oñati Institute for the Sociology of Law, Hart Publishing, 2017.

berais e individuais em detrimento dos sociais, culturais, ecológicos e coletivos. As filosofias e tradições não ocidentais não são consideradas, por exemplo, pela Declaração Universal dos Direitos do Homem e nem sequer são "colocadas na mesa"[423].

O autor cita trecho do discurso de Wilton Littlechild, advogado canadense da Nação Cree, no 60º aniversário da Declaração Universal de Direitos Humanos:

> Em 1948 povos indígenas não foram incluídos na Declaração Universal. Nós não fomos considerados para ter direitos iguais como todos os outros. Na verdade, nós não éramos considerados como humanos nem como povos... Povos indígenas simplesmente não se beneficiavam dos direitos e liberdades estabelecidas na Declaração Universal.[424]

Após, conclui que, apesar das ligeiras referências aos direitos dos povos indígenas por meio de referências expressas à autodeterminação dos povos no Pacto Internacional sobre Direitos Civis e Políticos e no Pacto Internacional sobre Direitos Econômicos, Sociais e Culturais, essa conjunção soa insatisfatória. O artigo 27 daquele documento prevê, *in verbis*:

> Nos Estados em que haja minorias étnicas, religiosas ou linguísticas, as pessoas pertencentes a essas minorias não poderão ser privadas do direito de ter, conjuntamente com outros membros de seu grupo, sua própria vida cultural, de professar e praticar sua própria religião e usar a própria língua.[425]

---

423 Aqui se demonstra o que foi dito antes, ou seja, assim como as mulheres e os negros, os povos indígenas não eram considerados "homens". ISA, Felipe Goméz. Human Rights, Cultural Diversity and Legal Pluralism. In: CORRADI, Giselle; BREMS, Eva; GOODALE, Mark. *Human Rights Encounter Legal Pluralism: normative and empirical approaches*. Oxford, Portland, Oregon: Oñati Institute for the Sociology of Law, Hart Publishing, 2017, p.57.

424 ISA, Felipe Goméz. Human Rights, Cultural Diversity and Legal Pluralism. In: CORRADI, Giselle; BREMS, Eva; GOODALE, Mark. *Human Rights Encounter Legal Pluralism: normative and empirical approaches*. Oxford, Portland, Oregon: Oñati Institute for the Sociology of Law, Hart Publishing, 2017, p. 57 (tradução nossa). Referente à: LITTLECHILD, Wilton. When Indigenous Peoples Win, the Whole World Wins. In: CHARTRES, C.; STAVENHAGEN, R (eds). *Making the Declaration Work: The United Nations Declaration on the Rights of Indigenous Peoples*. Copenhagen: IWGIA, 2009.

425 PACTO INTERNACIONAL SOBRE DIREITOS CIVIS E POLÍTICOS. 19 de dezembro de 1996. Disponível em: https://www.cne.pt/sites/default/files/dl/2_pacto_direitos_civis_politicos.pdf.

Dessa forma, ao contrário do que expressa o primeiro documento, os "povos indígenas têm persistentemente procurado não serem confundidos com minorias"[426], além disso esses direitos estão previstos como direitos individuais, mesmo que possam ser exercidos em grupo. Posteriormente, uma gradual visibilidade foi adotada em documentos internacionais como a Convenção sobre a Eliminação de todas as formas de Discriminação Racial e a Recomendação Geral XXIII proveniente do Comitê para Eliminação da Discriminação Racial, assim como pela Organização Internacional do Trabalho – Convenção 169 e, sobretudo, a Declaração das Nações Unidas sobre os Direitos dos Povos Indígenas na qual os direitos coletivos dos povos indígenas, de forma genuína, apareceram.

Pergunta-se, portanto: O que, afinal, vê-se de tão diferente e potencialmente revolucionário no constitucionalismo plurinacional?

Podemos dizer que os fundamentos da racionalidade moderna[427] se distanciam dos fundamentos da plurinacionalidade[428] à medida que o sistema mundo colonial moderno se consolida com a expulsão dos "mais diferentes" e uniformização dos "menos diferentes", assim como com a elaboração das primeiras gramáticas normativas[429], que simbo-

---

426 ISA, Felipe Goméz. Human Rights, Cultural Diversity and Legal Pluralism. In: CORRADI, Giselle; BREMS, Eva; GOODALE, Mark. *Human Rights Encounter Legal Pluralism: normative and empirical approaches*. Oxford, Portland, Oregon: Oñati Institute for the Sociology of Law, Hart Publishing, 2017, p. 59 (tradução nossa).

427 A racionalidade moderna provocou uma releitura ou adaptação do pensamento dos filósofos do norte da África e de uma península ao sul do que será chamado Europa, a Grécia. Um dos mitos da Europa moderna é a reivindicação de que nesta região está o berço da Europa e da filosofia.

428 O conceito de plurinacionalidade vai além de Estado Plurinacional. Para compreender sua potência revolucionária de ruptura é importante lembrar que a plurinacionalidade é anticapitalista, plural, diversa, ecocêntrica e não patriarcal, mas não se confunde com as diversas teorias socialistas e/ou marxistas. Contudo, o diálogo entre socialismo, marxismo e plurinacionalidade é possível, necessário e exige abertura e coragem.

429 A partir de 1492, pode-se citar como exemplo a Espanha, onde é criada a gramática normativa do castelhano, que se transforma no idioma oficial do nascente Estado espanhol. Na sequência cai o Reino de Granada, o último Reino muçulmano e são expulsos da Península Ibérica judeus e muçulmanos, considerados os "mais diferentes". A nacionalidade espanhola então foi criada, encobrindo as nacionalidades e identidade dos povos já existentes, ou seja, bascos, galegos, andaluzes, catalães e castelhanos entre outros.

lizaram o início do controle do Estado sobre os pensamentos e sobre os corpos. O primeiro aspecto da racionalidade moderna é, portanto, a uniformização, seja de valores, da história (passado), do projeto político-jurídico (futuro), da linguagem ou mesmo da religião, que é necessária para a concretização de um poder centralizado e hierarquizado. Na plurinacionalidade, por outro lado, encontramos a diversidade não hierarquizada. Por essa perspectiva, as diversas civilizações não estão em graus distintos de evolução e não existe um único caminho a ser seguido.

O processo de invenção das nacionalidades modernas atuou encobrindo a diversidade (nacionalidades) preexistente, obrigando povos com histórias, idiomas e culturas distintas a reconhecer um único poder central. No processo de criação das identidades nacionais, que se repetirá em outros Estados que surgirão nos quinhentos anos seguintes, haverá sempre um grupo étnico hegemônico, um passado comum (história oficial), uma língua obrigatória e um projeto de sociedade que irá ser representado, com o passar do tempo, pela Constituição. Em outras palavras, a uniformização é essencial para a construção da identidade nacional.

A plurinacionalidade, por sua vez, caminha no sentido do reconhecimento da diversidade em detrimento da uniformização; a linearidade histórica perde lugar para a compreensão da (co)existência de caminhos e possibilidades diversas; ao invés da lógica binária subalterna, trabalha-se a complementaridade. Por esse viés, parte-se da compreensão de que o "Outro" representa uma oportunidade única de aprendizado, permitindo diálogos permanentes, alteridade, movimentos e transformações. A interculturalidade é um dos princípios do constitucionalismo plurinacional que contempla a diversidade étnica, linguística e cultural. Ao contrário do espírito competitivo, regado e regido pela modernidade liberal, o diálogo intercultural procura a construção de novos saberes, percepções, racionalidades e cosmovisões que se transformam por meio de processos de colaboração e contaminação.

A uniformização explica muitas formas de violência cometidas contra povos e grupos em vulnerabilidade desde o início da colonização. A imensa dificuldade em lidar com a diferença e com a diversidade, até os dias de hoje, é fruto de uma política que, para criar o Estado moderno, construiu uma identidade narcisista-nacionalista, na qual o diferente, o não nacional, o não branco e o não masculino são considerados inferiores por meio de processos de simplificação. Isso originou a lógica binária subalterna do "nós" (homens brancos europeus) *versus* "eles" (todos os "Outros"). O mundo moderno se constitui sobre essa cadeia de elementos geradores de exclusão: homem e mulher; pretos e brancos; norte e sul; Ocidente e Oriente; desenvolvido e subdesenvolvido; etc.

Por outro lado, os diálogos interculturais ultrapassam os padrões "universais" à medida que, em vez de tentar copiar os modelos dos países que se dizem mais avançados, constroem, conjuntamente, consensos provisórios, pois o diálogo dá sentido à democracia; é elemento indispensável no seio de qualquer comunidade. Processos de gestão cotidianos, construção de políticas públicas e até mesmo os métodos alternativos de solução de conflitos partem da ideia de construção conjunta, dialógica e consensual. Isso representa um avanço da democracia consensual para além da democracia representativa e de competição[430], assim como defende-se a justiça de mediação em detrimento da justiça estatal moderna, porque justiça é um conceito que pertence ao povo, em suas realidades culturais distintas e não às instituições.

Na democracia representativa moderna, fundada na competição de ideologias, ideias, projetos, partidos políticos e candidatos, há vencedores e vencidos. O mesmo ocorre no processo legislativo para aprovação de uma lei ou emenda à Constituição: uma vez votado, o processo termina com aprovação ou não da norma. No processo judicial, visualiza-se a mesma equação: depois de instaurado o processo, as partes farão as provas, argumentarão, exercerão o princípio do contraditório, o duplo grau de jurisdição e, ao final, o Estado se manifesta, dizendo o direito aplicável ao caso concreto, logo, "*causa finita*". Esse modelo tem se mostrado ineficiente porque incentiva o conflito, o confronto e a competição.

---

430 Na democracia representativa moderna, assim como no funcionamento do poder judiciário, pode-se, partindo de uma provocação do filósofo e psicanalista, Slavoj Zizek, encontrar uma equação que explica o seu funcionamento: "*Roma Locuta, Causa Finita*", ou seja, quando Roma (o império, o poder, o Estado) diz, a causa termina (o conflito, o processo, a lide). Em outros termos, pode-se dizer que o filósofo esloveno brinca com a expressão latina "*Roma Locuta, causa finita*", invertendo o seu sentido e defendendo outra sociedade, socialista, que superará o capitalismo: "*Causa Locuta, Roma finita*". Isso quer dizer que quando a "causa" se pronunciar o império cairá. ZIZEK, Slavoj. *Em defesa das causas perdidas*. São Paulo: Editora Boitempo, 2011. Essa expressão aparece pela primeira vez em Santo Agostinho de Hipona: para encerrar a controvérsia pelagiana o Papa Inocêncio I condenou essa heresia tão enfaticamente em 417 que motivou Santo Agostinho a pronunciar essa famosa frase em 23 de setembro de 417 em seu sermão número 131,10. Sermón CXXXI, 10, Patrologia Latina, XXXVIII, 734.

Embora, hodiernamente, assista-se a algumas mudanças, como o incentivo da mediação, o modelo preponderante, assim como a formação preponderante (a cultura majoritária), é do conflito. O Estado traz o conflito para dentro de sua estrutura e dita as formas de solução. Nesse sistema, os derrotados não estarão satisfeitos e os vencedores também não. Juristas vêm sendo preparados para o conflito, visam alcançar a vitória de seus argumentos, movimentam-se em competição. O conflito, no entanto, dificilmente é superado; permanece latente e retorna, em outra versão. Por uma perspectiva plurinacional, a postura democrática parte da escuta aberta que permite, de fato, que o consenso possa ocorrer, assim como a deliberação.

Importante ressaltar, contudo, que essas práticas se inserem em culturas comunitárias, considerando-se um sentido de comunidade incompatível com o individualismo liberal moderno. Desse modo, só poderão ser compreendidas dentro dos paradigmas em que se inserem. Discussões como cultura, população e território são essenciais para se pensar sobre democracia efetiva, para além da competição. Em comunidades democráticas horizontais, nas quais esses mecanismos se desenvolvem, não há a fragmentação da competição e do individualismo que perpetua os conflitos. O dissenso, sempre importante, é superado pelo consenso provisório. Os dissensos são necessários, ocorrem e devem ocorrer, mas a forma de sua superação e, se necessário, o novo enfrentamento, ocorrerão em uma perspectiva na qual todos possam ser ouvidos, todos possam escutar e todos possam compartilhar os resultados.

Nessa conjunção, na qual a concepção monista do fenômeno jurídico é um obstáculo para a efetivação da diversidade material, o pluralismo jurídico constitui elemento de suma importância para a operação dos direitos humanos em sociedades multiculturais, pois permite "a convivência de diversos direitos, diversas compreensões de mundo, diversas filosofias"[431] e diversas línguas[432] no mesmo espaço. A "crise do

---

431 MAGALHÃES, José Luiz Quadros de. *O Estado Plurinacional e o Direito Internacional Moderno*. Curitiba: Juruá, 2012, p. 110.

432 Cruz e Guimarães, ressaltam a necessidade de o judiciário ir além do universalismo de Kant para alcançar as lentes intersubjetivas da alteridade, mais adequadas para compreender "o quanto somos colonizados pela doutrina estrangeira. Para pensar a colonialidade que submete o nosso pensamento. Para não apenas pensar e falar em português, mas em tupi, jê, guarani.". E, dessa forma, priorizando não somente o produtivismo formal, a certeza técnica e o conformismo da segurança, ser capaz de "pensar a partir do Outro, com o Outro, pelo Outro, sem a abissalida-

paradigma normativista da modernidade eurocêntrica"[433], como dispõe o professor Wolkmer, consolidada no "reducionismo mítico de todo Direito à lei estatal"[434] e, em instituições burocráticas centralizadoras, começa a se deparar com movimentos e estruturas em processo de descolonização. É o caso do novo constitucionalismo latino-americano que, ao contrário da racionalidade moderna (focada no indivíduo e no interesse privado), por meio de um pluralismo libertador, apresenta uma proposta comunitário-participativa capaz de compreender a legitimidade de novos sujeitos visando à "consolidação de processos conducentes a uma racionalidade emancipatória"[435].

O "Constitucionalismo andino, plurinacional ou transformador"[436], referência em sistemas complexos, coexistindo no mesmo território, impulsionou o desenvolvimento de paradigmas avançados como o reconhecimento dos direitos da Natureza e o *Buen – Vivir*. O que vem acontecendo nas últimas décadas em países do "Sul-Global", como é o caso de países da América Latina, é a emergência das classes populares, em especial a dos povos originários, na luta pela incorporação de uma racionalidade ecocêntrica e decolonial. Essa ruptura com os padrões modernos está colaborando para a construção de uma crítica jurídica ecológica, baseada na alteridade e na solidariedade global.

A Constituição do Equador de 2008 e a Constituição do Estado Plurinacional da Bolívia de 2009 refletem esse aspecto cultural importante, pois são oriundas da cosmovisão dos povos originários e revelam o aspecto plural, transcultural, que rompe com a uniformização hegemônica moderna e com o monismo europeu. O direito à diversidade é um dos princípios do constitucionalismo que cria Estados Plurinacionais e a diferença deste do direito à igualdade perante a lei e do direito à diferença é, justamente, o que nos ajuda a compreender o seu potencial transformador.

---

de das fronteiras". CRUZ, Álvaro Ricardo de Souza; GUIMARÃES, Frederico Garcia. *Supremo Tribunal Federal: Entre a última palavra e diálogos interinstitucionais ou entre a autonomia e a alteridade.* Brasília: REPATS, V.3, n. 2, p.545 -599, 2016, p. 587.

[433] WOLKMER, Antonio Carlos. *Pluralismo Jurídico: fundamentos de uma nova cultura no direito.* 4a ed. São Paulo: Saraiva, 2015, p. 50.

[434] WOLKMER, Antonio Carlos. *Pluralismo Jurídico: fundamentos de uma nova cultura no direito.* 4a ed. São Paulo: Saraiva, 2015, p. 53.

[435] WOLKMER, Antonio Carlos. *Pluralismo Jurídico: fundamentos de uma nova cultura no direito.* 4a ed. São Paulo: Saraiva, 2015, p.19.

[436] WOLKMER, Antonio Carlos. *Pluralismo Jurídico: fundamentos de uma nova cultura no direito.* 4a ed. São Paulo: Saraiva, 2015, p. 243, 244.

O direito à igualdade, princípio adotado por Estados modernos, possui aspecto formal, "universal", uniformizador e abstrato porque afasta de si as complexidades e encobre a diversidade para sistematizar a negação das diferenças; os "mais diferentes" estão, portanto, excluídos desse círculo. O direito à diferença, apesar de não proteger apenas os direitos individuais e os indivíduos, passa a acolher e proteger (paradigma do reconhecimento) sistemas sociais distintos; contudo, continua existindo um padrão pré-definido; afinal, se algo ou alguém é diferente, deve-se perguntar "diferente de quê ou de quem?". A Constituição brasileira, por exemplo, garante aos povos e comunidades tradicionais o direito à diferença; no entanto, apesar de incluir a diversidade étnica, ainda se depara com o grande círculo do constitucionalismo moderno, que é por natureza hegemônico e colonial.

Quando se trata do direito à diversidade, marca do constitucionalismo plurinacional, não há uma estrutura maior, preponderante ou hegemônica que represente o sistema de proteção constitucional. Utilizando-se essas lentes, pode-se imaginar várias estruturas circulares menores se relacionando; sistemas jurídicos, sociais, econômicos e culturais distintos convivendo, dialogando e se influenciando reciprocamente. Sabe-se que vários grupos lutaram e continuam lutando para conseguir fazer parte do grande círculo de proteção constitucional; entretanto, há um problema: à medida que esses grupos são incluídos no grande círculo, eles se diluem e passam a ter direitos individuais e, embora aparentemente estejam "superando" desigualdades e combatendo exclusão de grupos identitários, perpetuam a lógica do capitalismo liberal fundado no consumo e na concorrência. A diversidade, na condição de direito individual, precisa ter uma abordagem interseccional, consciência de classe para não cair nas armadilhas identitárias do sistema.

No extremo norte do continente americano, podemos citar, também, os povos originários do Canadá, que lutam contra os efeitos da opressão causada pelo colonialismo europeu. As *First Nations*, como veremos, remetem-nos à leitura crítica da proteção constitucional garantida na secção 35 do Ato Constitucional de 1982 ao ordenamento jurídico indígena, ou seja, "à coexistência do direito indígena e do direito não-indígena como elemento-chave do pluralismo jurídico no Canadá."[437]. Essa análi-

---

[437] OTIS, Ghislain. Constitutional Recognition of Aboriginal and Treaty Rights: a new framework of managing legal pluralism in Canada? *The Journal of Legal Pluralism and Unofficial Law* (v. 46, n.3, 2014), p. 235. Traduzido por Luciana de Andrade Amoroso Remer. Revisão de tradução por Marcos Augusto Maliska.

se é importante, uma vez que as confederações indígenas, violentamente atacadas, figuraram de forma considerável na construção da democracia, ainda tão carente. Os "arquitetos da identidade nacional" moldaram suas ações, desvirtuando e transformando sistemas políticos e culturais nativos; os invasores selecionaram aspectos das culturas originárias que se adequavam aos seus próprios desejos de liberdade e os transportaram para aquilo que satisfazia suas necessidades.[438]

Não à toa, recentemente, uma Resolução do Congresso Norte-americano, reconheceu que a *Iroquois Confederacy of Nations*, também conhecidos como *Six Nations*, contribuiu para a construção da Constituição estadunidense, assim como reafirmaram a relação contínua de "governo-a-governo" entre as comunidades indígenas e os Estados Unidos.[439] O documento reconhece que muitos dos princípios democráticos incorporados à Constituição dos Estados Unidos foram inspirados pelos sistema político dos povos originários, *Haudenosaunee*[440] e que, desde o primeiro Tratado de 17 de setembro de 1778, dever-se-ia ter estabelecido uma relação de confiança e boa-fé nas negociações com esses povos. As nações dos iroqueses, que haviam experimentado o custo da guerra e o enfraquecimento de suas sociedades, já haviam pensado em uma maneira de trazer a paz entre as nações. *Great Law of Peace* foi o resultado do diálogo e do compartilhamento de ideais de paz entre nações originárias que, reunidas em uma Liga de Nações, determinaram que cada nação manteria sua própria liderança e que um *Grand Council of Chiefs* decidi-

---

438 GRLNDE, Donald A.; JOHANSEN, Bruce. *Exemplar of Liberty: Native America and the Evolution of Democracy*. Los Angeles: Amer Indian Studies Center, 1991.

439 H.CON.RES. 331 (100TH): A CONCURRENT RESOLUTION TO ACKNOWLEDGE THE CONTRIBUTION OF THE IROQUOIS CONFEDERACY OF NATIONS TO THE DEVELOPMENT OF THE UNITED STATES CONSTITUTION AND TO REAFFIRM THE CONTINUING GOVERNMENT-TO-GOVERNMENT RELATIONSHIP BETWEEN INDIAN TRIBES AND THE UNITED STATES ESTABLISHED IN THE CONSTITUTION. Govtrack. 2023. Disponível em: https://www.govtrack.us/congress/bills/100/hconres331/text.

440 "Significa 'povos da casa longa' e refere-se às suas longas casas longas cobertas de casca de árvore que albergavam muitas famílias. A sua sociedade era sofisticada e próspera, com mais de 5.000 pessoas, quando os primeiros exploradores europeus os encontraram no início do século XVII." (tradução nossa). HANSEN,-Terri. How the Iroquois Great Law of Peace Shaped U.S. Democracy. PBS, 2023. Disponível em: https://www.pbs.org/native-america/blogs/native-voices/how-the-iroquois-great-law-of-peace-shaped-us-democracy/index.html#2 .

ria sobre causas comuns. Conceitos baseados no consenso e não na luta se tornaram o fundamento da Confederação.[441]

Essas culturas milenares, hodiernamente, assumem os desafios postos pela modernidade e produzem respostas a partir de suas próprias experiências, "a partir de outros lugares".[442] Podemos perceber que a (r)existência e a ocupação dos espaços públicos por aqueles que "sobreviveram em silêncio"[443], que se libertam das reduções historicistas e do pensamento cartesiano apresentam-nos uma nova concepção, decolonial, ecocêntrica e transmoderna do Estado e do Direito. O Direito Internacional, por exemplo, ao contrário do pretendido pelo direito público europeu monista e precário, como se viu, data de tempos imemoráveis. Nações originárias já realizavam intercâmbios culturais capazes de promover acordos e estabelecer princípios democráticos baseados em fortes laços de parentesco nos quais "a honra não é conquistada pelo ganho material, mas pelo serviço aos outros".[444]

---

441 Murphy, G. (1997). *Modern History Sourcebook: The Constitution of the Iroquois Confederacy*. Fordham University. Retrieved on November 27, 2018.

442 "O lugar é um conceito da geografia que traduz um espaço dotado de significado, em que os signos e valores refletem uma cultura. O lugar traz o elo dos sentidos, o lugar permite a co-presença, a convivência, a vizinhança, estarmos juntos". Fala proferida pelo professor Fabiano Melo no Seminário Latino- Americano Direitos da Natureza e Decolonialidade, PUC Minas, em 4 de dezembro de 2021. "Na contemporaneidade, os lugares estão presentes nas relações entre o global e o local. Se a dupla parece ser a questão central no contexto da corrente globalização, que se arroga a norteadora de tudo e de todos, ela está subjacente nos lugares tanto ao discurso hegemônico quanto ao contra-hegemônico. Os lugares hegemônicos são espaços da globalização neoliberal, com suas assimetrias e seus fluxos, com suas fragmentações e vulnerabilidades, com o aprofundamento da desconstituição dos predicados de vivência e solidariedade, em um clima permanente de competitividade. [...] Com impactos distintos e variáveis dos processos em curso, os lugares são individualizados em sua ordenação territorial, em sua estrutura e infraestrutura, e também em suas desigualdades socioespaciais e exigências de direitos, a partir das omissões, das carências e das necessidades imediatas". OLIVEIRA, Fabiano Melo Gonçalves; NETO, Manoel Lemes da Silva. *Do direito à cidade ao direito dos lugares*. *urbe*. Revista Brasileira de Gestão Urbana, 12, e20190180, p.7. Disponível em: https://www.scielo.br/j/urbe/a/znfPMBh8dGWZW7DGGsBByXF/?lang=pt.

443 DUSSEL, Enrique. *Filosofías del Sur: descolonización y transomdernidad*. México: Edições Akal, 2015, Reimpressão 2017, p.282.

444 HANSEN,Terri. How the Iroquois Great Law of Peace Shaped U.S. Democracy. *PBS*, 2023. Disponível em: https://www.pbs.org/native-america/blogs/native-voices/how-the-iroquois-great-law-of-peace-shaped-us-democracy/index.html#2 .

Hodiernamente, a transmodernidade ou "a nova idade do mundo", como dito em capítulo anterior, indica a irrupção dessa exterioridade negada, dessa alteridade sempre existente e latente. Esse processo se refere à riqueza cultural que *"renace como llamas del fuego de las brasas sepultadas por el mar de cenizas centenarias del colonialismo."*[445]. Essas culturas, conforme explica Dussel, não são modernas e nem pós-modernas, são pré-modernas, porque mais antigas que a modernidade, ao mesmo tempo em que dessa são contemporâneas[446].

Com a insurgência das narrativas indígenas e da coexistência de diferentes ordenamentos jurídicos em um mesmo espaço e tempo, o paradigma antropocêntrico, que representa a centralidade do "homem" em relação ao mundo, é transformado. Diante da crise ética, ecológica e climática provocada pelo *homo technicus* e pelo *homo economicus*, em tese, a partir do processo de Grande Aceleração, esse novo paradigma decolonial, ecocêntrico e que, por isso apresenta uma alteração ontológica da nossa compreensão da Natureza, contrapondo-se ao direito tradicional clássico, é condição *sine qua non* para enfrentarmos perigos que ultrapassam as fronteiras do tempo e do espaço. Afinal, como dispõe Llasag, tudo ao mesmo tempo está, assim como toda vida, interrelacionado.

> *En la pacha (espacio e tempo), al igual, que em el espacio individual, se produce la interrelacionalidad de las tres pachakuna: el Hanan pacha, es el mundo por el que ya pasamos, pero que sigue siendo, yendo y viniendo; el uku pacha es el mundo que está por venir, pero al mismo tempo está sucediendo conjuntamente con el mundo que ja pasó, de ali fluye la energía que da sentido a kay pacha, por eso se puede percibir, prevenir y prever lo que viene; el kay pacha es el mundo del ahora, es un puente entere el Hanan pacha (mundo de arriba) y el uku pacha (mundo de abajo – el que está por vir), que es captado por nuestra conciencia. Como podemos ver, los tres pachakuna se encuentran interrelacionados, em esa interrelación se produce y reproduce la vida.*[447]

O aprendizado com as outras culturas, como afirma Dussel, é o ponto de partida para uma "relação com a Natureza completamente

---

445 DUSSEL, Enrique. *Filosofías del Sur: descolonización y transomdernidad.* México: Edições Akal, 2015, Reimpressão 2017, p.282.

446 DUSSEL, Enrique. *Filosofías del Sur: descolonización y transomdernidad.* México: Edições Akal, 2015, Reimpressão 2017, p.282.

447 LLASAG, Raul. *Constitucionalismo Plurinacional desde los Sumak Kawsay y sus saberes – plurinacionalidade desde abajo y plurinacionalidade desde arriba.* Quito: Huapony Ediciones, 2018, p.14.

distinta e muito mais equilibrada, ecológica e, hoje, mais necessária do que nunca".[448] A Constituição do Equador de 2008, por exemplo, traz princípios e valores dos povos andinos, que se apresentam como um dos fundamentos do Estado Plurinacional. Entre esses princípios, podemos mencionar o princípio holístico da interrelacionalidade ou *Tinkunakuy*. O princípio da interrelacionalidade se manifesta em todos os níveis e em todos os campos da existência, aplicando-se ao *pacha*, que significa espaço e tempo, conceito abstrato acompanhado pela ideia de *ukupacha* - utilizado para referir-se a terra, mundo, cosmos, tempo e universo.[449]

Yachay o *unancha* simbolizam conhecimento, mas não no sentido teórico de palavras escritas e, sim, como um presente em movimento. Significa o conhecimento do ser sendo e fazendo aquilo que se produz e reproduz cotidianamente em interrelação.[450] Nas palavras de Llasag:

> *El espacio que en castellano lo denominan individual, en el Yachay o unancha no es individual, porque el ser humano está formado por tres cuerpos: aycha, supay y sami. El aycha sería el cuerpo físico, el cuerpo del kay pacha (es el aquí, es el ahora); el supay es el cuerpo espiritual, el cuerpo que tiende puentes entre e hanan pacha (el que pasamos, más que se siendo – o el mundo de arriba) y el kay pacha; y el sami sería el cuerpo astral o luz que trasciende todos los pachakuna. Estos tres cuerpos deben estar interrelacionados, la falta de interrelación produce el desequilibrio generando enfermedad o rompimiento de la convivencia interrecional, que en derecho seria la infracción.[451]*

---

448 DUSSEL, Enrique. *Filosofías del Sur: descolonización y transomdernidad*. México: Edições Akal, 2015, p. 294. Reimpressão 2017.

449 LLASAG, Raul. *Constitucionalismo Plurinacional desde los Sumak Kawsay y sus saberes – plurinacionalidade desde abajo y plurinacionalidade desde arriba*. Quito: Huapony Ediciones, 2018, p.13.

450 LLASAG, Raul. *Constitucionalismo Plurinacional desde los Sumak Kawsay y sus saberes – plurinacionalidade desde abajo y plurinacionalidade desde arriba*. Quito: Huapony Ediciones, 2018, p.13.

451 LLASAG, Raul. Constitucionalismo Plurinacional desde los Sumak Kawsay e sus saberes. Ob.cit.pag.13.

3.1. TEMPO E MODERNIDADE

Sobre as questões relativas ao tempo e à modernidade, o filosofo Franco Berardi[452] nos oferece uma belíssima reflexão. O autor discorre sobre a aceleração da vida, até o limite do insuportável; relaciona a velocidade ao masculino ressentido, expressado pelos extremismos, pelo fascismo e pelo nazismo; e nos alerta sobre a perda de sensibilidade, "faculdade que possibilita a compreensão empática"[453], ou seja, "a capacidade de compreender o que não pode ser dito em palavras"[454].

> Essa capacidade, que permitia a raça humana compreender mensagens ambíguas no contexto da relação, está certamente arrefecendo [...]. Submetida à aceleração infinita do infoestímulo, a mente reage na forma de pânico ou dessensibilização. Parece que está se constituindo uma geração de humanos cuja competência sensorial é reduzida. A habilidade de compreender empaticamente o outro, de interpretar sinais que não tenham sido codificados segundo um código tipo binário, torna-se cada vez mais rara, cada vez mais frágil e incerta.[455]

A modernidade funda-se no mito de separação entre corpo e espírito (razão). A partir de Descartes, inúmeras outras separações comporão a perspectiva moderna, fragmentada. Edgardo Lander demonstra como a racionalidade moderna promove separações, desde o pensamento religioso ocidental. A primeira separação está presente na religiosidade ocidental, representada por Deus (sagrado criador) e pelo homem (humano, criatura).[456] O mundo é transformado em algo desprovido de espírito, morto. Essa separação entre mente e corpo está no fundamento de ideias como a da propriedade privada e a própria transformação da Natureza em recurso. Essas separações fundamentam outras, como a crença em um conhecimento descorporificado e objetivo. Isso foi trabalhado por alguns pensadores como elemento constitutivo da

---

452 BERARDI, Franco. *Depois do Futuro*. São Paulo: Ubu Editora, 2019.

453 BERARDI, Franco. *Depois do Futuro*. São Paulo: Ubu Editora, 2019, p.20.

454 BERARDI, Franco. *Depois do Futuro*. São Paulo: Ubu Editora, 2019.

455 BERARDI, Franco. *Depois do Futuro*. São Paulo: Ubu Editora, 2019, p.20.

456 LANDER, Edgardo (Org.). *A colonialidade do saber: eurocentrismo e ciências sociais. Perspectivas latino-americanas*. Colección Sur Sur, CLACSO, Ciudad Autónoma de Buenos Aires, Argentina: 2005, p.09.

modernidade cultural, uma cisão entre a população em geral e o mundo dos especialistas.[457]

As separações estão na raiz do que mencionamos anteriormente como um dos fundamentos da racionalidade moderna, a lógica binária subalterna: ocidente x oriente; civilizado x selvagem etc. Ao mesmo tempo são estabelecidas hierarquias cronológicas, como civilizações mais avançadas no tempo e outras classificadas por meio de diversos graus de atraso. Isso é o que chamamos de linearidade histórica. Alguns antropólogos acreditaram, inclusive, na absurda ideia de ser possível compreender como viviam e pensavam o "nós" ocidental no passado remoto ao observar os povos da floresta, os "índios", palavra de violência inventada pelos invasores europeus a partir de um erro geográfico. Essa crença de que o passado do Ocidente se encontra no presente dos povos "selvagens" teve pretensão de cientificidade e pode ser encontrada, por exemplo, nos escritos de Bronislaw Malinowski[458].

O trecho do prefácio do livro "Crime e costume na sociedade selvagem" revela o grau de exclusão e incompreensão que a lógica binária subalterna pôde gerar e gera até hoje. Embora escrito em 1926, em Nova York, permanece atual na cabeça de muitas pessoas.

> O explorador antropológico moderno, que vai para o campo totalmente treinado na teoria, carregado de problemas, interesses e talvez preconceitos, não está em condições nem é o bastante prudente para manter observações dentro dos limites dos fatos concretos e dos dados circunstanciado. Ele está obrigado a receber esclarecimento sobre questões de princípios, resolver algumas das suas dificuldades fundamentais, ajustar muitos pontos discutíveis no que diz respeito à perspectiva geral. Ele está obrigado, por exemplo, a chegar a algumas conclusões quanto a possibilidade de a mente primitiva ser diferente da nossa ou se ela é essencialmente semelhante; se o selvagem vive constantemente num mundo com poderes e perigos sobrenaturais, ou se, pelo contrário, ele tem os seus intervalos de lucidez tão frequentemente quanto qualquer um de nós; se a solidariedade

---

457 LANDER, Edgardo (Org.). *A colonialidade do saber: eurocentrismo e ciências sociais. Perspectivas latino-americanas.* Colección Sur Sur, CLACSO, Ciudad Autónoma de Buenos Aires, Argentina: 2005, p.10.

458 Bronisław Kasper Malinowski nasceu na Cracóvia – Polônia, em 07 de abril de 1884 e faleceu em New Haven em 16 de maio de 1942. É considerado um dos fundadores da antropologia social e atuou na London School of Economics fundando a escola funcionalista.

ao clã é uma força esmagadora e universal, ou se o pagão pode ser tão egoísta e autointeressado como qualquer cristão."[459]

Para a curiosidade e assombro do leitor, transcreve-se, ainda, a contracapa de outro livro de Malinowski, publicado em 2015 por editora brasileira, na qual fica demonstrado que, ainda hoje, pessoas trabalham com tamanho equívoco, mergulhadas na racionalidade colonial moderna.

> "Apesar de relativamente antigo, pois foi escrito em 1927, este livro ainda não deixou de ser revolucionário e continua sendo a obra básica sobre a psicologia do sexo e um clássico da Antropologia social. O autor foi o primeiro antropólogo a aplicar o método psicanalítico no estudo das raças primitivas e iniciou na prática toda uma geração de antropólogos ingleses, que mais tarde vieram a ser líderes da disciplina no cenário internacional. Profundo conhecedor dos costumes, usos e civilizações desses povos com alguns dos quais conviveu longamente, ele nos dá aqui uma análise e descrição brilhantes da vida de uma típica sociedade matriarcal, comparada com a sociedade patriarcal, tal como vivemos no Ocidente, bem como as suas concepções positivas sobre a origem da cultura. A discussão em torno do complexo de Édipo tem grande realce nesta obra, onde Malinowski apresenta uma crítica de Freude e procura desenvolver, baseado em pesquisas de campo, uma teoria capaz de melhor fundamentá-lo. B. Malinowski, autor de outros livros igualmente importantes, teve influência marcante e definitiva na moderna ciência da Antropologia. Faleceu em 1942."[460]

Quando as premissas são falsas, tudo a partir de então é um grande e incontornável equívoco.[461] O que foi feito com a imensa diversidade de civilizações indígenas, ocultadas pela palavra de violência "índio", ocorreu, também, na invasão da África. O sequestro de pessoas para escravização na "América" e a invenção do "negro", palavra de ocultamento da diversidade étnica e cultural com formas de organização social, econômica, política, familiar e espiritual distintas, promoveu o racismo, elevando-o à condição estrutural. "O desejo de *apartheid* (segregação e enclave) e a fantasia de extermínio ocupam, nos dias que correm, o lugar desse círculo encantado. Em muitos casos basta um muro para

---

459 MALINOWSKY, Bronislaw Malinowski. *Crime e costume na sociedade selvagem.* Coleção Antropologia, Editora Vozes, Petrópolis, Rio de Janeiro, 2015, pag.09.

460 MALINOWSKY, Bronislaw Malinowski. *Crime e costume na sociedade selvagem.* Coleção Antropologia, Editora Vozes, Petrópolis, Rio de Janeiro, 2015, contracapa.

461 Mergulhados na racionalidade moderna, é extremamente difícil superar os problemas que vivemos.

expressá-lo".[462] Logo, criar uma ordem de direitos universais, nessa racionalidade de subalternização, é mais uma vez reafirmar a separação.

A gramática normativa, criada nos Estados modernos a partir da experiência espanhola em 1492, representa uma forma de o Estado, recém-criado, dominar e formatar o pensamento. Imaginem o impacto causado ao se determinar a existência de uma única forma de escrever e falar, uma única gramática correta. A partir do momento em que um Estado determina uma gramática oficial, ele passa a ditar qual será, também, o sentido das palavras. Nas superficiais discussões, que ainda ocorrem em nosso país sobre o uso do gênero neutro, muitos afirmaram que é incorreto, que ofende a gramática correta e, pior ainda, que fugir do padrão (colonial) seria ideológico. Uma rede de equívocos sucessivos provocados pela falta de senso crítico e informação. Não há neutralidade possível, enxergamos e interpretamos o mundo até onde sabemos, inevitavelmente, a partir nossas experiências e padrões de pensamento.

De acessório importante para a comunicação, a língua e a gramática, aprisionadas pelo Estado moderno por meio de normas obrigatórias provenientes dos idiomas oficiais, tornaram-se uma prisão. A gramática é ideologia, é ideológica e, no caso das línguas modernas, reproduz-se a racionalidade racista, machista, patriarcal. Na língua portuguesa, por exemplo, o plural é sempre no masculino, independentemente do número de homens e mulheres a quem se referem. As mulheres, assim como os negros (entre outros), estão sempre em desvantagem. Quando se diz a alguém "filho/filha da mãe" é uma ofensa; em contrapartida, "filho/filha do pai" é elogio, remete a Deus – religião; quando "a coisa tá preta" está ruim... Essa mesma língua oficial estabelece uma relação com o tempo, de forma linear e hierarquizada, levando-nos a viver o presente sempre em conexão com um passado (muitas vezes inventado) e um futuro imaginado pelo poder do mercado e das instituições.

A questão do tempo é importante para superarmos a racionalidade moderna e todos os seus elementos, já vistos anteriormente, desafiados pela plurinacionalidade e pela decolonização. Uma palavra, que dialoga diretamente com essa temática, tem aparecido com frequência nas discussões e reflexões que envolvem a diversidade e as revelações da decolonialidade: "presentismo". Diversos são os sentidos encontrados para ela. A filosofia do tempo, área da filosofia que discute questões referentes

---

462 MBEMBE, Achille. *Políticas da inimizade*. Traduzido por Sebastião Nascimento. São Paulo: N-1 edições, 2020, p.77.

à ontologia (ciência do ser, existência, devir e realidade) e a epistemologia (filosofia crítica de como se constrói o conhecimento científico) estudam, entre diversas outras questões, o presentismo. Por essa perspectiva, pode-se defender a tese de que não existe passado ou futuro, assim como defendido, também, por cosmovisões de povos originários.

A manipulação do passado, como já foi dito, é fundamental para a construção do Estado moderno, momento em que é criada a história oficial e os heróis nacionais vinculados aos símbolos nacionais, essenciais à configuração da identidade nacional que indicam o caminho que o povo nacional inventado deve seguir no futuro. O sujeito moderno perde o controle sobre o presente, seja vivendo em função de um futuro que nunca chega (e se chega perde o sentido) ou seja em função de um passado inventado (o patriota, nacionalista apegado a construções imaginadas). Nesse sentido, alguns acreditam que o presentismo pode soar como uma espécie de ameaça à modernidade.

Para o historiador Hartog[463], o regime de historicidade é uma categoria de compreensão da história que age classificando formas distintas de experiência do tempo, que variam de acordo com a preponderância do passado, do presente ou do futuro. Hartog afirma que a Europa viveu um regime de historicidade futurista a partir do século XVII, que culminou, segundo Berardi, no fascismo italiano. Já o presentismo (para Hartog) teria o seu início o ano de 1989 (data simbólica)[464], dando origem a "um novo regime de historicidade, não mais moderno, mas que Hartog evita, cautelosamente, chamar de pós-moderno.[465] Embora apareçam menções ao presentismo como pós-moderno, não há nessa perspectiva nada que ameace o poder que construiu e que se beneficia da modernidade.

O presentismo, na perspectiva ultraindividualista liberal, ao contrário das perspectivas apresentadas pelas cosmovisões originárias, é um exemplo de nova estratégia para manter e ampliar o poder do capital. Dialogan-

---

463 Hartog, François. *Regimes de historicidade: presentismo e experiências do tempo.* Belo Horizonte: Editora Autêntica, 2013.

464 PIMENTA, João Paulo. Resenha: Regime de historicidade: presentismo e experiencia do tempo. *Revista História*, número 172, São Paulo, Janeiro-julho 2015, pp. 399-404.

465 PIMENTA, João Paulo. Resenha: Regime de historicidade: presentismo e experiencia do tempo. *Revista História*, número 172, São Paulo, Janeiro-julho 2015, pp. 399-404.

do com Slavoj Zizek[466], em um contexto neoliberal, pode-se pensar em um presente vazio e congelado. Um aspecto interessante da modernidade é o de como a construção do Estado moderno se vincula à ideia de propiciar segurança aos nobres e burgueses. A própria ideia de Constituição, proveniente das revoluções burguesas, tenta "congelar" a sociedade, impedindo mudanças além dos limites estreitos permitidos, garantindo-lhes, principalmente, direitos de liberdade individual e propriedade privada.

A desconexão com o passado (história, comunidade e valores compartilhados), assim como com o futuro (projeto coletivo e social), transforma todo o "sentido" da vida e não permite que pessoas percebam a ausência de liberdade ou mesmo que se organizem para algum tipo de rebelião. Ocultada pelo discurso dos direitos fundamentais, está a manutenção da ordem capitalista, fundada na liberdade individual e na rejeição do comum. A limitação do coletivo pela propriedade privada significa a manutenção de privilégios a uma classe acumuladora e proprietária. O que o hiperindividualismo e a anulação do sujeito escondem é a outra face do totalitarismo, que mantém os interesses dos que se instalaram no poder com o surgimento do Estado. Enquanto isso, o sentido da vida vem sendo perdido para experiências compradas. A ausência de história e o isolamento mergulhado na curtição representam um presentismo vazio, congelado e aprisionado pelo excesso de informação.

Viveiros de Castro[467], abraçando a perspectiva dos povos da floresta, confronta o congelamento ou petrificação das sociedades modernas europeias, pois considera a leveza de um presente em constante e ininterrupta mudança. O presentismo dos povos originários na América do Sul, nos Andes e na Floresta Tropical, precisa ser entendido somado à compreensão da vida por uma perspectiva interrelacional, segundo a qual tudo está conectado com tudo e a Natureza é integral. Essa é a essência dos Direitos da Natureza. Tudo é Natureza e tudo está em permanente transformação. Nessa lógica, passado, presente e futuro estão, sempre, emaranhados.

O antropólogo brasileiro transcreve um trecho de um sermão do Padre Antônio Vieira, no qual o orador analisa as diferenças entre dois tipos de nações no que se refere ao recebimento dos ensinamentos da

---

466 KINGSBURRY, Paul. *Alguém disse "jouissance"? Sobre Slavoj Zizek, consumo e nacionalismo.* Revista Emoção, Espaço e Sociedade, volume 1, edição 1, outubro de 2008, pp 48-55.

467 CASTRO, Eduardo Viveiros de. *A inconstância da alma selvagem e outros ensaios de Antropologia.* São Paulo: Editora Cosac Naïfy, 2014.

doutrina da fé.[468] Por um lado, se têm aquelas nações que se parecem com estátuas de mármore, porque são duras, difíceis de moldar, mas, uma vez convertidas, não é mais necessário tanta dedicação. Por outro lado, existem outras nações que são como estátua de murta, são fáceis de moldar, aceitam a doutrina com facilidade, interesse, mas precisam de constante manutenção, pois rapidamente a estátua começa a se desconfigurar e retoma a forma livre anterior.[469] Esse tema remonta ao ano de 1549 e se refere aos povos originários das florestas brasileiras, que os jesuítas consideravam exasperadamente difíceis de converter.

Esses relatos, assim como as imagens criadas por Padre Antônio Vieira, com toda a incompreensão que pudessem ter sobre a "alma selvagem", trazem uma pista sobre outra forma de presentismo. Aqui, percebemos um presentismo que não foi congelado ou esvaziado, mas, assim como a Natureza, um presente em constante mutação. As sociedades congeladas, na ilusão da permanência e da imutabilidade, criaram instituições que, para trazer "segurança", criaram várias espécies de controle para evitar as mudanças e manter as coisas como estão. O Estado e a Constituição modernas trazem consigo essa proposta, tal-qualmente a ideia de "conservar" a Natureza em vez de integrar-se a seu movimento e protegê-la. Somos Natureza em permanente mudança; no Universo tudo se movimenta.

3.2. A TEORIA DO SUJEITO DE DIREITOS

Sabemos que "a teoria do sujeito de direitos nasce na modernidade muito marcada pela noção de sujeito moderno.".[470] A razão instrumental- antropocêntrica - eurocêntrica, que reduz tudo a objetos (até mesmo

---

468 CASTRO, Eduardo Viveiros de. *A inconstância da alma selvagem e outros ensaios de Antropologia*. São Paulo: Editora Cosac Naïfy, 2014.

469 CASTRO, Eduardo Viveiros de. *A inconstância da alma selvagem e outros ensaios de Antropologia*. São Paulo: Editora Cosac Naïfy, 2014.

470 BITTAR, Eduardo C. B. *Introdução ao Estudo do Direito: humanismo, democracia e justiça*. São Paulo: Saraiva Educação, 2019, p.118. No mesmo sentido, Dussel afirma que: "se a Modernidade não começa filosoficamente com Descartes, ele deve ser situado como o grande pensador do segundo momento da Modernidade nascente, quando já havia sido produzido irreversivelmente o ocultamento, não do "ser" heideggeriano, mas do "ser colonial". Isso deveria gerar todo um processo de descolonização filosófica. (2015, pag.27). DUESSEL, Enrique. *Meditações anti-cartesianas: sobre a origem do anti-discurso filosófico da modernidade*. Artigo publicado em Revista Filosofazer, n. 46 e n.47. Passo Fundo, 2015.

pessoas), é uma das características principais das "sociedades das mercadorias".[471] A categoria de "sujeito de direitos" é construída, desde então, aprisionada a uma compreensão centrada nos interesses do Estado Moderno. Os povos, transformados em indivíduos, passam a ser tratados segundo regras de conveniência (utilitarismo) e exclusão. A fraqueza e a assimetria desse conceito são demonstradas pela análise histórica das relações de domínio engendradas pelos "vencedores" em detrimentos dos "vencidos", utilizando-se de ferramentas de padronização.

A formação da subjetividade moderna e a constituição do direito e do "sujeito de direitos" advêm de práticas de encobrimento e normalização que, segundo Foucault[472], demonstram que o sujeito é produto de um "assujeitamento", o que o torna sujeito à medida que o subjuga. Para uma compreensão crítica e emancipadora do "sujeito de direitos" é preciso compreendê-lo como sujeito histórico a partir da igualdade material e de uma universalidade não – substancial.[473] Os riscos da simplificação e da universalidade no Ocidente envolvem a coisificação e a mercantilização da vida e, por isso, mesmo quando assegurados pelo direito, devem ser questionados. A Natureza, as mulheres e os originários, entre outros considerados "não-sujeitos", estiveram e estão à margem de ordenamentos jurídicos monistas, e, constantemente, são reificados pela norma.

Conforme dispõem Mies e Shiva[474], a violência contra o "Outro" é tão antiga quanto o patriarcado e foi construída sob o manto do domínio, da negação do valor intrínseco ou da humanidade, da complacente enganação sobre conceitos como liberdade e igualdade. Tudo isso se intensificou com o crescimento de políticas econômicas impostas de forma não democrática, originando novos ciclos de violências amparados pelo paradigma da racionalidade técnica e da simplicidade. No mesmo sentido, Sánchez Rúbio afirma que "o desenvolvimento do sistema capitalista se apoderou das capacidades da modernidade; essas capacidades se reduziram aos grandes instrumentos de racionalização

---

471 BITTAR, Eduardo C. B. *introdução ao Estudo do Direito: humanismo, democracia e justiça*. São Paulo: Saraiva Educação, 2019, p. 118.

472 FOUCAULT, Michel. Subjetividade e verdade. In: *Resumo dos Cursos do Collège de France*. Rio de Janeiro: Ed. Zahar,1994.

473 FOUCAULT, Michel. *Em Defesa da Sociedade*. São Paulo: Ed. Martins Fontes, 2010.

474 MIES, Maria; SHIVA, Vandana. *Ecofeminismo*. Tradução de Carolina Caires Coelho. Belo Horizonte: Editora Luas, 2021.

da vida coletiva: a ciência moderna e o direito estatal moderno, que passaram a ser o alter ego daquela.".[475]

Segundo Herman Benjamin[476], se voltarmos o olhar para a história, podemos afirmar que os ordenamentos jurídicos se organizavam pela bipolaridade criada entre sujeitos e coisas em um processo em que coisas passaram a ser consideradas sujeitos e pessoas, muitas vezes, não foram assim reconhecidas. No caso do Direito do Brasil colônia e do império, pessoas escravizadas, logo, seres humanos que podiam ser vendidos, não eram consideradas sujeitos de direitos. De forma menos dramática, mas, também, aberrante, a mulher brasileira, até a década de 30 não votava. Povos indígenas, africanos escravizados e seus descendentes, mulheres, crianças, bastardos ou, entre outros, o estrangeiro, não eram, mas se tornaram, com o tempo, sujeitos de direitos. Em contrapartida, hoje convivemos com o reconhecimento da pessoa jurídica e às fundações, que são um patrimônio, atribui-se "vida jurídica". Esse conceito se alargou e, além da pessoa física, passou a compreender, também, os entes despersonalizados, tais como as sociedades de fato, a massa falida, a herança jacente, o condomínio e o espólio.

O ministro lembra, ainda, que, no direito marítimo, quem responde em juízo quando um navio aporta em determinado lugar sem seu capitão é o navio, considerado, inclusive, pela língua inglesa não como "it", mas como "she". Exemplos como esses demonstram que, muitas vezes, o direito se atrasa em relação aos movimentos éticos e o direito, que é uma produção humana, precisa olhar para o presente e para o futuro, como propõe a temática ecológica, mas, também, para trás, respeitando a memória, considerando produções humanas milenares, especialmente aquelas que não estão registradas. Para descolonizar o Direito, é preciso repensar suas bases patrimonialistas por uma perspectiva ampla, entrelaçada à função social, ecológica e climática da propriedade para a desconstrução do modelo utilitário e individualista adotado até então.[477]

---

475 RUBIO, David Sanchéz. *Encantos e desencantos dos direitos humanos: de emancipações, libertações e dominações*. Tradução de Ivone Fernandes M. Lixa, Helena Henkin. Porto Alegre: Livraria do Advogado Editora, 2014, p.71.

476 PPGD PUC Minas. Abertura Solene e Palestra Inaugural. YouTube, 3 de dezembro de 2021. Disponível em: https://www.youtube.com/watch?v=xB7sLoOrUVs.

477 PPGD PUC Minas. Abertura Solene e Palestra Inaugural. YouTube, 3 de dezembro de 2021. Disponível em: https://www.youtube.com/watch?v=xB7sLoOrUVs.

A "pessoa jurídica", como dispõe Savigny, é uma ficção jurídica criada para fazer uso de direitos patrimoniais e tornar mais simples o desempenho de determinadas entidades.[478] Ousamos dizer que, em comparação com a Natureza (totalidade), uma empresa é mais protegida e valorizada. Bittar lembra que "a crítica da modernidade pressupõe, hoje, o reconhecimento dos animais, do meio ambiente e das futuras gerações (sujeitos transgeracionais) [...], no âmbito dos novos direitos e no campo da categoria de sujeito de direitos.".[479] No entanto, pensamos que, muitas vezes, as críticas ainda estão arraigadas, não só na gramática como nos reais objetivos, à epistemologia "oficialmente privilegiada de conhecimento"[480], ou seja, à abstração e aos interesses exclusivamente humanos, porque incapazes de dar a esse signo, conceito ou palavra, o sentido de existência.

Contudo, esses países "do lado de lá da linha"[481] foram além, trouxeram para o conceito de Natureza o sentimento de pertencimento, a identidade, o "território abrigo", a materialidade e a alteridade. Ao alterarem suas Constituições, provocam um giro ecocêntrico no constitucionalismo latino-americano, operando "uma revolução paradigmática do Direito".[482] Apresenta-se, dessa forma, uma nova forma de cidadania, amparada pela diversidade e pela biodiversidade, pela complexidade e pela compreensão de interdependência do humano com o todo, resgatando o pertencimento e reconhecendo à Natureza seu valor intrínseco.

---

478 SAVIGNY, F.K. von. Traité de droit romain. In: DINIZ, Maria Helena. *Curso de Direito Civil Brasileiro: teoria geral do Direito Civil*. São Paulo: Saraiva, 2009. V.1.

479 BITTAR, Eduardo C. B. *Introdução ao Estudo do Direito: humanismo, democracia e justiça*. São Paulo: Saraiva Educação, 2019, p. 119.

480 SANTOS, Boaventura de Sousa. *A Gramática do Tempo: para Uma Nova Cultura Política*". Belo Horizonte: Autêntica, 2021.

481 Boaventura de Souza Santos afirma que "as formas de pensamento não-ocidentais têm sido tratadas de um modo abissal pelo pensamento ocidental. Linhas visíveis e invisíveis fundamentam um sistema de distinções que divide a realidade social entre os que se inserem "deste lado da linha" (sociedades metropolitanas) e os "Outros" que habitam o "outro lado da linha" (territórios "inexistentes", coloniais). Essas linhas abissais permanecem vivas na estruturação do conhecimento e do direito, requerendo a superação da injustiça cognitiva global e para isso requer-se um novo pensamento: o pensamento pós - abissal. SANTOS, Boaventura de Souza, Meneses, M.P. *Epistemologias do Sul*. Coimbra, Almedina, 2009.

482 MORAES, Germana de Oliveira. *O constitucionalismo ecocêntrico na América Latina, o bem viver e a nova visão das águas*. R. Fac. Dir., Fortaleza, v. 34, n. 1, p. 123-155, jan./jun. 2013. Disponível em: https://repositorio.ufc.br/bitstream/riufc/11840/1/2013_art_gomoraes.pdf.

Como afirma Alberto Acosta,

> É preciso vencer resistências conservadoras e posições prepotentes que camuflam uma série de privilégios. Há que superar visões tradicionais que consideram como sujeitos de direito apenas os seres que têm a capacidade de identificar o que é um direito – desconhecendo que existem até mesmo seres humanos incapacitados, por diversas razões, de assumir diretamente esses direitos, mas que, mesmo assim, não estão desprovidos de direitos. As crianças, por exemplo.[483]

Essa concepção emancipadora e transdisciplinar, que se propõe em torno do direito, pretende alcançar, pelo viés crítico da teoria, uma realidade social mais justa e democrática, por meio da qual sejamos provocados a repensar o pensamento jurídico tradicional, superando "europeidade" e sua hierarquia valorativa que gera separabilidade entre os "classificados" e os "desclassificados". A abordagem multiconstrutiva é essencial para, criticamente, alcançar veracidades consistentes, contribuindo para a construção de um paradigma sólido, validado pelo esclarecimento, afastando o solipsismo e o isolamento. Como afirma Ailton Krenak,

> quando despersonalizamos o rio, a montanha, quando tiramos deles os seus sentidos, considerando que isso é atributo exclusivo dos humanos, nós liberamos esses lugares para que se tornem resíduos da atividade industrial e extrativista. Do nosso divórcio das integrações e interações com a nossa mãe, a Terra, resulta que ela está nos deixando órfãos, não só aos que em diferente graduação são chamados de índios, indígenas ou povos indígenas, mas a todos.[484]

Desse desafio paradigmático, ou seja, diante da busca e implementação de valores insurgentes a partir do reconhecimento da dignidade do "Outro" (humano ou não), priorizando não somente o produtivismo formal, a certeza técnica e o conformismo da segurança, mas uma vida justa, é essencial que ao direito seja apresentado um fundamento ético, do qual a alteridade seja o conteúdo principal.[485] Portanto, parece-nos essencial rever pautas do constitucionalismo europeu, identificando novos olhares e formas de compreensão da realidade caracterizados pela multiplicidade e pelo pluralismo para, então, sustentar outras ver-

---

483 ACOSTA, Alberto. *O bem viver: uma possibilidade para imaginar outros mundos.* Tradução de Tadeu Breda. Autonomia Literária, 2016, p. 147.

484 KRENAK, Ailton. *Ideias para adiar o fim do mundo.* São Paulo: Companhia das Letras, 2019, p.24.

485 WOLKMER, Antonio Carlos. *Introdução ao pensamento jurídico crítico.* 9. ed. São Paulo: Saraiva, 2015.

dades, sem necessidade de motivações oriundas, exclusivamente, dos padrões epistemológicos acolhidos pela Modernidade.

Esses são os preceitos básicos apresentados pelos países andinos para enfrentar os efeitos da irresponsabilidade organizada e a crise ecológica, promovendo condições para o *buen vivir* ou vida *buena*[486]; repensando o direito e o alcance da justiça. Veremos como os Direitos da Natureza estão sendo reconhecidos ao longo do tempo em alguns países latino-americanos, assim como analisaremos os reflexos do reconhecimento constitucional de ordenamentos jurídico-indígenas no Canadá.

3.3. A CONSTITUIÇÃO DO EQUADOR E A SUPERAÇÃO DO AMBIENTALISMO ANTROPOCENTRADO

O constitucionalismo equatoriano demonstrou grande avanço ao comprovar a possibilidade de se reconhecerem os direitos subjetivos inerentes à Natureza dentro do ordenamento jurídico, considerando a *Pacha Mama*[487] *como um organismo vivo com direitos constitucionalmente garantidos.*[488] *In verbis: "La naturaleza será sujeto de aquellos derechos que le reconozca la Constituición".*[489] *Dessa forma, é dever do Estado incentivar seu respeito e proteção.*

> La naturaleza o Pacha Mama, donde se reproduce y realiza la vida, tiene derecho a que se respete integralmente su existencia y el mantenimiento y regeneración de sus ciclos vitales, estructura, funciones y procesos evolutivos. Toda persona, comunidad, pueblo o nacionalidad podrá exigir a la

---

486 A ideia de "bem viver" expressada pelas palavras "*Sumak Kawsay*" (vida em plenitude em Kichua) e "*Suma Kamaña*" (vida doce em Aymará), são princípios constitucionais que podem ser compreendidos a partir da filosofia (cosmovisão) Andina. Trata-se de uma vivência interativa e cotidiana, bastante distinta do individualismo e da ideia de acumulação e competição constante na modernidade ocidental. Significa ter acesso ao necessário, o suficiente para ser feliz e viver em harmonia na natureza, perpassado pelo carinho e solidariedade que não exclui ninguém.

487 *Pacha Mama* do idioma Quíchua, é uma expressão que significa toda uma cosmovisão complexa da vida em plenitude. Da geração permanente da vida. Significa universo, mundo, tempo, espaço e mãe (Mãe Terra).

488 CARVALHO, F. Alvim de. *Educação Ambiental à Luz do Direito: uma introdução aos direitos difusos e coletivos de forma lúdica e acessível: um caminho à conscientização.* Rio de Janeiro: Lumen Juris, 2019.

489 EQUADOR. Constitución de La Republica del Ecuador 2008, art. 10.

autoridad pública el cumplimiento de los derechos de la naturaleza. Para aplicar e interpretar estos derechos se observarán los principios establecidos en la Constitución, en lo que proceda. El Estado incentivará a las personas naturales y jurídicas, y a los colectivos, para que protejan la Naturaleza, y promoverá el respeto a todos los elementos que forman un ecosistema.[490]

Importante observar a distinção entre o alcance dos direitos ambientais, como criação antropocêntrica destinada a promover Direitos Humanos (especistas), governado por uma colonialidade estrutural que separa o social da Natureza da representação dada aos Direitos da Natureza, que alcançam todos os elementos que formam um ecossistema e que reconhecem a *Madre Tierra* com valor intrínseco, essencial em si mesmo.

Uma vez com personalidade jurídica reconhecida por comunidades, antes silenciadas e ocultadas, de forma juridicamente articulada, ou seja, com a participação efetiva dos povos originários (para quem o reconhecimento legal da Natureza não é algo necessário) nos processos constituintes abertos, a Natureza passa a ser portadora de imunidades e faculdades constitucionalmente estabelecidas. Tal conjuntura reflete um avanço democrático que se inicia no Equador e, lentamente, vai ganhando espaço na América Latina. O constitucionalismo, antes elitista, produz, agora, um novo constitucionalismo: ecológico, democrático, legitimado pela participação da população local e determinado pela cultura e realidades vividas. Podemos dizer que estamos vivenciando, na América Latina, um movimento que acontece por meio do "desencobrimento do Outro"[491] (humano e não humano), um movimento que parte de um paradigma epistemológico e ontológico complexo e que se fundamenta em uma razão que não é neutra, atemporal e, muito menos, impassível.

A reunião de vários políticos e especialistas em Montecristi, aliados à cosmovisão dos povos indígenas, apresentou uma nova epistemologia do direito a partir de uma perspectiva descolonizadora, baseada em tradições milenares que vislumbram a Terra como um organismo vivo e não uma coisa (*res extensa*) ou um objeto a serviço do sujeito pensante (*res cogitans*). (Re)considera-se, portanto, uma mudança de envergadura onde se passa da representação, "palavra mágica da modernidade"[492],

---

490 EQUADOR. Constitución de La Republica del Ecuador 2008, art. 71.

491 DUSSEL, Enrique. *1492: O Encobrimento do Outro: a origem do mito da modernidade*. Conferências de Frankfurt. Tradução de Jaime A. Clasen. Petrópolis, RJ: Vozes, 1993.

492 MAFFESOLI, Michel. *Elogio da Razão Sensível*. Tradução de Albert Christophe M. S. 4.ed. Petrópolis: Vozes, 2008, p.19, 20.

para a apresentação, que permite conhecermos o mundo como ele é, o planeta Terra como organismo vivo, não como cenário, ambiente ou paisagem, mas com dignidade própria.

Observamos que a imagem do mundo e sua pretensão racional de verdade (manipulada em favor daquilo que se desejaria que fosse) não compreende a complexidade da interdependência, da pluralidade, da polissemia, das verdades múltiplas escondidas em cada metáfora, dos variados sons e, também, de um mundo sem palavras, algumas vezes sem som, mas nem por isso vazio de sentidos. "O humano também é humus"[493], ou seja, o humano também é Terra e a Terra não foi "criada" para os humanos, a Terra nunca precisou de nós; pelo contrário, somos nós, humanos, quem precisamos da Terra, "chegamos depois".

Logo, esse verdadeiro giro ecocêntrico promovido pelo Equador propõe uma reconciliação da razão humana com a vida quando ultrapassa a dimensão conferida aos direitos ambientais, compreendendo um novo sujeito de direitos e, por consequência, superando a filosofia antropocêntrica para a qual, ilusoriamente, o "homem" ocupa o centro do universo, ou ao redor do qual tudo gravita.[494] Universos dizem respeito a alcances da Natureza incomensuráveis para a nossa razão, para os nossos sentidos. Assim, o fato de que não poder ser o humano aquele que determina o alcance do que se expande e a finalidade do que nos envolve e nos produz nos parece algo lógico. Sobre a Terra, podemos afirmar, com certeza, somente uma coisa: está viva.

A Constituição do Equador, compreendendo a realidade plural e a complexidade da vida, dá início a um movimento que provoca transformações profundas nos padrões impostos pela modernidade. Valores contrapostos ao capitalismo de produção e ao consumismo desenfreado, preservados durante séculos pelos povos originários, como o *Sumak kawsay* (*buen vivir*), retornam atuantes nesse novo cenário. Em

---

493 MAFFESOLI, Michel. *Elogio da Razão Sensível*. Tradução de Albert Christophe M. S. 4.ed. Petrópolis: Vozes, 2008, p.29.

494 Nesse sentido, Catherine Walsh afirma que *"para los Estados, la naturaleza, históricamente, há sido considerada como bien de uso controlado por seres humanos como superiores a ella (la lógica cartesiana). Al posicionar la madre naturaleza o Pachamama como sujeto de derechos, la nueva Constitución ecuatoriana hace una vuelta total de esta conceptualización moderna - occidental."* WALSH, Catherine. *Interculturalidad, plurinacionalidad y descolonialidad: las insurgencias político-epistémicas de refundar el Estado.* Tabula Rasa, Bogotá, n. 9, p. 131-152, julio-diciembre 2008, p. 131-152.

seu artigo 74 encontramos, de forma explícita, que: "*las personas, co-munidades, pueblos y nacionalidades tendrán derecho a beneficiarse del ambiente y de las riquezas naturales que les permitan el buen vivir*".

Alberto Acosta explana que:

> Na busca do indispensável equilíbrio entre a Natureza e as necessida-des dos seres humanos, reconhecer a Natureza como sujeito de direitos significa superar a visão tradicional constitucional do "direito a um am-biente saudável", que está presente no constitucionalismo americano há muito tempo.[495]

Outrossim, podemos dizer que o direito ao meio ambiente saudável, ao bem-estar e à qualidade de vida, está ligado aos Direitos Humanos e, não, necessariamente aos Direitos da Natureza. Isso porque reflete preocupações e interesses humanos criados a partir de um paradigma binário e antropocêntrico, no qual o "homem racional" ainda crê no mito do seu divórcio da Natureza, esquecendo-se, contudo, de que o todo não segue as leis criadas pelas partes e que, além de mãe, a Natureza é casa, não há outra opção, não é uma questão de vontade.

Dessarte, a titularidade da Natureza na condição de sujeito de direitos e o direito ao Bem Viver[496] simbolizam passos para a superação da contraposição criada entre Natureza e sociedade, ultrapassando os valores empregados pela cadeia de extrativismo, produção, consumo e poluição capitalista. "Estes direitos são de direta e imediata aplicação por e perante qualquer autoridade pública. O que permite que qualquer pessoa ou coletivo possa exigir o cumprimento dos direitos da natureza".[497]

---

495 ACOSTA, Alberto. *O bem viver: uma possibilidade para imaginar outros mundos.* Tradução de Tadeu Breda. Autonomia Literária, 2016, p. 136.

496 Sobre a ética do bem – viver, Gudynas afirma que: "*Más allá de esa diversidad, el buen vivir también implica una ruptura fundamental con el saber europeo, permite superar su pretensión de validez universal excluyente, y una vez que eso se logra, se pueden expresar los saberes y sensibilidades propias en América Latina, y de esa manera rescatar aquellas que defienden otra relación con el entorno*". GUDYNAS, Eduardo. *La dimensión ecológica del buen vivir: entre el fantasma de la modernidad y el desafío biocéntrico.* Revista Obets, Alicante, n. 4, p. 49-53, 2009.

497 SUARÉZ, Sofía. *Defendiendo la naturaleza: Retos y obstáculos en la implementación de los derechos de la naturaleza Caso río Vilcabamba.* Centro Ecuatoriano de Derecho Ambiental. Agosto de 2013. Disponível em: http://library.fes.de/pdf-files/bueros/quito/10230.pdf.

Nesse contexto, no Equador, em 2010, dois estrangeiros constataram graves danos causados pela obra de ampliação da rodovia Vilacabamba-Quinara ao Rio Vilacabamba, que estava sendo utilizado como depósito de matérias provenientes de escavação pelo Governo Provincial de Loja. A partir daí, provocaram o judiciário contra o Prefeito Provincial de Loja, contra o Diretor Regional e contra o Ministério do Meio Ambiente, alegando violação dos direitos da Natureza, em especial, os do Rio Vilacabamba. No entanto, apesar de notarmos considerável avanço na decisão judicial (que reconheceu a solidariedade intergeracional e proferiu recomendações ao governo local para além de realizar a limpeza, encontrar outro local para despejo e elaborar um estudo de impacto ambiental que, ainda, pedisse desculpas públicas à população pela ausência de licença ambiental amparando as atividades de construção da estrada), infelizmente, na análise do caso, conforme afirma Suaréz, foram evidenciados diversos empecilhos para a efetivação desses direitos. Foi constatado que, além da morosidade na implementação das ações ordenadas na sentença, do desgaste emocional e financeiro para que os direitos da Natureza fossem, de fato, implementados seria necessária a criação de normas específicas para que se determinasse, por exemplo, o conceito de restauração e sua diferença em relação à remediação e reabilitação. Ademais, percebeu-se que há pouco conhecimento das autoridades públicas e da população sobre a existência e a amplitude desses direitos.[498]

Recentemente, outro caso emblemático foi decidido pela Corte Constitucional do Equador, em meio a outros que foram se apresentando ao longo dos anos. A Alta Corte proibiu o exercício da mineração na Floresta Protegida Los Cedros, determinando que todas as concessões de mineração, licenças ambientais e de uso da água na floresta fossem canceladas com objetivo de impedir que essa atividade local provocasse a extinção de um enorme número de espécies, entre elas os macacos-aranha-de-cabeça-marrom e ursos- de-óculos. Apresentaram-se, como fundamento, os Direitos da Natureza, previstos pela Constituição do Equador e reafirmaram-se os compromissos constitucionalmente assumidos pelo país para sua salvaguarda, o que criou um

---

498 SUARÉZ, Sofía. *Defendiendo la naturaleza: Retos y obstáculos en la implementación de los derechos de la naturaleza Caso río Vilcabamba*. Centro Ecuatoriano de Derecho Ambiental. Agosto de 2013. Disponível em: http://library.fes.de/pdf-files/bueros/quito/10230.pdf.

precedente de suma importância não só em nível local como, também, para a comunidade internacional.[499]

No processo eleitoral realizado em setembro de 2023, pudemos apreciar um importante resultado a partir de duas consultas populares que abordaram a exploração petrolífera no Bloco 43 ITT no Yasuní, localizado na Amazônia equatoriana e outra sobre a permissão de atividades de mineração de uma área no Chocó Andino, reconhecida em 2018 como reserva da biosfera pela UNESCO. Em Chocó Andino, a grande maioria dos cidadãos de Quito (aproximadamente 68%) votou pela proibição da mineração metálica, conforme os dados divulgados pelo Conselho Nacional Eleitoral.[500] Em relação à consulta popular sobre Yasuní, o povo equatoriano concordou que o Petróleo do ITT, conhecido como "Bloco 43", permanecesse indefinidamente no subsolo (em torno de 60%).[501]

Acreditamos que, mesmo com as dificuldades que o próprio sistema colonial- capitalista-moderno coloca para a efetivação de tais medidas, o Equador deu um passo revolucionário que, como veremos, motivou e motiva outros países a seguirem o mesmo caminho, fortalecendo uma luta centenária e, hoje, diante da crise ecológica global, mais do que nunca necessária, pois toda essa "irresponsabilidade organizada"[502], como já vimos, conduziu-nos à crise ecológica, climática, social, econômica e ética, à "sociedade de risco"[503].

---

499 CAMARGO, Suzana. Ao defender os "direitos constitucionais da natureza", Alta Corte do Equador proíbe mineração em reserva de proteção da biodiversidade. *Conexão planeta: inspiração para a ação*. Dezembro de 2021. Disponível em: https://conexaoplaneta.com.br/blog/ao-defender-os-direitos- constitucionais-da-natureza-alta-corte-do-equador-proibe-mineracao-em-reserva-de-protecao-da- biodiversidade/#fechar.

500 Consulta Popular Chocó Andino / Pichincha / Quito. CNE, 2023. Disponível em: https://elecciones2023.cne.gob.ec/Consultas/choco.

501 Consulta Popular Yasuní. CNE, 2023. Disponível em: https://elecciones2023.cne.gob.ec/Consultas/yasuni.

502 BECK, Ulrich. *A sociedade de risco mundial: em busca da segurança perdida*. Tradução de M. Toldy; T. Told. 1a.ed. Lisboa, Portugal: Almedina/Edições 70, 2015.

503 BECK, Ulrich. *A sociedade de risco mundial: em busca da segurança perdida*. Tradução de M. Toldy; T. Told. 1a.ed. Lisboa, Portugal: Almedina/Edições 70, 2015.

3.4. RECONHECIMENTO DA NATUREZA PLURIÉTNICA E PLURINACIONAL DA BOLÍVIA

A Constituição Plurinacional Boliviana também apresentou ao mundo um novo modo latino-americano de constitucionalismo de natureza pluriétnica e plurinacional. O resgate da trajetória histórico-cultural dos povos originários da América Latina, com a proposta de reconhecimento da exterioridade negada do "Outro" encoberto pela modernidade, foi o foco de um movimento que trouxe outra forma de pensar e outro modo de sentir como deve ser a construção do espaço coletivo.

A nova Constituição boliviana de 2008 apresenta-se como uma resposta a um processo histórico- social de repressão e marginalização dos povos originários (atualmente 36 povos) da Bolívia pelos poderes públicos e pelas oligarquias constituídas[504]. A uniformização dos modos de vida originou uma crise de correspondência entre a configuração do Estado e os modos de vida a qual foi, portanto, enfrentada pela Constituição de 2008 ao destinar 80 de seus 411 artigos à causa indígena. Nesse contexto, houve uma reorganização territorial, jurídica e parlamentar, o que permitiu maior representatividade dos povos originários da Bolívia e seus interesses no que se refere a questões estruturais essenciais de qualquer país.

> É justamente este aspecto que traz uma novidade radical. Enquanto as formas de organização territorial modernas (os Estados unitário, regional, autonômico e federal); o direito comunitário (a União Europeia); e mesmo o direito internacional são, na sua essência, modernos e, logo, uniformizadores, hegemônicos e europeus, no caso do Estado plurinacional temos a existência de um sistema plurijurídico marcado pela diversidade de direitos de família e de propriedade e da autonomia para resolver as controvérsias sobre estes temas em seus espaços territoriais pela sua própria justiça. Esta diversidade de sistemas jurídicos, de formas de organização econômica resulta de uma nova perspectiva democrática (a democracia consensual e uma justiça consensual – já vistos) e reforça a possibilidade de construção de espaços de convivências e diálogos de diversas formas de ver, sentir, compreender o mundo, de diversas epistemologias. Isso é riquíssimo para se repensar um direito mundial para além da modernidade

---

[504] MAGALHÃES, José Luiz Quadros de. *O Estado Plurinacional e o Direito Internacional Moderno*. Curitiba: Juruá, 2012.

europeia hegemônica e uniformizadora que influencia na construção do direito moderno e, logo, do direito internacional.[505]

Toda essa revolução paradigmática do Direito incorpora valores ecocêntricos andinos como a harmonia do humano com a Terra, a reciprocidade e interdependência, a solidariedade entre todos os seres vivos. Esse "constitucionalismo de feição ecocêntrica, o qual ostenta como bandeiras o reconhecimento dos direitos da natureza (Pachamama) e a cultura do Bem Viver"[506], levou a acontecer em Cochabamba, Bolívia, em 2010, a Conferência Mundial dos Povos sobre Mudanças Climáticas e os Direitos da Mãe Terra, quando houve a proclamação da Declaração Universal dos Direitos da Mãe Terra, cujo artigo 2º reconhece, entre outros, como direito inerente à Mãe Terra e de todos os seres que a compõem, o próprio direito à água como fonte de vida.[507]

No mesmo sentido, a *Ley Marco de la Madre Tierra y Desarrollo Integral para Vivir Bien* de 2012, *"tiene por objeto establecer la visión y los fundamentos del desarrollo integral en armonía y equilibrio con la Madre*

---

505 MAGALHÃES, José Luiz Quadros de. *O Estado Plurinacional e o Direito Internacional Moderno*. Curitiba: Juruá, 2012, p. 106, 107.

506 MORAES, Germana de Oliveira. O Constitucionalismo Ecocêntrico na América Latina, o Bem Viver e a nova visão das águas. *Rev. Fac. Dir.*, Fortaleza, v. 34, n. 1, p. 123-155, jan./jun. 2013, p.126. Disponível em: https://repositorio.ufc.br/bitstream/riufc/11840/1/2013_art_gomoraes.pdf.

507 MORAES, Germana de Oliveira. O Constitucionalismo Ecocêntrico na América Latina, o Bem Viver e a nova visão das águas. *Rev. Fac. Dir.*, Fortaleza, v. 34, n. 1, p. 123-155, jan./jun. 2013. Disponível em: https://repositorio.ufc.br/bitstream/riufc/11840/1/2013_art_gomoraes.pdf. Wolkmer e Wolkmer, também, afirmam que o Constitucionalismo Pluralista define estratégias ao Estado juntamente aos povos originários e cidadãos, para a defesa dos bens comuns naturais. Destacam que "a governança da água está diretamente relacionada com a soberania de um país, na medida em que tem um papel estratégico para todos os setores da sociedade, no entanto, está refém, em diversos países da América Latina, dos interesses de mercado e transnacionais da água, que já exercem, no âmbito político (por exemplo), forte influência para a obtenção das vantajosas concessões para os serviços, para o tratamento e para a distribuição dos recursos hídricos.". Outrossim, acrescentam, a mercantilização da água vai em desencontro à proteção da Natureza e manutenção de seus ciclos vitais, com direitos e valores intrínsecos. WOLKMER, Antonio Carlos; WOLKMER, Maria de Fátima S. *Horizontes Contemporâneos do Direito na América Latina: Pluralismo, **Buen Vivir**, Bens Comuns e Princípio do "Comum"*. Criciúma: UNESC, 2020, p. 45.

Tierra para Vivir Bien."[508]. Seus princípios centrais são a compatibilidade e complementaridade de direitos, obrigações e deveres; não mercantilização das funções ambientais; integralidade; precaução; garantia de restauração; responsabilidade histórica; prioridade de prevenção; participação plural; água para a vida; solidariedade entre seres humanos; relação harmônica; justiça social; justiça climática; economia plural; complementaridade e equilíbrio e diálogo de saberes.

Conforme demonstra Germana Moraes[509], o constitucionalismo andino ultrapassa o ambientalismo e se encontra com a ecologia profunda, avançando de uma neurose civilizatória, predatória e gananciosa (acumulação de bens) para um pensar e agir sistêmicos, que veem emergir um giro ecocêntrico na teoria do Direito, com características particulares andinas, ancestrais. Moraes dispõe que, com a "institucionalização da cultura do Bem Viver, elevado a direitos fundamentais e a princípio constitucional, respectivamente, nas recentes reformas da Constituição do Equador, em 2008, e da Bolívia, em 2009"[510], detectou-se uma forte presença de uma cultura da vida e pela vida.

Dessa forma, a positivação da indissociabilidade e complementaridade entre o humano e os demais seres vivos e elementos da Natureza demonstra a forte tendência que se alastra pela América Latina, isto é, um novo constitucionalismo ecocêntrico. Esse novo movimento traz uma nova possibilidade de imaginar outros mundos, como propõe Acosta[511], questionando as estruturas impostas pelo sistema produtivo e as reconstruindo de acordo com as experiências dos povos originários latino-americanos, que continuam (r)existindo ao longo da história.

---

508 BOLÍVIA. Ley n° 300, *Ley de 15 de Octubre de 2012*, Ley Marco de La Madre Tierra y Desarrollo Integral para Vivir Bien, Gaceta Oficial del Estado Plurinacional de Bolivia, Edición N.0431, La Paz, Bolivia.

509 MORAES, Germana de Oliveira. O Constitucionalismo Ecocêntrico na América Latina, o Bem Viver e a nova visão das águas. *Rev. Fac. Dir.*, Fortaleza, v. 34, n. 1, p. 123-155, jan./jun. 2013, p.126. Disponível em: https://repositorio.ufc.br/bitstream/riufc/11840/1/2013_art_gomoraes.pdf.

510 MORAES, Germana de Oliveira. O Constitucionalismo Ecocêntrico na América Latina, o Bem Viver e a nova visão das águas. *Rev. Fac. Dir.*, Fortaleza, v. 34, n. 1, p. 123-155, jan./jun. 2013, p.126. Disponível em: https://repositorio.ufc.br/bitstream/riufc/11840/1/2013_art_gomoraes.pdf.

511 ACOSTA, Alberto. *O bem viver: uma possibilidade para imaginar outros mundos.* Tradução de Tadeu Breda. Autonomia Literária, 2016.

3.5. CORTE CONSTITUCIONAL COLOMBIANA: PROTEÇÃO DAS FONTES DE VIDA

Seguindo esse movimento de transformação constitucional latino-americano, novos parâmetros foram adotados pela Corte Constitucional Colombiana para fundamentar suas decisões no que se refere à proteção do meio ambiente e à própria compreensão dessa "outra forma de imperialismo: o 'desenvolvimento'"[512], ou seja, procurou-se superar a "difusão do modelo de sociedade norte-americano, herdeiro de muitos valores europeus".[513] É o que se pode comprovar, analisando a decisão proferida pela Corte Constitucional Colombiana, na sentença T-622/16, que reconheceu ao Rio Atrato o *status* de sujeito de direito. *In verbis*:

> RECONOCER al río Atrato, su cuenca y afluentes como una entidad sujeta de derechos a la protección, conservación, mantenimiento y restauración a cargo del Estado y las comunidades étnicas, conforme a lo señalado en la parte motiva de este proveído en los fundamentos 9.27 a 9.32.[514]

Aderindo ao denominado "giro ecocêntrico", que vem se expandindo (de maneira não uniforme) por diversos países da América Latina, a Corte reconheceu a imprescindibilidade de se ultrapassar o viés antropocêntrico do direito e a necessidade em se alcançar uma nova visão jurídica que reaproxime o humano da Natureza, ampliando os horizontes para a compreensão da vida e da coletividade planetária, reconceituando, portanto, o que se entende por "vida digna".

A proteção ao Rio Atrato contra o abuso na aplicação de métodos de extração mineral e exploração florestal, que contam com a utilização de maquinarias pesadas e substâncias tóxicas que provocam a contaminação do rio, como, por ex., o derramamento de mercúrio e outras substâncias altamente tóxicas provenientes da mineração, fundamentou-se na "Constituição Ecológica" ou "Constituição Verde", que permitiu afirmar a relação de complementaridade entre os seres humanos

---

512 ACOSTA, Alberto. *O bem viver: uma possibilidade para imaginar outros mundos.* Tradução de Tadeu Breda. Autonomia Literária, 2016, p. 53.

513 ACOSTA, Alberto. *O bem viver: uma possibilidade para imaginar outros mundos.* Tradução de Tadeu Breda. Autonomia Literária, 2016, p. 53.

514 Decisão, na íntegra, disponível em: < http://www.corteconstitucional.gov.co/ relatoria/2016/t622- 16.htm>

e a Natureza não humana. Assim, reconheceu-se, concomitantemente, o valor intrínseco dos demais seres vivos com quem a humanidade "compartilha" o planeta, a "casa".

A decisão supramencionada abriu espaço para que diversos tribunais do país aderissem à corrente, sendo, posteriormente, reconhecida a outros rios a mesma titularidade. Em 2018, a mesma Corte declarou que a Amazônia colombiana deveria ser protegida em sua integralidade, reconhecendo-a como "ecossistema vital para a evolução global"[515]. Interessante ressaltar que essa ação foi proposta por um grupo de pessoas de idade entre 7 e 25 anos, que vivem em locais considerados de maior risco devido às mudanças climáticas, o que configura vulnerabilidade ambiental. Embasados nos compromissos assumidos pelo Estado Colombiano no Acordo de Paris no que se refere ao desflorestamento e às taxas de emissão de gases de efeito estufa em um contexto de mudanças climáticas, esse grupo de pessoas denunciou o aumento do desmatamento da Amazônia e demonstrou que suas consequências alcançam não só a região amazônica, como também o ciclo da água e todos os outros ecossistemas do território pátrio. Os autores comprovaram que os impactos do desmatamento alteram as condições de vida, retirando-lhes o direito a um ambiente saudável, sustentável e equilibrado e afirmaram fazer parte das gerações futuras que enfrentarão os efeitos do *cambio climático*.[516]

Decisões como essas endossam a descolonização das estruturas e instituições modernas, das próprias normas, levando-as a refletirem, de fato, os valores tradicionais locais, compatíveis com os interesses da maioria da população. A própria lógica desenvolvimentista utilitária e liberal dominante é questionada e combatida pela emergência de outras epistemologias, silenciadas e ocultadas pelo projeto de "civilização".

---

515 COLÔMBIA. Decisão proferida pela Corte Suprema Colombiana (íntegra), no julgamento da *STC4360- 2018* (Radicacion n. 1100-22.03-000-2018-00319-01), proferida em 05.04.2018, disponível em: http://www.cortesuprema.gov.co/corte/index.php/2018/04/05/corte-suprema-ordena-proteccion- inmediata-de-la-amazonia-colombiana/.

516 COLÔMBIA. Decisão proferida pela Corte Suprema Colombiana (íntegra), no julgamento da *STC4360- 2018* (Radicacion n. 1100-22.03-000-2018-00319-01), proferida em 05.04.2018, disponível em: http://www.cortesuprema.gov.co/corte/index.php/2018/04/05/corte-suprema-ordena-proteccion- inmediata-de-la-amazonia-colombiana/.

Decisões como essas que reconhecem a capacidade de subjetividade jurídica de um rio abrem precedentes incríveis não só para a América Latina como para o Direito Internacional, comprovando que há, em tempos de crise ecológica global, outros caminhos, também legítimos, para evitar que o humano condene os outros seres e própria espécie a condições de vida deploráveis, distópicas e insustentáveis.

3.6. CHILE: DIREITOS DA NATUREZA E PROTAGONISMO DO FEMINISMO

No ano de 2022, a Convenção Constituinte do Chile, presidida por uma mulher, acadêmica e mapuche, aprovou o reconhecimento dos Direitos da Natureza, demonstrando que, se quisermos, podemos avançar no combate à destruição ecológica. A Comissão denomina-da "Comissão de Meio Ambiente, Direitos da Natureza, Bens Naturais Comuns e Modelo Econômico"[517] teve como objetivo assegurar que a economia não pode andar separada das questões ecológicas essenciais. Tal cenário demonstra que

> A economia deve submeter-se à ecologia. Por uma razão muito simples: a Natureza estabelece os limites e alcances da sustentabilidade e a capaci-dade de renovação que possuem os sistemas para autorrenovar-se. Disso dependem as atividades produtivas. Ou seja: se se destrói a Natureza, des-troem-se as bases da própria economia.[518]

Sob essa ótica, o direito de propriedade passaria a ser limitado, tam-bém, pelos direitos da Natureza, evitando-se que, principalmente, grandes propriedades e empreendimentos afetassem sua capacidade de resiliência. Essa análise sistêmica visava responder às ameaças que a hu-manidade cria para si mesma. Pois, à medida que retiramos o "véu da ignorância" colocado pela civilização moderna para encobrir o "selva-gem", percebemos o quanto a lógica do consumo, da acumulação e do lucro alteraram os ciclos naturais da Terra a ponto de contribuir para desastres e até mesmo para uma pandemia sem precedentes na história.

---

517 SÓLON, Pablo. Chile aprova direitos da natureza: "Art.9 – Natureza. Indivíduos e povos são interdependentes da natureza e formam, com ela, um todo inseparável.". *Brasil de Fato: Rio Grande do Sul.* 19, março de 2022. Disponível em: https://www. brasildefators.com.br/2022/03/19/artigo-chile- aprova-os-direitos-da-natureza.

518 ACOSTA, Alberto. *O bem viver: uma possibilidade para imaginar outros mundos.* Tradução de Tadeu Breda. Autonomia Literária, 2016, p. 129.

Os Direitos da Natureza enfatizam a importância do enfrentamento das causas desses desequilíbrios e o projeto de Constituição para o Chile, proposto à época, também, previa a promoção da educação ambiental e científica. Além disso, priorizou a paridade de gênero e a diversidade, o pluralismo e o interculturalismo, garantindo dezessete cadeiras de deputados/deputadas constituintes para as 10 nações originárias. Pode-se dizer que o projeto, não aprovado em plebiscito, tratava de questões fundamentais como o regime político e o sistema de governo; a multinacionalidade, que por consequência, leva à autodeterminação.

Problemas históricos e conflitos seculares precisam ser enfrentados. Foi o que afirmou a presidenta mapuche ao saudar todas as nações originárias e as mulheres que durante séculos caminharam enfrentando os sistemas de dominação em defesa da Mãe da terra e das águas.[519] Isso nos leva a refletir sobre os fundamentos históricos e filosóficos do conceito de autodeterminação dos povos da América Latina. Como dispõe Mies e Shiva[520], precisamos necessariamente analisar os esforços empreendidos pelas mulheres para a conquista da condição de cidadãs. Como bem lembram as autoras, direitos como liberdade, igualdade e autonomia nunca foram universais para todos, ou melhor, para todas, assim dizendo, *"sólo los dueños de propriedades podían ser sujetos em el pleno sentido social de la expresión"*.[521]

Dessa forma, um novo projeto democrático, como vem se apresentando no Chile, apesar das dificuldades e resistências, requer, necessariamente, a superação do modelo androcêntrico de desenvolvimento proveniente do sistema patriarcal capitalista, da colonização dos mundos, dos saberes, dos corpos, da Natureza e de tudo o que representa o feminino. Novas perspectivas emancipatórias capazes de compreender a complexidade da crise sistêmica atual, não apenas sob o viés jurídico, brotam no Chile e são extremamente necessárias para construir novos cenários mais justos não

---

519 MONTES, Rocío. Acadêmica mapuche presidirá Constituinte que vai escrever as leis do Chile pós – ditadura Pinochet. *El País: Internacional.* Santiago do Chile: 04, julho de 2021. Disponível em: https://brasil.elpais.com/internacional/2021-07-04/chile-inicia-um-novo-ciclo-e-comeca-a-redigir-a- constituicao-que-substituira-a-de-pinochet.html?outputType=amp.

520 MIES, Maria; SHIVA, Vandana. *Ecofeminismo: teoría, crítica y perspectivas.* Barcelona: Icaria – Antrazyt - Ecología, 2015.

521 MIES, Maria; SHIVA, Vandana. *Ecofeminismo: teoría, crítica y perspectivas.* Barcelona: Icaria – Antrazyt - Ecología, 2015, p. 359.

só às mulheres ou a tudo que representa o feminino, mas à Natureza como um todo, protegendo e promovendo seu equilíbrio.

Infelizmente, o projeto de nova Constituição para o Chile foi rejeitado em plebiscito popular, em setembro de 2022, quando 61,8% dos eleitores optaram pela não aprovação. As análises que se seguiram após a rejeição, por ampla margem, seguem a compreensão de que a expectativa da maior parte da população se referia à necessidade de assegurar direitos sociais, não acontecendo um debate, necessário, com todos, sobre questões que envolvessem a plurinacionalidade. Embora a derrota do projeto tenha sido por uma maioria inesperada, o debate permanece aberto e o caminho para uma outra relação com a vida, com a Natureza, permanece em construção. Sem dúvida o texto é um importante documento histórico e fonte de inspiração para novas conquistas.

3.7. BRASIL: ECOCENTRISMO MUNICIPAL E DEMOCRACIA PARTICIPATIVA

Na esfera local, dialogando com o ecocentrismo regional, os municípios de Bonito e Paudalho no Estado de Pernambuco (Brasil) reconheceram, em 2017 e 2018, respectivamente, o direito da Natureza de existir, prosperar e evoluir.[522]

> A Câmara Municipal de Bonito/PE, no uso de suas atribuições, faz saber que o Plenário aprovou e fica promulgada a Emenda à Lei Orgânica no 01/2017: Art. 1o - O art. 236 da Lei Orgânica do Município do Bonito/PE passa a ter a seguinte redação: Art. 236 – O Município reconhece o direito da natureza de existir, prosperar e evoluir, e deverá atuar no sentido de assegurar a todos os membros da comunidade natural, humanos e não humanos, do Município de Bonito, o direito ao meio ambiente ecologicamente saudável e equilibrado e à manutenção dos processos ecossistêmicos necessários à qualidade de vida, cabendo ao Poder Público e à coletividade, defendê-lo e preservá-lo, para as gerações presentes e futuras dos membros da comunidade da terra. Parágrafo Único. Para assegurar efetividade a esse direito, o Município deverá promover a ampliação de suas políticas públicas nas áreas de meio ambiente, saúde, educação e economia, a fim de proporcionar condições ao estabelecimento de uma vida em harmonia com a Natureza, bem como articular-se com os órgãos estaduais, regionais

---

522 Rights of Nature Law, Policy and Education. *Harmony with Nature: United Nations.* Disponível em: < Harmony With Nature - Law List (harmonywithnatureun.org)>.

e federais competentes, e ainda, quando for o caso, com outros municípios, objetivando a solução de problemas comuns relativos à proteção da Natureza. Art. 2o - Esta Emenda à Lei Orgânica entra em vigor na data de sua publicação. Bonito/PE, 21 de dezembro de 2017.[523]

Na cidade de São Paulo, dois projetos de lei foram apresentados no mesmo sentido e nos Estados de Tocantins, Ceará e Bahia, o mesmo movimento está sendo impulsionado.[524] O município de Florianópolis, no Estado de Santa Catarina, por meio da Emenda no 47/2019 alterou sua Lei Orgânica e, também, concedeu à Natureza a titularidade de sujeito de direitos. No mesmo sentido, em junho de 2022, o município de Serro, em Minas Gerais, também reconheceu à Natureza a titularidade de direitos. Tal conjuntura leva-nos a afirmar que esse movimento ético, político e jurídico ecocêntricos, que possui suas raízes nas cosmovisões dos povos e comunidades tradicionais, já se encontra vivo em ao menos sete Estados brasileiros.

No caso de Bonito-PE, Vanessa Hasson[525] explica que, ao se constatar que o direito ambiental era insuficiente à necessária proteção ambiental, iniciaram-se pesquisas de doutoramento para demonstrar a necessária reconexão do humano com o Universo, o que foi movido por saberes ancestrais e pela aplicação prática desses conhecimentos. Escutar a Terra e retomar princípios de vida comunitários, o que pressupõe uma comunidade planetária, foi essencial para fundamentar a crítica diante de um cenário político que beirava (e, talvez, hoje, já tenha atingido) o caos.[526]

A atuação no município considerou a tríade habitante- identidade - lugar, ou seja, o lugar onde se produz, conforme afirma Alessandri

---

523 BONITO. CÂMARA MUNICIPAL DE VEREADORES DO MUNICÍPIO DE BONITO (PE). *Emenda à Lei Orgânica no 01/201715 altera o art. 236, caput e seu parágrafo único, da Lei Orgânica do Município de Bonito/PE*. Bonito, 2017.

524 OLIVEIRA, Vanessa Hasson de. Direitos da Natureza no Brasil: o caso de Bonito – PE. In: LACERDA, Luiz Felipe (Org.). *Direitos da Natureza: marcos para a construção de uma teoria geral*. São Leopoldo – RS: Casa Leiria, 2020.

525 OLIVEIRA, Vanessa Hasson de. Direitos da Natureza no Brasil: o caso de Bonito – PE. In: LACERDA, Luiz Felipe (Org.). *Direitos da Natureza: marcos para a construção de uma teoria geral*. São Leopoldo – RS: Casa Leiria, 2020.

526 OLIVEIRA, Vanessa Hasson de. Direitos da Natureza no Brasil: o caso de Bonito – PE. In: LACERDA, Luiz Felipe (Org.). *Direitos da Natureza: marcos para a construção de uma teoria geral*. São Leopoldo – RS: Casa Leiria, 2020.

Carlos, o "conhecido – reconhecido"[527], onde se exprimem "as relações que os indivíduos mantêm com os espaços habitados".[528] O lugar, conforme esclarece a autora, "é o espaço passível de ser sentido, pensado, apropriado e vivido através do corpo".[529] Isto é, a identidade biocultural, a relação do humano com a Natureza não humana, pode ser percebida de forma mais contundente, de acordo com Oliveira[530], a partir de onde "as Árvores são percebidas em sua individualidade e não como matéria-prima e os Rios, mais como um frescor para os olhos e elemento natural do que recurso hídrico"; são nos lugares que se "desenvolve a vida em todas as suas dimensões".[531]

Oliveira[532] ressalta, inclusive, que, nos Estados Unidos da América, as primeiras iniciativas nesse sentido, também, partiram de legislações locais. Pelos relatos da autora, Bonito, dotado de um ambiente exótico, recebeu a proposta de se reconectar com a Natureza da melhor forma possível. Os gestores e gestoras municipais envolveram a comunidade local, autoridades e empresários que se fizeram presentes durante o evento para discussão da proposta na Câmara de Vereadores. Tanto a sociedade civil, como a quase totalidade de vereadores e o prefeito foram favoráveis à proposta e a alteração da Lei Orgânica; após duas sessões ordinárias obrigatórias, foi promulgada e publicada em março de 2018. Porém, após esse pioneirismo, até o momento, não se têm notícias de novas regulamentações nesse sentido. "A comunidade, entretanto, continua lutando por fortalecer o ecoturismo e as práticas da

---

527 CARLOS, Ana Fani Alessandri. *O lugar no/do mundo*. São Paulo: FFLCH, 2007, p. 17.

528 CARLOS, Ana Fani Alessandri. *O lugar no/do mundo*. São Paulo: FFLCH, 2007, p. 17.

529 CARLOS, Ana Fani Alessandri. *O lugar no/do mundo*. São Paulo: FFLCH, 2007, p. 17.

530 OLIVEIRA, Vanessa Hasson de. Direitos da Natureza no Brasil: o caso de Bonito – PE. In: LACERDA, Luiz Felipe (Org.). *Direitos da Natureza: marcos para a construção de uma teoria geral*. São Leopoldo – RS: Casa Leiria, 2020, p. 135.

531 CARLOS, Ana Fani Alessandri. *O lugar no/do mundo*. São Paulo: FFLCH, 2007, p. 17.

532 OLIVEIRA, Vanessa Hasson de. Direitos da Natureza no Brasil: o caso de Bonito – PE. In: LACERDA, Luiz Felipe (Org.). *Direitos da Natureza: marcos para a construção de uma teoria geral*. São Leopoldo – RS: Casa Leiria, 2020.

agricultura familiar para as quais os subsídios do governo local, direta e indiretamente, são fundamentais".[533]

O texto da Emenda da Lei Orgânica no 01/2017 de Bonito (que adquiriu força principiológica) e o aprovado por Paudalho são parecidos e demonstram os fundamentos principais do novo paradigma ecocêntrico adotado em detrimento do antropocentrismo antes vigente. Expressões como "bem" e "uso comum" foram substituídas para afirmar a superação da visão binária - utilitarista adotada, até então, para a compreensão da Natureza; no mesmo sentido, o termo "todos", que se referia a "cidadãos", foi ampliado para englobar "o direito de todos os membros da comunidade da casa comum local, incluídos humanos e não humanos, de modo a considerar os princípios originários da interdependência, reciprocidade, complementaridade e convivialidade".[534]

A Lei Orgânica florianopolitana, por sua vez, por meio de Emenda ao art. 133, proposta pelo vereador Marquito (Psol) e aprovada em novembro de 2019, passou a prever direitos e garantias à Natureza não humana e incorporou princípios como o do bem viver.

> Art. 133 - Ao Município compete promover a diversidade e a harmonia com a natureza e preservar, recuperar, restaurar e ampliar os processos ecossistêmicos naturais, de modo a proporcionar a resiliência socioecológica dos ambientes urbanos e rurais, sendo que o planejamento e a gestão dos recursos naturais deverão fomentar o manejo sustentável dos recursos de uso comum e as práticas agroecológicas, de modo a garantir a qualidade de vida das populações humanas e não humanas, respeitar os princípios do bem viver e conferir à natureza titularidade de direito.
>
> Parágrafo único. O Poder Púbico promoverá políticas públicas e instrumentos de monitoramento ambiental para que a natureza adquira titularidade de direito e seja considerada nos programas do orçamento municipal e nos projetos e ações governamentais, sendo que as tomadas de decisões deverão ter respaldo na Ciência, utilizar dos princípios e práticas de conservação da natureza, observar o princípio da precaução, e buscar envolver os poderes Legislativo e Judiciário, o Estado e a União, os demais municípios da Região Metropolitana com as organizações da sociedade civil.[535]

---

[533] OLIVEIRA, Vanessa Hasson de. Direitos da Natureza no Brasil: o caso de Bonito – PE. In: LACERDA, Luiz Felipe (Org.). *Direitos da Natureza: marcos para a construção de uma teoria geral*. São Leopoldo – RS: Casa Leiria, 2020, p. 136, 142.

[534] OLIVEIRA, Vanessa Hasson de. Direitos da Natureza no Brasil: o caso de Bonito – PE. In: LACERDA, Luiz Felipe (Org.). *Direitos da Natureza: marcos para a construção de uma teoria geral*. São Leopoldo – RS: Casa Leiria, 2020, p. 138.

[535] FLORIANÓPOLIS. *Lei Orgânica do Município de Florianópolis – Santa Catarina*. Disponível em: < https://leismunicipais.com.br/lei-organica-florianopolis-sc>..

A emenda colaborou com a fundamentação jurídica de uma Ação Civil Pública Estrutural, com características próprias (porque se propõe a cuidar de um bem altamente complexo), promovida em defesa da Lagoa da Conceição pela sociedade civil organizada, com a assistência jurídica do Grupo de Pesquisa Direito Ambiental e Ecologia Política na Sociedade de Risco e do Grupo de Pesquisa Observatório de Justiça Ecológica, ambos da Universidade Federal de Santa Catarina, que contou com um grupo multidisciplinar de pesquisadores.

Comprovou-se, por meio de uma série de estudos científicos, que a Lagoa, se nada for feito, em breve entrará em colapso devido à poluição causada, em grande parte, pelo despejo ilegal de efluentes e pela falta de tratamento nas suas águas. Conforme demonstra Oliveira[536], toneladas de areia e matéria orgânica provenientes do tratamento de esgoto, devido ao rompimento de uma barragem de evapoinfiltração, provocaram, em janeiro de 2021, a inundação da área urbanizada que flui em direção à Lagoa, cartão postal de Santa Catarina.

De acordo com Couto[537], a racionalidade mecanicista fragmentada da atual governança, no intuito de atender a necessidades exclusivamente humanas, permitiu que se agravassem os problemas. Verificou-se, nesse contexto, a "complexidade e a fragilidade" da Lagoa, ante ao crescimento "alicerçado em um desenvolvimento a satisfazer a sociedade humana que exclui políticas básicas sustentáveis tanto no que concerne ao crescimento demográfico local, como à sua precária infraestrutura sanitária, que possui vícios desde suas primeiras instalações realizadas em sua origem.".[538]

---

536 OLIVEIRA, Cida de. Dia da Terra: Vereador mostra na ONU iniciativa que reconheceu os Direitos da Natureza. *Rede Brasil Atual Ambiente*, 22, abril de 2022. Disponível em: https://www.redebrasilatual.com.br/ambiente/2022/04/vereador-mostra-na-onu-iniciativa-que- reconheceu-os-direitos-da-natureza/.

537 COUTO, Isabel Pinheiro de Paula. A Construção de políticas sustentáveis na Lagoa da Conceição à luz do geodireito. In: LEITE, José Rubens Morato; CAPDEVILLE, Fernanda Cavedon; DUTRA, Tônia A. Horbatiuk (Orgs). *Geodireito, Justiça Climática e Ecológica: perspectivas para a América Latina*. São Paulo: Instituto O Direito por um Planeta Verde, 2022.

538 COUTO, Isabel Pinheiro de Paula. A Construção de políticas sustentáveis na Lagoa da Conceição à luz do geodireito. In: LEITE, José Rubens Morato; CAPDEVILLE, Fernanda Cavedon; DUTRA, Tônia A. Horbatiuk (Orgs). *Geodireito, Justiça Climática e Ecológica: perspectivas para a América Latina*. São Paulo: Instituto O Direito por um Planeta Verde, 2022, p.570.

Conforme explicou o professor José Rubens Morato Leite, em palestra proferida, em 2021, na PUC Minas[539], a causa de pedir no caso da Lagoa da Conceição foi a irresponsabilidade organizada, conceito apresentado por Ulrick Beck para demonstrar a ilegalidade demonstrada por laudos e pareceres técnicos produzidos por especialistas de diversas áreas. Segundo Morato Leite, foram abordados os direitos subjetivos da Lagoa, ou seja, da Natureza na condição de sujeito de direitos; a necessidade de se olhar além da norma, utilizando-se como suporte teórico a "Teoria Estrutural do Direito" de Friedrich Muller; e a necessidade de uma nova governança sistêmica que não negue a interdependência do natural e social. O professor esclareceu que foram realizados diálogos com a comunidade e com associações civis que atuam em defesa da Lagoa da Conceição e que a história e a relação das pessoas que moram no entorno da Lagoa com a Lagoa foram apresentadas por antropólogos como uma relação de amizade. A fragilidade natural da Lagoa (análise geológica) e a questão da justiça ecológica também foram abordadas para demonstrar, entre outros, a violência sistêmica dos direitos que resulta num estado de coisas inconstitucionais.[540]

Descrição objetiva da demanda, *in verbis*:

> A presente ação civil pública objetiva a adoção de medidas de natureza estrutural por este Juízo visando à efetiva implementação de um sistema de governança socioecológica de gestão, proteção, controle e fiscalização dos impactos presentes e futuros vinculados à integridade ecológica da Lagoa da Conceição, localizada no município de Florianópolis/SC. Trata-se de medida indispensável para assegurar e instrumentalizar a proteção de processos ecológicos essenciais (art. 225, §1º, I, CF/1988), protegendo, igualmente, o direito fundamental ao meio ambiente ecologicamente equilibrado para as presentes e futuras gerações (art. 225, caput c/c art. 5º, §2º, CF/1988).[541]

---

[539] Referência à palestra proferida pelo professor José Rubens Morato Leite no Seminário Latino- Americano Direitos da Natureza e Decolonialidade, PUC Minas, em 4 de dezembro de 2021.

[540] PPGD PUC Minas. A Ecologização do Direito. YouTube, 04, dez., 2021. Disponível em: https://www.youtube.com/watch?v=TnyJB_JX204&t=345s.

[541] BRASIL. *Ação Civil Pública – Distribuição por Dependência, processo no 5004793-41.2021.4.04.7200*, de 19/05/2021. Proposta por ONG Costa Legal, Associação Florianopolitana das Entidades Comunitárias, Associação Pachamama, com a assistência jurídica do Grupo de Pesquisa Direito Ambiental e Ecologia Política na Sociedade de Risco e do Grupo de Pesquisa Observatório de Justiça Ecológica, ambos da Universidade Federal de Santa Catarina em face de Município de Florianópolis, Fundação Municipal Do Meio Ambiente, Estado de Santa Catarina, Instituto do

Em junho de 2022, "a Justiça Federal concedeu liminar que institui um sistema de governança ecológica, envolvendo múltiplos atores para a defesa e preservação da Lagoa".[542] Determinou-se, também, a "criação de uma câmara para assessorar a Justiça na adoção de medidas estruturais necessárias para a 'integridade ecológica do ente natural através de uma governança judicial socioecológica'".[543]

Outro caso paradigmático brasileiro, envolvendo contribuições legislativas à ampliação da proteção da Natureza, por meio do reconhecimento de seu valor intrínseco, é o caso do Município de Serro – Minas Gerais, que, aos 03 de junho de 2022, tornou-se o 4° município no Brasil e o 1° em Minas Gerais a reconhecer a titularidade de sujeito de direitos à Natureza. Conforme explica a vereadora Karine Roza[544], o reconhecimento da titularidade de direitos à Natureza, além de pertinente e urgente, foi considerado extremamente necessário para a proteção, em especial, do Cerrado e do Rio do Peixe, que abastece hidricamente o Município. A Emenda à Lei Orgânica 001/2022 teve como propósito a alteração da redação do Art.157, § 1° e, ainda, o acréscimo do Inciso XI ao mesmo dispositivo na Lei Orgânica, que passou a vigorar com a seguinte redação:

> Art. 157. O Município de Serro reconhece à Natureza a titularidade dos direitos de existir, prosperar e evoluir, devendo assegurar a todos os membros da comunidade natural, humanos e não humanos, do Município de Serro, o direito ao meio ambiente ecologicamente saudável e equilibrado e à manutenção dos processos ecossistêmicos necessários à qualidade de vida, cabendo ao Poder Público e à coletividade, defendê-lo e preservá-lo, para as gerações futuras dos membros da comunidade da Terra.

Meio Ambiente de Santa Catarina, Companhia Catarinense de Águas e Saneamento, e Agência de Regulação de Serviços Públicos de Santa Catarina. Disponível em: http://files.harmonywithnatureun.org/uploads/upload1119.pdf.

542 OLIVEIRA, Cida de. Dia da Terra: Vereador mostra na ONU iniciativa que reconheceu os Direitos da Natureza. *Rede Brasil Atual Ambiente*, 22, abril de 2022. Disponível em: https://www.redebrasilatual.com.br/ambiente/2022/04/vereador-mostra-na-onu-iniciativa-que- reconheceu-os-direitos-da-natureza/.

543 OLIVEIRA, Cida de. Dia da Terra: Vereador mostra na ONU iniciativa que reconheceu os Direitos da Natureza. *Rede Brasil Atual Ambiente*, 22, abril de 2022. Disponível em: https://www.redebrasilatual.com.br/ambiente/2022/04/vereador-mostra-na-onu-iniciativa-que- reconheceu-os-direitos-da-natureza/.

544 ROZA, Karine. Entrevista concedida a Flávia Alvim de Carvalho por e-mail. Serro, 09 de junho de 2022.

§ 1° Para assegurar a efetividade do direito a que se refere este artigo, o Município deverá promover ampliação de suas políticas públicas nas áreas de meio ambiente, saúde, educação e economia, a fim de proporcionar condições ao estabelecimento de uma vida em harmonia com a Natureza, bem como articular-se como os órgãos estaduais, regionais e federais competentes, e ainda, quando for o caso, com outros municípios, objetivando a solução de problemas comuns relativos à proteção da Natureza, além das seguintes atribuições, dentre outras:
I - Promover a educação ambiental em todos os níveis de ensino e a conscientização pública para a compreensão dos princípios da harmonia com a Natureza, o bem viver e os demais que conferem fundamento aos direitos intrínsecos da natureza;
(...) XI - Promover a proteção e recuperação do Cerrado e Mata Atlântica, com manutenção de suas unidades de conservação e reflorestamento, em especial às margens dos rios, visando sua perenidade.[545]

Nesse cenário, faz-se mister ressaltar a importância da educação ecológica para a promoção dos Direitos da Natureza. Dinnebier e Sena demonstram que uma educação ambiental efetiva é fundamento do Estado Ecológico de Direito, à medida que, por meio do pensamento crítico e de uma abordagem sociocultural é capaz de promover "o acesso a conhecimentos interdisciplinares, objetivando construir, assim, uma visão sistêmica e complexa das relações entre o homem e a natureza, assim como entre os fatores bióticos e abióticos do planeta (conhecimento geocientífico)".[546] As autoras ressaltam que o aumento dos índices de desmatamento e destruição da Natureza demonstram a ineficiência do Direito Ambiental brasileiro que, "embora munido de um substancial arcabouço normativo, doutrinário e jurisprudencial [...], não parece conseguir fazer frente à crise ecológica e à pressão econômica".[547] Isso endossa a importância da educação ambiental, não só da

---

[545] SERRO. *Lei Orgânica do Município de Serro*. Serro: Sistema de Leis Municipais, 2022. Disponível em: https://leismunicipais.com.br/a1/lei-organica-serro-mg.

[546] DINNEBIER, Flávia França; SENA, Giorgia. Uma educação ambiental efetiva como fundamento do Estado Ecológico de Direito. In: DINNEBIER, Flávia França; LEITE, José Rubens Morato (Orgs.). *Estado de Direito Ecológico: Conceito, Conteúdo e Novas Dimensões para a Proteção da Natureza*. São Paulo: Inst. O direito por um Planeta Verde, 2017.

[547] DINNEBIER, Flávia França; SENA, Giorgia. Uma educação ambiental efetiva como fundamento do Estado Ecológico de Direito. In: DINNEBIER, Flávia França; LEITE, José Rubens Morato (Orgs.). *Estado de Direito Ecológico: Conceito, Conteúdo e Novas Dimensões para a Proteção da Natureza*. São Paulo: Inst. O direito por um Planeta Verde, 2017, p. 90.

sociedade em geral, mas também, e principalmente, dos operadores do Direito. "A partir da educação ambiental, pode-se reconstruir indutivamente o sentido da norma jurídica ambiental de modo a fundamentar de forma sólida e consistente o Estado Ecológico de Direito".[548]

Diante disso, defendemos que uma nova forma de compreender e de se relacionar com a Natureza superando o paradigma antropocêntrico e mecanicista, que reduz a Natureza a fonte de recursos e matérias-primas, unicamente para satisfazer as necessidades do ser humano, é essencial para encontrarmos soluções aos graves desafios apresentados pelo Antropoceno, às conquistas da modernidade. O ecocentrismo vem criando espaço e se incorporando, aos poucos, ao direito pátrio. Segundo pudemos constatar, essa mudança de paradigma vem sendo adotada por municípios que assumem o compromisso de construir um corpo normativo sistêmico que consiga, de fato, responder aos desafios por que passam o planeta Terra e a sociedade.

3.8. MÉXICO E AMÉRICA CENTRAL: NATUREZA NA CONDIÇÃO DE ORGANISMO COM DIREITO A EXISTIR DE FORMA ÍNTEGRA

Em 2021, com o mesmo intuito de superar a visão antropocêntrica-colonial-moderna que explorou os povos indígenas, camponeses e afrodescendentes durante séculos, o Congresso do Estado do México "aprovou, por unanimidade, o projeto de lei que eleva os Direitos da Natureza à categoria constitucional".[549] Promoveu-se um novo paradigma a favor de uma relação de interdependência e complementaridade entre o ser humano e Natureza ao reconhecer que a Mãe Terra é

---

548 DINNEBIER, Flávia França; SENA, Giorgia. Uma educação ambiental efetiva como fundamento do Estado Ecológico de Direito. In: DINNEBIER, Flávia França; LEITE, José Rubens Morato (Orgs.). *Estado de Direito Ecológico: Conceito, Conteúdo e Novas Dimensões para a Proteção da Natureza*. São Paulo: Inst. O direito por um Planeta Verde, 2017, p. 93.

549 NUNES, Mônica. *Congresso do México aprova projeto de lei que garante os Direitos da Natureza na Constituição*. 04, agosto de 2021. Disponível em: https://conexaoplaneta.com.br/blog/congresso-do- mexico-aprova-projeto-de-lei-que-garante-os-direitos-da-natureza-na- constituicao/#:~:text=Na%20semana%20passada%2C%20o%20Congresso,ser%20vivo%20e%20tem%2 0direitos .

um ser vivo e tem direitos.[550] Conseguir resgatar a soberania alimentar, a identidade cultural, a melhoria das condições de vida das comunidades costeiras e ribeirinhas ao mesmo tempo em que produz efeitos restauradores na ecologia capazes de contribuir no combate às mudanças climáticas, estava entre seus objetivos.

Nesse contexto, nota-se que a nova Constituição da Cidade do México já apresenta como objetivo *"reconocer y regular la protección más amplia de los derechos de la naturaleza conformada por todos sus ecosistemas y especies como un ente colectivo sujeto de derechos".*[551] As Constituições Políticas dos Estados Livres e Soberanos de Guerrero e Colima, por sua vez, abordam o tema da Natureza como sujeito de direitos e trazem previsões pluriculturais, demonstrando ser constituições multiculturais.

A constituição do Estado de Guerrero, de 1918, *"sustenta su identidad multiétnica, plurilingüística y pluricultural en sus pueblos originarios indígenas particularmente los nahuas, mixtecos, tlapanecos y amuzgos, así como en sus comunidades afromexicanas".*[552] Em 30 de junho de 2014, por meio de emenda, alterou-se a redação do art. 2 para prever, como dever do Estado, garantir e proteger os Direitos da Natureza, prevendo, como comando, a criação de uma legislação específica.

> *TITULO PRIMERO.*
> *CAPITULO UNICO. DE LAS GARANTIAS CONSTITUCIONALES*
> *[...]*
> *Artículo 2.- En el Estado de Guerrero la dignidad es la base de los derechos humanos, individuales y colectivos de la persona.*
> *Son valores superiores del orden jurídico, político y social la libertad, la igualdad, la justicia social, la solidaridad, el pluralismo democrático e ideológico, el laicismo, el respeto a la diversidad y el respeto a la vida en todas sus manifestaciones.*

---

550 NUNES, Mônica. *Congresso do México aprova projeto de lei que garante os Direitos da Natureza na Constituição.* 04, agosto de 2021. Disponível em: https://conexaoplaneta.com.br/blog/congresso-do- mexico-aprova-projeto-de-lei-que-garante-os-direitos-da-natureza-na-constituicao/#:~:text=Na%20semana%20passada%2C%20o%20Congresso,ser%20vivo%20e%20tem%2 0direitos .

551 MÉXICO. *Constitución Política de la Ciudad De México,* art.18, parágrafos 2 e 3, p. 40.

552 GUERRERO. *Constitución Política del Estado Libre y Soberano de Guerrero.* ÚLTIMA REFORMA PUBLICADA EN EL PERIÓDICO OFICIAL: 30 DE JUNIO DE 2020. Articulo 8. Disponível em: https://www.scjn.gob.mx/sites/default/files/justicia_constitucional_local/documento/2021-06/09_B.pdf.

> Son deberes fundamentales del Estado promover el progreso social y económico, individual o colectivo, el desarrollo sustentable, la seguridad y la paz social, y el acceso de todos los guerrerenses en los asuntos políticos y en la cultura, atendiendo en todo momento al principio de equidad.
> El principio precautorio, será la base del desarrollo económico y, el Estado deberá garantizar y proteger los derechos de la naturaleza en la legislación respectiva.[553]

A redação da Constituição do Estado de Colima reconhece que *"el Estado tiene una composición pluricultural sustentada originalmente en sus pueblos indígenas"*[554]e, em 2019, após aprovação de reforma em seu texto, passou a contemplar os Direitos da Natureza ao afirmar que a Natureza é um ente coletivo sujeito de direitos, devendo ser respeitadas a sua existência, restauração e regeneração de seus ciclos naturais, assim como a conservação de sua estrutura e funções ecológicas. Outrossim, previu-se a necessidade de uma lei específica para regulamentar a proteção dos Direitos da Natureza.

> (REFORMADO, P.O. 27 DE DICIEMBRE DE 2017)
> Artículo 2º
> Toda persona tiene derecho:
> (REFORMADO [N. DE E. ESTE PÁRRAFO], P.O. 3 DE AGOSTO DE 2019)
> IX. A vivir en un medio ambiente sano y seguro para su desarrollo y bienestar:
> (ADICIONADO, P.O. 3 DE AGOSTO DE 2019)
> La naturaleza, conformada por todos sus ecosistemas y especies como un ente colectivo sujeto de derechos, deberá ser respetada en su existencia, en su restauración y en la regeneración de sus ciclos naturales, así como la conservación de su estructura y funciones ecológicas, en los términos que la ley lo establezca;[555]

---

[553] GUERRERO. *Constitución Política del Estado Libre y Soberano de Guerrero.* ÚLTIMA REFORMA PUBLICADA EN EL PERIÓDICO OFICIAL: 30 DE JUNIO DE 2020. Disponível em: https://www.scjn.gob.mx/sites/default/files/justicia_constitucional_local/documento/2021-06/09_B.pdf.

[554] COLIMA. *Constitución Política del Estado Libre y Soberano de Colima.* ULTIMA REFORMA DECRETO 113, P.O. 57, 03 AGOSTO 2019. México, 2019. Disponível em: https://congresocol.gob.mx/web/Sistema/uploads/LegislacionEstatal/Constitucion/constitucion_local_reorganizada_03Agos2019_113.pdf.

[555] COLIMA. *Constitución Política del Estado Libre y Soberano de Colima.* ULTIMA REFORMA DECRETO 113, P.O. 57, 03 AGOSTO 2019. México, 2019. Articulo 6. Disponível em: https://congresocol.gob.mx/web/Sistema/uploads/LegislacionEstatal/Constitucion/constitucion_local_reorganizada_03Agos2019_113.pdf.

A Suprema Corte mexicana, em 2018, no julgamento do Recurso de Amparo de Revisão 307/2016, fundamentou sua decisão reconhecendo, também, a "característica normativa pluridimensional do regime jurídico ecológico contemporâneo".[556] Reconheceu-se, no caso que discutia os impactos ecológicos irreversíveis a "ecossistemas de zonas úmidas costeiras e manguezais e a espécies terrestres e aquáticas de tais biomas [...] em razão de projeto de construção de parque temático (Parque Temático Ecológico Laguna del Carpintero)"[557], entre outros, o valor intrínseco da Natureza por sua mera existência, como sugere a Opinião Consultiva 23/2017 da CIDH, ou seja, " reconhecer a personalidade jurídica e, por fim, os direitos da Natureza, não só em decisões judiciais, mas também nos ordenamentos constitucionais"[558], dissociando, quando necessário, os interesses da Natureza dos estritamente humanos.

A América Central, apesar dos desafios postos pelo desmatamento e pelos assassinatos de ativistas ambientais, propõe mudanças no que ser refere à governança ecológica. Em El Salvador, no ano de 2020, foi apresentada à Assembleia Legislativa, uma proposta de emenda constitucional no mesmo sentido:

> En América Latina, incluir a la Naturaleza como sujeto de derechos dentro de la máxima ley de una nación no sería algo nuevísimo [...] Además, culturalmente es aceptado y científicamente está ampliamente probado que la Naturaleza es un ser vivo (Gaia según los griegos y Pacha Mama según nuestros ancestros), y por ello debemos entenderla como un organismo con derecho a existir de manera íntegra, perpetuando las funciones ecológicas que permiten nuestra propia vida y la de los demás seres vivos dentro de

---

556 SARLET, Ingo Wolfgang; FENSTERSEIFER, Tiago. *A Suprema Corte de Justiça do México e o dever de proteção ecológica*. 05, abril de 2019. Disponível em: https://www.conjur.com.br/2019-abr- 05/direitos-fundamentais-suprema-corte-justica-mexico-protecao-ecologica#_ftn2.

557 SARLET, Ingo Wolfgang; FENSTERSEIFER, Tiago. *A Suprema Corte de Justiça do México e o dever de proteção ecológica*. 05, abril de 2019. Disponível em: https://www.conjur.com.br/2019-abr- 05/direitos-fundamentais-suprema-corte-justica-mexico-protecao-ecologica#_ftn2.

558 CORTE INTERAMERICANA DE DIREITOS HUMANOS, *Opinión Consultiva n. 23/107*, solicitada por la República de Colombia, Medio Ambiente y Derechos Humanos (Obligaciones Estatales en Relación con el Medio Ambiente en el Marco de la Protección y Garantía de los Derechos a la Vida y a la Integridad Personal - Interpretación y Alcance de los Artículos 4.1 y 5.1, en relación con los Artículos 1.1 y 2 de la Convención Americana sobre Derechos Humanos), p.27 (parágrafo 59). Disponível em: https://www.corteidh.or.cr/docs/opiniones/seriea_23_esp.pdf.

ella. En este sentido, convertir a la Naturaleza en un sujeto de derechos, implica que éstos sean defendidos y garantizados por el Estado.[559]

O Panamá, um dos países considerados mais megadiversos do mundo, por meio da Lei 287 de 24 de fevereiro de 2022, também passou a reconhecer as obrigações do Estado relacionadas aos Direitos da Natureza, incluindo os direitos de existir, regenerar e persistir.[560] Um dos aspectos mais destacados dessa lei é o fato de incluir as cosmovisões e conhecimentos ancestrais dos povos originários como essenciais à interpretação e aplicação de tais direitos. Um glossário de termos indígenas também faz parte desse novo paradigma ecocêntrico, permitindo que o conteúdo, por uma perspectiva intercultural, dialogue com diferentes tradições.

O artigo 12 estabelece que:

"La naturaleza tiene derecho a conservar su biodiversidad. Sus seres vivos deben ser protegidos por la ley, independientemente del valor utilitario que tengan para los seres humanos", refiriéndose a las especies que estas albergan y reforzando el compromiso nacional de velar por estos.[561]

Vários países da América Central, como Guatemala e Honduras, enfrentam obstáculos e impactos diários causados por indústrias extrativistas, em especial as que desenvolvem a atividade de mineração. Apesar de, como no caso de Honduras, a mineração a céu aberto, por exemplo, ter sido proibida e, no caso da Guatelama, os povos indígenas terem direto à consulta formal no que se refere a projetos extrativistas em suas terras ancestrais, o que se percebe são violações graves a direitos existenciais. Ressalta-se que muitos dos países pertencentes à América Central não assinaram ou ratificaram o Acordo de Escazú, um acordo regional em prol da transparência das informações ambientais,

---

559 EL SALVADOR. *Proposta de reforma constitucional para incorporar os direitos da natureza*, Exposição de motivos, 2020. Disponível em: http://files.harmonywithnatureun.org/uploads/upload990.pdf.

560 Leis focadas nos direitos da natureza: discussão específica na Conferência da Água. *CORREIO INSTITUCIONAL: República de Panamá: Gobierno Nacional*, 2023. Disponível em: https://www.miambiente.gob.pa/leyes-centradas-en-los-derechos-de-la-naturaleza-discusion-puntual-en-la-conferencia-del=-agua/#:~:text-En%20febrero%20del%202022%20Panam%C3%A1,y%20se%20dictan%20 otras%20disposiciones%E2%80%9D.

561 Panamá refuerza legalmente los derechos de la naturaleza. *CORREIO INSTITUCIONAL: República de Panamá: Gobierno Nacional*, 2023. Disponível em: https://www. miambiente.gob.pa/panama-refuerza-legalmente-los-derechos-de-la-naturaleza/.

acesso a mecanismos de justiça, participação informada da sociedade na construção de políticas públicas e proteção dos ativistas que lutam em prol da Natureza e dos povos indígenas.

3.9. O DIREITO DOS ABORÍGENES E O DIREITO DOS TRATADOS NO CANADÁ

Antes de tudo, cumpre esclarecer que este tópico, relativo aos aborígenes do Canadá, não se refere a um país do Norte-global que possui tradição política, jurídica, econômica e ambiental inspirada em valores europeus. Não nos referimos, aqui, ao "Canadá", mas às *First Nations*, ou seja, às diversas nações originárias que, até hoje, enfrentam obstáculos frente ao ordenamento jurídico dominante e permanecem, mesmo que com alguns avanços, submetidas ao reconhecimento de sua complexidade pela moldura do sistema jurídico ocidental. Tratamos aqui de nações originárias amparados por uma compreensão de que somente a descolonização do saber e o pluralismo podem nos permitir encontrar.

Santos, Araújo e Baumgarten[562] já explicaram que, quando nos referimos ao Sul- global, precisamos, necessariamente, aprofundar as discussões sobre a colonialidade do saber, sobre a experiência colonial moderna e as resistências a esse tipo histórico de opressão. Os autores afirmam que "o conceito de Sul não aponta exclusivamente a uma geografia. É uma metáfora do sofrimento humano causado pelo capitalismo, pelo colonialismo e pelo patriarcado"[563]; trata-se do enfrentamento dos encobrimentos, da negação de humanidade a grupos que foram historicamente excluídos desse roteiro que privilegia a emancipação de uma classe média composta por homens brancos.

---

562 SANTOS, Boaventura de Sousa; ARAÚJO, Sara; BAUGARTEN, Maíra. *As Epstemologias do Sul num mundo fora do mapa*. Sociologias, Porto Alegre, ano 18, no43, set/dez 2016, p. 14 – 23.

563 SANTOS, Boaventura de Sousa; ARAÚJO, Sara; BAUGARTEN, Maíra. *As Epstemologias do Sul num mundo fora do mapa*. Sociologias, Porto Alegre, ano 18, no43, set/dez 2016, p. 14 – 23, p. 16.

"Precisamos contestar o significado de humanidade"[564], porque o que "a história dos direitos humanos nos revela é a história de definir quem é humano"[565] e essas definições, que vêm definidas em "catálogos de direitos"[566], apesar de afirmadas como universais, estão longe de ser de fato. Um dos exemplos que pode confirmar essa afirmação é, justamente, essa desconexão dessa ideia "universal" em relação às inúmeras ordens jurídicas plurais e complexas que existem globalmente.[567] É preciso ir além de apenas uma concepção formal de direito para compreender como o não reconhecimento dos direitos indígenas pode implicar uma violação dos direitos coletivos de uma comunidade. O pluralismo jurídico existente no Canadá nos permite ver que não basta o reconhecimento formal de uma multiplicidade de ordens jurídicas dentro das Constituições, mas que é preciso, também, analisar o *modus operandi* e a dimensão dessa interação.

Os povos indígenas do Canadá ou *First Nations*, ainda são obrigados a (re)definirem-se constantemente em relação ao Estado porque, mesmo com a seção 35 do Ato Constitucional de 1982, declarando que "os atuais direitos consignados dos povos aborígenes no Canadá são aqui reconhe-

---

564 Fala de Fréderic Mégret em palestra denominada "1st Dialogue: Revisiting Legal Pluralism". In: Tenth Anniversary Dialogues in Human Rights and Legal Pluralism Series. *Centre for Human Rigths & Legal Pluralism*. Montreal: McGillUniversity, 2015. Disponível em: https://www.mcgill.ca/humanrights/chrlp- live/tenth-anniversary-dialogues-human-rights-and-legal-pluralism-series.

565 Fala de Fréderic Mégret em palestra denominada "1st Dialogue: Revisiting Legal Pluralism". In: Tenth Anniversary Dialogues in Human Rights and Legal Pluralism Series. *Centre for Human Rigths & Legal Pluralism*. Montreal: McGillUniversity, 2015. Disponível em: https://www.mcgill.ca/humanrights/chrlp- live/tenth-anniversary-dialogues-human-rights-and-legal-pluralism-series.

566 Fala de Fréderic Mégret em palestra denominada "1st Dialogue: Revisiting Legal Pluralism". In: Tenth Anniversary Dialogues in Human Rights and Legal Pluralism Series. *Centre for Human Rigths & Legal Pluralism*. Montreal: McGillUniversity, 2015. Disponível em: https://www.mcgill.ca/humanrights/chrlp- live/tenth-anniversary-dialogues-human-rights-and-legal-pluralism-series.

567 Fala de Fréderic Mégret em palestra denominada "1st Dialogue: Revisiting Legal Pluralism". In: Tenth Anniversary Dialogues in Human Rights and Legal Pluralism Series. *Centre for Human Rigths & Legal Pluralism*. Montreal: McGillUniversity, 2015. Disponível em: https://www.mcgill.ca/humanrights/chrlp- live/tenth-anniversary-dialogues-human-rights-and-legal-pluralism-series.

cidos e ratificados"[568]e especificando, ainda, que "os direitos consignados incluem aqueles derivados de acordos assinados depois de 1982"[569], os povos originários, como veremos, ainda estão "amarrados" às instituições estatais, mesmo possuindo ordenamentos jurídicos autônomos.

A Suprema Corte canadense afirmou que os direitos aborígenes são anteriores à chegada dos europeus na América do Norte; logo, não há que se falar em "garantia" da propriedade das terras indígenas, mas reconhecimento e que esse direito surge da "relação entre *common-law* e os sistemas jurídicos aborígenes pré-existentes".[570] No entanto, apesar dos avanços jurisprudenciais, essa técnica hermenêutica do "reconhecimento" ainda é insuficiente. Primeiro, porque "propriedade" é um conceito moderno e, segundo, porque a identidade e a autonomia dos diversos sistemas indígenas frente ao estatal deveriam ser protegidas, sem exigências formais, para garantir, sim, a aplicabilidade imediata desse "reconhecimento".

Conforme dispõe Otis, "a história ensina que, em um relacionamento colonial, o Estado pode querer usar a técnica de reconhecimento para subjugar ou regular o direito e as instituições indígenas"[571], o que, por uma perspectiva crítica - descolonizadora, pode representar uma forma de "desapropriação cultural e perda de autonomia, se for alcançado ao custo da submissão do direito indígena à alteração, amputa-

---

568 "Recognition of existing aboriginal and treaty rights: 35 (1) The existing aboriginal and treaty rights of the aboriginal peoples of Canada are hereby recognized and affirmed." CANADA. *THE CONSTITUTION ACTS, 1867 to 1982*. PART IIRights of the Aboriginal Peoples of Canada. Disponível em: https://laws-lois.justice.gc.ca/eng/const/page-13.html#h-53.

569 OTIS, Ghislain. *Constitutional Recognition of Aboriginal and Treaty Rights: a new framework of managing legal pluralism in Canada?* The Journal of Legal Pluralism and Unofficial Law (v. 46, n.3, 2014), p. 235. Traduzido por Luciana de Andrade Amoroso Remer. Revisão de tradução por Marcos Augusto Maliska, p. 264.

570 OTIS, Ghislain. *Constitutional Recognition of Aboriginal and Treaty Rights: a new framework of managing legal pluralism in Canada?* The Journal of Legal Pluralism and Unofficial Law (v. 46, n.3, 2014), p. 235. Traduzido por Luciana de Andrade Amoroso Remer. Revisão de tradução por Marcos Augusto Maliska.

571 OTIS, Ghislain. *Constitutional Recognition of Aboriginal and Treaty Rights: a new framework of managing legal pluralism in Canada?* The Journal of Legal Pluralism and Unofficial Law (v. 46, n.3, 2014), p. 235. Traduzido por Luciana de Andrade Amoroso Remer. Revisão de tradução por Marcos Augusto Maliska, p. 267.

ção e falsificação por meio de um sistema jurídico estatal arrogante e dominante".[572]

Mégret explica que isso ocorre porque o Estado, mesmo não totalmente, é meio uniformizador por natureza, ou seja, mesmo quando absorve a diversidade impõe sistemas de supervisão e/ou codificação, o que demonstra como "é realmente difícil ter pluralismo jurídico em um sistema honesto dominado pelo Estado.".[573]

Vejamos alguns exemplos e fundamentos:

- No que concerne aos Tratados firmados pelos chefes indígenas e os representantes da Coroa, entre os séculos XIII e XIX, em uma relação de "nação para nação", mesmo considerados pelo Estado como instrumentos dos direitos indígenas e "fonte de obrigações jurídicas para a Coroa sob o direito estatal"[574], "nunca lhes foi concedido *status* internacional pelas autoridades canadenses, que se referem a eles como acordos domésticos *sui generis*".[575]
- O reconhecimento estatal dos direitos aborígenes (fato histórico) é submetido a uma apreciação do Estado e suas instituições (detentores das fontes formais de direito), ou seja, "o objeto dos direitos indígenas não é decidido com base nos direitos que existem no ordenamento jurídico indígena original, mas à luz do

---

572 OTIS, Ghislain. *Constitutional Recognition of Aboriginal and Treaty Rights: a new framework of managing legal pluralism in Canada?* The Journal of Legal Pluralism and Unofficial Law (v. 46, n.3, 2014), p. 235. Traduzido por Luciana de Andrade Amoroso Remer. Revisão de tradução por Marcos Augusto Maliska, p. 267.

573 Fala de Fréderic Mégret em palestra denominada "1st Dialogue: Revisiting Legal Pluralism". In: Tenth Anniversary Dialogues in Human Rights and Legal Pluralism Series. *Centre for Human Rigths & Legal Pluralism*. Montreal: McGillUniversity, 2015. Disponível em: https://www.mcgill.ca/humanrights/chrlp- live/tenth-anniversary-dialogues-human-rights-and-legal-pluralism-series.

574 OTIS, Ghislain. *Constitutional Recognition of Aboriginal and Treaty Rights: a new framework of managing legal pluralism in Canada?* The Journal of Legal Pluralism and Unofficial Law (v. 46, n.3, 2014), p. 235. Traduzido por Luciana de Andrade Amoroso Remer. Revisão de tradução por Marcos Augusto Maliska, p. 279.

575 OTIS, Ghislain. *Constitutional Recognition of Aboriginal and Treaty Rights: a new framework of managing legal pluralism in Canada?* The Journal of Legal Pluralism and Unofficial Law (v. 46, n.3, 2014), p. 235. Traduzido por Luciana de Andrade Amoroso Remer. Revisão de tradução por Marcos Augusto Maliska, p. 279.

objetivo constitucional único de reconhecimento estatal dos direitos aborígenes".[576]

- O caso dos Nisga'a é um exemplo da complexidade da gestão do pluralismo jurídico pelos povos indígenas, porque demonstra a preocupação dos Nisga'a em preservar o seu direito tradicional, em casos de conflito entre o direito dos tratados e o direito estatal. Dessa forma,

> o tratado Nisga'a estabelece expressamente que o direito tradicional e costumeiro dos Nisga'a não está incluído na definição de "direito" para os fins do tratado. Como resultado, o novo governo Nisga'a, criado pelo tratado, não será formalmente consolidado pelo direito costumeiro, que não tem aplicação direta no tocante aos assuntos que se submetem à jurisdição Nisga'a. Somente um estatuto Nisga'a adotado de acordo com o tratado e com a Constituição Nisga'a terá força de lei para o povo Nisga'a para o propósito do tratado. Por outro lado, a Constituição Nisga'a permite a consulta dos líderes tradicionais no processo legislativo, tornando então possível que os postulados consuetudinários influenciem a substância dos estatutos Nisga'a. Além disso, a Constituição exige que os institutos de tratados Nisga'a respeitem "a autoridade de nosso Ayuuk e a janela de seus anciãos" (Nisga'a Constitution, s. 2(2)). Por conseguinte, o estatuto normativo Nisga'a pode ter a inspiração do direito tradicional Nisga'a, embora ainda seja verdade que esse direito não é diretamente aplicável como uma fonte formal de direitos e obrigações sob o tratado e, como consequência, o estatuto normativo Nisga'a oficialmente prevalecerá em um eventual conflito entre o direito indígena não-estatal e uma lei Nisga'a promulgada sob um tratado consolidado por uma corte.[577]

A presidenta da nação Nisga'a, Eva Clayton, em 2018, na 15ª Assembleia Plenária do PARLAMERICAS, que reuniu representantes de 26 países e diversas nações para discutir políticas de promoção de participação inclusiva e desenvolvimento sustentável, afirmou, ao lado da Senadora Máxima Apaza (Bolívia), que é extremamente importante a "representação inclusiva nos órgãos políticos de tomada de decisões

---

576 OTIS, Ghislain. *Constitutional Recognition of Aboriginal and Treaty Rights: a new framework of managing legal pluralism in Canada?* The Journal of Legal Pluralism and Unofficial Law (v. 46, n.3, 2014), p. 235. Traduzido por Luciana de Andrade Amoroso Remer. Revisão de tradução por Marcos Augusto Maliska, p. 270.

577 OTIS, Ghislain. *Constitutional Recognition of Aboriginal and Treaty Rights: a new framework of managing legal pluralism in Canada?* The Journal of Legal Pluralism and Unofficial Law (v. 46, n.3, 2014), p. 235. Traduzido por Luciana de Andrade Amoroso Remer. Revisão de tradução por Marcos Augusto Maliska, p. 282 (tradução nossa).

que afetem a qualidade de vida da população, especialmente para o bem das crianças, que são o futuro das nações."[578]. Ambas as representantes, mulheres indígenas, entre tantas outras presentes ao evento, dispuseram sobre as conquistas femininas ao longo dos anos, evidenciando os direitos e desafios enfrentados. A importância do papel das mulheres indígenas no comando das esferas políticas foi frisada, assim como a garantia da proteção necessária aos direitos e instituições políticas, culturais, econômicas e sociais indígenas.[579] Não há como falar em sustentabilidade sem solidariedade e pluralismo.

Se formos mais a fundo nas tradições originárias, perceberemos que a própria literatura indígena dos povos originários é capaz de ampliar os horizontes do conhecimento moderno e propor alternativas ecossistêmicas à crise civilizacional moderna, desencobrindo formas de interpretação e aplicação do Direito não modernas, que precisam ser preservadas, pois se mostram cada dia mais essenciais. É o que podemos afirmar ao analisar, por ex., a História da Criação do *Haudenosaunee*, que representa as civilizações pré-colombianas da América do Norte, posteriormente conhecidas como *Six Nations*. Percebe-se, por meio dela, a complexidade do humano e sua relação com um mundo coabitado por animais não humanos inteligentes.[580]

A tradição iroquois, como também são conhecidos os *Haudenosaunee* da região nordeste dos Estados Unidos e sudeste do Canadá, conta que a terra esteve submersa às águas. Naquele tempo havia uma grande escuridão e os únicos seres que habitavam o planeta eram os animais aquáticos. Acima da terra submersa à água, estava a Terra dos Espíritos Felizes (*Land of the Happy Spirits*), onde o Grande Espírito (*Great Spirit*) habitava. No centro desse mundo superior, o Grande Espírito abriu um buraco por onde

---

578 PARLAMERICAS. *15a Assembleia Plenária do PARLAMERICAS: Promovendo Sociedades Inclusivas para o Desenvolvimento Sustentável*. Victoria, Canadá. 10 a 12 de setembro de 2018. Disponível em: http://www.parlamericas.org/uploads/documents/PA15_report_por.pdf.

579 PARLAMERICAS. *15a Assembleia Plenária do PARLAMERICAS: Promovendo Sociedades Inclusivas para o Desenvolvimento Sustentável*. Victoria, Canadá. 10 a 12 de setembro de 2018. Disponível em: http://www.parlamericas.org/uploads/documents/PA15_report_por.pdf.

580 CARVALHO, Flávia Alvim de. REFLEXÕES DECOLONIAIS SOBRE COMO RESSIGNIFICAR O HUMANO NO ANTROPOCENO. *Rede Brasileira de Direito e Literatura*, ANAIS DO XCIDIL, AS FRONTEIRAS EM DIREITO & LITERATURA: NARRATIVAS INSURGENTES E INQUIETAÇÕES CONTEMPORÂNEAS, p. 413-436, mês, 2022. Disponível em: link. https://periodicos.rdl.org.br/anacidil/article/view/951/1137.

sua filha passou para o mundo inferior, até então coberto por nuvens e água. Enquanto a "mulher do céu" descia, os animais aquáticos olhavam para cima e, preocupados com o que aconteceria quando chegasse à água, decidiram encontrar um lugar seco antes que a "mulher do céu" caísse. O castor mergulhou profundamente em busca de terra, não conseguiu e seu corpo subiu à superfície da água. Muitos outros animais tentaram e falharam até que, finalmente, o rato almiscarado trouxe em suas garras um pouco de terra, que os animais foram colocando nas costas da tartaruga que cresceu, aos poucos, até se tornar a América do Norte, uma grande ilha, que agora repousa e abriga diversas espécies sobre o casco de uma tartaruga. (The Haudenosaunee Creation Story, 2020).[581]

A lenda da Criação une diferentes espécies em torno de uma rede, de um propósito comum e reflete o respeito profundo que os iroquois possuem pelos "irmãos do mundo animal". Dessa forma, a solidariedade, na condição de valor, é transmitida de geração a geração para os membros dessas diversas nações, reforçando a interdependência entre as variadas espécies e resgatando a ancestralidade em suas concepções.[582]

Por meio da cosmovisão dos povos originários "americanos", percebemos que o princípio hoje conhecido como solidariedade interespécies, um princípio do Direito Ecológico transmoderno (transmoderno porque fruto desse emergir de valores originários ao cenário jurídico-ecológico atual) é, para esses povos, valor natural que não precisa sequer de formalização para que seja compreendida a sua fundamentalidade, não é necessário reconhecimento formal.

Acreditamos, portanto, que o pluralismo jurídico é parte essencial da ecologização do direito para que a proposta de um futuro digno, não só para o humano, mas para a vida em geral, ultrapasse o universo jurídico e permita à humanidade a reconexão cognitiva com a Natureza, da qual nunca deixou de ser parte, fruto, filha ou consequência. É pre-

---

581 CARVALHO, Flávia Alvim de. REFLEXÕES DECOLONIAIS SOBRE COMO RESSIGNIFICAR O HUMANO NO ANTROPOCENO. *Rede Brasileira de Direito e Literatura*, ANAIS DO XCIDIL, AS FRONTEIRAS EM DIREITO & LITERATURA: NARRATIVAS INSURGENTES E INQUIETAÇÕES CONTEMPORÂNEAS, p. 413-436, mês, 2022, p. 432, 432. Disponível em: link. https://periodicos.rdl.org.br/anacidil/article/view/951/1137.

582 CARVALHO, Flávia Alvim de. REFLEXÕES DECOLONIAIS SOBRE COMO RESSIGNIFICAR O HUMANO NO ANTROPOCENO. *Rede Brasileira de Direito e Literatura*, ANAIS DO XCIDIL, AS FRONTEIRAS EM DIREITO & LITERATURA: NARRATIVAS INSURGENTES E INQUIETAÇÕES CONTEMPORÂNEAS, p. 413-436, mês, 2022. Disponível em: link. https://periodicos.rdl.org.br/anacidil/article/view/951/1137.

ciso participar não só do que, sem dúvida, precisamos construir, mas do que é essência e, por isso, essencial. As perspectivas que partem dos "Outro" acrescentam esperança e apresentam outras respostas aos desafios atuais. O próprio reconhecimento da Natureza como sujeito, ou "sujeita" de direitos e o pluralismo jurídico como instrumento capaz de promover os reais valores que sustentam a democracia (ou deveriam sustentar), ou seja, o respeito à diversidade e a participação social plural, é, hoje, condição *sine qua non* à sustentação da vida multiespécies e multicultural.

4. DESAFIOS E CAMINHOS ALTERNATIVOS PARA SAIR DO PÂNTANO MODERNO

Um dos grandes e urgentes desafios da contemporaneidade é conseguir fazer com que as pessoas percebam o momento desafiador e excepcional que vivemos. O sistema-mundo está acelerando constantemente e a velocidade imposta às nossas vidas não permite que as pessoas percebam sua complexidade; não permite sensibilidade.

Como visto, o sistema-mundo colonial moderno foi construído sobre uma racionalidade baseada em determinados fundamentos que marcam até hoje nossa forma "ocidental" de ver e interpretar. A uniformização de valores e comportamentos para viabilizar o Estado e o sistema econômico modernos gerou um forte estranhamento em relação ao diverso. A lógica do desenvolvimentismo, binária, simplificadora e "mantenedora" da busca pelo crescimento permanente e unidirecional, é a mesma que sustenta a invenção do indivíduo racional (branco e masculino), assim como a linearidade histórica e o falso universalismo.

A sociedade do desenvolvimento parte do pressuposto da "flecha do tempo", o que sustenta a ideia de entropia, caos, desorganização crescente. A velocidade que o "des-envolvimento" exige não permite o envolvimento, a percepção cuidadosa das engrenagens que construímos. A busca pela vitória não permite ceder, escutar e construir consensos. Concordar com o adversário é tido como uma derrota em uma sociedade que incentiva e se mantém da competição. A partir desse "des-envolvimento", o que assistimos são jogos políticos velozes que, para ser eficazes, têm que apelar à radicalização. Não há tempo para a razão.

Para que a vida humana e não humana de forma digna seja possível e para que o ideal de democracia, de fato, exista, é necessário nos envolvermos. Para isso, é preciso que a sociedade do prazer, do sucesso e do superconsumo nos devolva o tempo. Só o tempo permitirá à humanidade a sensibilidade necessária para compreender aonde chegou com toda sua pressa e aonde, abandonando o cuidado e a calma, quer chegar. Conhecimento e compreensão exigem tempo; é necessário sentir-pensar, ou como sugere Llasag, "corazonar".

> Em *yachay* ou *unancha* todos os sentidos estão interrelacionados, por isso, se fala de *corazonar*, quer dizer, se pensa sentindo, escutando, cheirando, sonhando, pressentindo, olhando, se for possível tocando y saboreando, então agimos, só depois falamos se for necessário, daí surge o ser sendo e fazendo em ação.[583]

A compreensão da verdade exige tempo. A mentira, ao contrário, é rápida, atua provocando efeitos que se multiplicam de forma proporcional à falta de conhecimento. O negacionismo, por exemplo, é um produto disso. Negar é rápido, apenas um "não" para todo um conhecimento que exige tempo. Estudar, pensar e amar, também, exigem, além de coragem, tempo. Sentimentos como ódio são provenientes do medo. O ódio é o vazio, preencher a vida com amor e alteridade, por outro lado, exige tempo. O vazio é imediato. Em um piscar de olhos, pessoas se agridem para se afastarem de situações que ameacem suas certezas ou que revelem seus medos. Por isso, a política do ódio baseada na ignorância, na insegurança e no medo cresce de forma assustadora no mundo. Movimentos e expressões de base nazifascista ganham cada vez mais espaço em detrimento do conhecimento, do amor e da solidariedade, as verdadeiras bases da democracia.

O poder hegemônico, econômico e não democrático, atua manipulando as vontades, os desejos e as percepções. Por essa razão, a compreensão de algumas palavras é importante. Palavras como crescimento, desenvolvimento, individualismo e competição são ensinadas e cultuadas desde o ensino básico até a universidade, onde suas práticas são acentuadas visando à concorrência no "mercado de trabalho", no qual o conhecimento se torna mercadoria, atividade produtiva em processo de reificação. O culto ao desenvolvimento na modernidade está, portanto, intimamente relacionado à competição. E tudo isso pode não parecer, mas está relacionado ao negacionismo sobre o qual tanto falamos, ou seja, interfere na capacidade humana de viver em harmonia com a Natureza, que lhe é inerente, de outra forma que não a da exploração e acumulação.

---

583 LLASAG, Raul. *Constitucionalismo Plurinacional desde los Sumak Kawsay y sus saberes – plurinacionalidade desde abajo y plurinacionalidade desde arriba.* Quito: Huapony Ediciones, 2018, p.16.

Nas sociedades modernas, informação e conhecimento são um trunfo. Ao se observar o funcionamento da democracia representativa, perceber-se-á que o espaço que deveria ser voltado para debate racional em prol do bem comum está, ao contrário, repleto de individualismos, interesses escusos e competição. Parlamentares que não escutam uns aos outros, que lutam para que seus argumentos sejam vitoriosos em relação aos argumentos dos outros deixam claro que convencer-se pelo argumento do outro seria o mesmo que uma derrota, pois o ambiente não é dialógico, mas, sim, de competição. O que importa é o que aprenderam desde crianças, ter o "melhor argumento", as "melhores notas", a vitória de seus projetos, o sucesso nas eleições, a maior das "competições".

Estamos nos referindo às chamadas "democracias representativas pluripartidárias", porém, cumpre lembrar que algumas são "democracias bipartidárias", como ocorre nos EUA e no Reino Unido. Nesses casos, embora existam diversos partidos, dois partidos muito semelhantes se revezam no poder. A "democracia" acontece como um jogo acelerado de negociações que envolvem múltiplas moedas de troca, com cada vez menos espaço para construção de projetos oriundos de diálogos efetivos em busca de consensos e cooperação. As "democracias" ainda estão muito distantes de representarem coletivos, uma vez que os ganhos são, em sua maioria, para um determinado grupo ou individuais.

Contudo, o Estado Plurinacional, expresso pelo novo constitucionalismo latino-americano, representa uma possibilidade real de transformação do que chamamos de racionalidade moderna. No lugar de uma perspectiva moderna, antropocêntrica, uniformizadora, binária, linear e individualista, que transformou a Natureza em fonte de recursos para a satisfação dos desejos de alguns, o novo constitucionalismo consagra princípios constitucionais que abrem espaço para o novo, para o diverso. A Natureza, reconhecida, por essa perspectiva, como sujeito de direitos, promove, por meio de valores como a integralidade, uma democracia não competitiva, mas dialógica e consensual. Assim, conceitos abstratos como o de justiça, "ao retirar as vendas dos olhos", enxergam-se e se compreendem como algo que é anterior e vai além das instituições.

A transformação é urgente; afinal, vivenciamos o colapso do projeto moderno. Estamos diante das consequências de um tipo de pensamento ocidental marcado pelo individualismo, pelo egoísmo e pela exclusão do diverso. A competição permanente, marca essencial do sistema capitalista, trouxe-nos, o frágil momento presente. Seres humanos, viciados em um permanente comprar de experiências superficiais e deletérias, não colocam mais os pés na terra, prendem passarinhos em gaiolas, poluem os oceanos e se tornam insensíveis ao que nos é comum e nos cerca. A recuperação do contato com o "Outro", humano e não humano, é fundamental para regenerarmos e sairmos do pântano moderno. Redescobrirmo-nos como seres complexos, plurais e simpoiéticos é essencial para que acordemos a tempo.

4.1. GUERRAS HÍBRIDAS E GUERRAS DE AFETOS

O que estamos enfrentando? Pensemos um pouco sobre a ideia de guerra híbrida. Não é um conceito novo, mas novos e sofisticados mecanismos de guerra vêm se somando aos já conhecidos. Isso porque os mecanismos de guerra para a consecução dos objetivos do "capital", por trás dos Estados imperiais, ficaram cada vez mais sofisticados. A guerra convencional entre exércitos e a guerra convencional contra os povos passaram gradualmente a vir acompanhadas de mecanismos de guerra econômica, guerra comercial, guerra psicológica, guerra midiática e de propaganda, guerra ideológica, guerra cultural, guerra cibernética, guerra eletrônica e, mais recentemente, o *Law Fare*, ou seja, o uso do aparato jurídico institucional de forma inconstitucional contra inimigos do "capital".

Entre os mecanismos cada vez mais sofisticados de "guerra híbrida", o mais recente e eficaz é o que podemos chamar de "guerra de afetos". Por meio do uso sofisticado da Inteligência Artificial, *fake news* são direcionadas para pessoas ou grupos de pessoas provocando sentimentos como o medo, a raiva e ódio. Na política, a guerra de afetos tem se mostrado bastante eficaz por acabar influenciando no funcionamento dos poderes do Estado "democrático", derrubando lideranças, governos e impondo ideologias favoráveis aos interesses dos impérios neocoloniais.

Tudo começa com grandes empresas comprando informações sobre milhões de pessoas. Essas informações são fornecidas gratuitamente para empresas que as vendem para outras, inclusive para aquelas que financiam campanhas eleitorais. A quantidade de informação que as pessoas fornecem, diariamente, sobre si mesmas, é absurda. Recentes filmes de ficção já se tornaram realidade. Deixa-se um rastro público tão grande sobre, entre outros, desejos, gostos, rotinas e medos que, por meio do mecanismo da Inteligência Artificial, é possível criar programas que funcionem e interajam como se fossem as próprias pessoas. Essas informações disponibilizadas "voluntariamente" por meio, entre outros, do uso de *e-mails, WhatsApp* e redes sociais demonstram como se é capaz de trabalhar gratuitamente para essas empresas que geram ganhos gigantescos concentrados nas mãos de seus proprietários.

A Inteligência Artificial é um instrumento capaz de criar milhares de notícias falsas, desde as verossímeis publicáveis em jornais, revistas e canais de TV tradicionais, às notícias absurdas, facilmente incorporadas por aqueles que, já mergulhados no "ódio", desconectam-se da realidade. O resultado é uma espécie de delírio produzido por um mecanismo de manipulação sofisticado. O estado de ódio em que milhões de pessoas estão mergulhadas impede o funcionamento da razão, retira a possibilidade de compreensão e qualquer reflexão ou capacidade de senso crítico. Como dito anteriormente, o ódio é o vazio, é imediato, o ódio altera o equilíbrio químico do corpo. O ódio é uma paixão que se alimenta da ignorância e a guerra de afetos atua nesse campo; não à toa podemos nos referir a esse processo por "ignoródio"[584].

Nesse ponto, encontra-se novamente com o negacionismo. É fundamental para a conexão entre ódio e ignorância a demolição da ciência e a instauração do vazio. A negação do conhecimento científico, das diversas culturas e saberes, da história, da filosofia conduzem à negação do óbvio, à negação do real. O efeito é o delírio ou mesmo o surto coletivo.

Por que então chamamos de "guerra de afetos"? O processo acima descrito parte da identificação dos medos e desejos, da geração de notícias falsas que alimentem a todo momento as pessoas, que estão, por sua vez, cada vez mais mergulhadas em seus aparelhos. Com o tempo, as notícias vão se tornando mais distanciadas do real e agressivas. As pessoas mergulhadas nesse surto coletivo ficam "blindadas do real", do conhecimento e da escuta. Claro que não se combate essa "guerra de afetos" com discursos racionais, muito menos mostrando a realidade que grita. A última coisa que uma pessoa em delírio quer é enxergar a realidade. O real é tudo que ela desconhece e teme. Pessoas nesse estado reagirão às tentativas de argumentação racional.

Então, o que fazer? Ora, trata-se de uma guerra de afetos. O campo de batalha é o espaço afetivo. Contra os afetos negativos, só há uma solução que se opõe ao medo e à covardia: coragem, ou seja, agir com amor, com o coração. Numa guerra de afetos, os afetos negativos têm

---

584 QUINET, Antonio. Ignoródio - Psicanálise, pulmão do mundo. YouTube, 02, agost., 2020. Disponível em: https://www.youtube.com/watch?v=6sSwiyHAZTw&t=1471s.

que ser destruídos com afetos positivos. Só com amor se vence o ódio, caso contrário corre-se o risco de se transformar naquilo que se combate. Amar exige muita coragem. Quando se ama se arrisca. "O correr da vida embrulha tudo, a vida é assim: [...] O que ela quer da gente é coragem". Guimarães Rosa.

REFERÊNCIAS

ACOSTA, Alberto. *O bem viver: uma possibilidade para imaginar outros mundos*. Tradução de Tadeu Breda. Autonomia Literária, 2016.

A história da poluição em Cubatão e como a cidade deixou de ser o "Vale da Morte". *Pensamento Verde*, 29, janeiro de 2014. Disponível em: https://www.pensamentoverde.com.br/sustentabilidade/historia-poluicao-cubatao-cidade-deixou-vale- morte/.

A História de Belo Monte – Cronologia. *Norte Energia. Brasília, DF.* Disponível em: https://www.norteenergiasa.com.br/pt-br/uhe-belo-monte/historico.

Alfred Sauvy. Disponível em: https://stringfixer.com/pt/Alfred_Sauvy.

ALVES, Antônio; MARTINS, Elson *et al.*, em entrevista coletiva. Varadouro, um jornal das selvas, vinte anos depois. *Jornal O Acre*, Rio Branco, agosto de 1997, n°1.

Alvim de Carvalho, F., & Quadros de Magalhães, J. L. (2022). Un nuevo paradigma jurídico y epistemológico como respuesta a los nuevos desafíos presentados por el Antropoceno al derecho ambiental internacional. *Anuario Mexicano De Derecho Internacional*, 22(22), 45–70. https://doi.org/10.22201/iij.24487872e.2022.22.16948.

AMERJ. 'Tribunal especializado em processo ambiental é um marco para o Judiciário chinês', diz Wang Xuguang. AMERJ. 28, abril de 2016. Disponível em: https://amaerj.org.br/noticias/tribunal-especializado- em-processo-ambiental-e-um-marco--para-o-judiciario-chines-diz-wang-xuguang/.

ANDRADE, Carlos Drummond de. *O maior trem do mundo*. Cometa Itabirano, 1984.

ARAÓZ, Horacio Machado. *Mineração, genealogia do desastre: o extrativismo na América como origem da modernidade*. Tradução de João Peres. São Paulo: Editora Elefante, 2020.

BARNOSKY, Anthony D., et al. 2011. *"Has the Earth's Sixth Mass Extinction Already Arrived?" Nature*, no. 471: 51–57.

BECK, Ulrich. *A sociedade de risco mundial: em busca da segurança perdida*. Tradução de M. Toldy; T. Told. 1ª.ed. Lisboa, Portugal: Almedina/Edições 70, 2015.

BENJAMIN, Antônio Herman V. Introdução ao Direito Ambiental Brasileiro. *Revista dos Tribunais Online*, p. 1 – 33, Revista de Direito Ambiental, vol. 14/1999, p. 48 – 82, Abr. - Jun. / 1999; Doutrinas Essenciais de Direito Ambiental, vol. 1, p. 41 – 91, Mar / 2011.

BENJAMIN, Walter. *Sobre o conceito de História*. Edição Crítica. Tradução de Adalberto Muller, Márcio S. Silva. 1ª. ed. São Paulo: Alameda, 2020.

BERARDI, Franco. *Depois do Futuro*. São Paulo: Ubu Editora, 2019.

BITTAR, Eduardo C. B. *introdução ao Estudo do Direito: humanismo, democracia e justiça*. São Paulo: Saraiva Educação, 2019.

BOLÍVIA. Ley n° 300, Ley de 15 de Octubre de 2012, Ley Marco de La Madre Tierra y Desarrollo Integral para Vivir Bien, Gaceta Oficial del Estado Plurinacional de Bolivia, Edición N.0431, La Paz, Bolivia.

BONITO. CÂMARA MUNICIPAL DE VEREADORES DO MUNICÍPIO DE BONITO (PE). Emenda à Lei Orgânica no 01/201715 altera o art. 236, caput e seu parágrafo único, da Lei Orgânica do Município de Bonito/PE. Bonito, 2017.

BRASIL. Ação Civil Pública – Distribuição por Dependência, processo no 5004793-41.2021.4.04.7200, de 19/05/2021. Proposta por ONG Costa Legal, Associação Florianopolitana das Entidades Comunitárias, Associação Pachamama, com a assistência jurídica do Grupo de Pesquisa Direito Ambiental e Ecologia Política na Sociedade de Risco e do Grupo de Pesquisa Observatório de Justiça Ecológica, ambos da Universidade Federal de Santa Catarina em face de Município de Florianópolis, Fundação Municipal Do Meio Ambiente, Estado de Santa Catarina, Instituto do Meio Ambiente de Santa Catarina, Companhia Catarinense de Águas e Saneamento, e Agência de Regulação de Serviços Públicos de Santa Catarina. Disponível em: http://files.harmonywithnatureun.org/uploads/upload1119.pdf.

BRASIL. Constituição da República Federativa do Brasil de 1988. Brasília, 5 de outubro de 1988. Disponível em: http://www.planalto.gov.br/ccivil_03/constituicao/constituicaocompilado.htm.

BRASIL. Decreto no 5.705, de 16 de fevereiro de 2006. Promulga o Protocolo de Cartagena sobre Biossegurança da Convenção sobre Diversidade Biológica. Brasília, 2006. Disponível em: http://www.planalto.gov.br/ccivil_03/_ato2004- 2006/2006/decreto/d5705.htm.

BRASIL. Lei nº 6.938 de 31 de agosto de 1981. Dispõe sobre a Política Nacional do Meio Ambiente, seus fins e mecanismos de formulação e aplicação, e dá outras providências. Brasília, 1981.

BRASIL. Lei 7.347 de 24 de julho de 1985. Disciplina a ação civil pública de responsabilidade por danos causados ao meio-ambiente, ao consumidor, a bens e direitos de valor artístico, estético, histórico, turístico e paisagístico e dá outras providências. Brasília, 1985.

BRASIL. Lei 7.643 de 18 de dezembro de 1987. Proíbe a pesca de cetáceo nas águas jurisdicionais brasileiras, e dá outras providências. Brasília, 1987.

BRASIL. Lei nº 7.802 de 11 de julho de 1989. Dispõe sobre a pesquisa, a experimentação, a produção, a embalagem e rotulagem, o transporte, o armazenamento, a comercialização, a propaganda comercial, a utilização, a importação, a exportação, o destino final dos resíduos e embalagens, o registro, a classificação, o controle, a inspeção e a fiscalização de agrotóxicos, seus componentes e afins, e dá outras providências. Diário Oficial da União, Brasília, 11 de julho de 1989.

BRASIL. Lei 11.105 de 25 de março de 2005. Regulamenta os incisos II, IV e V do § 1o do art. 225 da Constituição Federal, estabelece normas de segurança e mecanismos de fiscalização de atividades que envolvam organismos geneticamente modificados – OGM e seus derivados, cria o Conselho Nacional de Biossegurança – CNBS, reestrutura a Comissão Técnica Nacional de Biossegurança – CTNBio, dispõe sobre a Política Nacional de Biossegurança – PNB, revoga a Lei no 8.974, de 5 de janeiro de 1995, e a Medida Provisória no 2.191-9, de 23 de agosto de 2001, e os arts. 5o, 6o, 7o, 8o, 9o, 10 e 16 da Lei no 10.814, de 15 de dezembro de 2003, e dá outras providências. Brasília, DF, 2005. Disponível em: http://www.planalto.gov.br/ccivil_03/_ato2004- 2006/2005/lei/l11105.htm.

BRASIL. Supremo Tribunal Federal. ARGUIÇÃO DE DESCUMPRIMENTO DE PRECEITO FUNDAMENTAL 708 DISTRITO FEDERAL. Direito Constitucional Ambiental. Arguição de Descumprimento de Preceito Fundamental. Fundo Clima. Não destinação dos recursos voltados à mitigação das mudanças climáticas. Inconstitucionalidade. Violação a compromissos internacionais. Relator: Min. Roberto Barroso. 04/07/2022, p.23. Disponível em: https://portal.stf.jus.br/processos/downloadPeca.asp?id=15353796271&ext=.pdf.

BRASIL. Supremo Tribunal Federal. AÇÃO DIRETA DE INCONSTITUCIONALIDADE 4.066 DISTRITO FEDERAL, Tribunal Pleno, Rel. Min. Rosa Weber, j. 24.08.2017.

BRYSON, Bill. *Breve história de quase tudo: do big-bang ao Homo sapiens*. Tradução de Ivo Korytowski. São Paulo: Companhia das Letras, 2005.

BOURDIEU, Pierre. *O poder do simbólico*. Tradução de Fernando Tomaz. Rio de Janeiro: Bertrand Brasil, 1989.

BULTEL, Fred; LEMKOW, Luis. *Los movimientos ecologistas*. Editorial Mezquita, Madrid 1983.

CAMARGO, Suzana. Ao defender os "direitos constitucionais da natureza", Alta Corte do Equador proíbe mineração em reserva de proteção da biodiversidade. *Conexão planeta: inspiração para a ação*. Dezembro de 2021. Disponível em: https://conexaoplaneta.com.br/blog/ao-defender-os-direitos- constitucionais-da-natureza--alta-corte-do-equador-proibe-mineracao-em-reserva-de-protecao-da- biodiversidade/#fechar.

CAPRA, Frijot; MATTEI, Ugo. *A revolução ecojurídica: o direito sistêmico em sintonia com a natureza e a comunidade*. Tradução de Jeferson Luiz Camargo. São Paulo: Editora Cultrix, 2018.

CAPRA, F. *A teia da vida: uma nova compreensão científica dos sistemas vivos*. Tradução de Newton Roberval Eichemberg. 10a reimpressão. São Paulo: Cultrix, 2006.

CARLOS, Ana Fani Alessandri. *O lugar no/do mundo*. São Paulo: FFLCH, 2007.

CARVALHO, Flávia Alvim de. A institucionalização do domínio pelo Estado Moderno e o mito da razão universal. In: MEDRADO, Vitor Amaral (Org.). *A Justiça sob Judice: reflexões interdisciplinares*. V.1. São Paulo: Dialética, 2022.

CARVALHO, Flávia Alvim de. Capitaloceno e colapso climático: redes de solidariedade e parentesco para enfrentar o problema. In: DALMAU, Rubén Martínez; BUENO, Aurora (Orgs.). *Debates y perspectivas sobre los derechos de la Naturaleza· Una lectura desde el Mediterráneo*. València: Colección Pireo Universidad, 2023.

CARVALHO, Flávia Alvim de. *Educação Ambiental à Luz do Direito: uma introdução aos direitos difusos e coletivos de forma lúdica e acessível: um caminha à conscientização*. Rio de Janeiro: Lumen Juris, 2019.

CARVALHO, Flávia Alvim de. Mínimo existencial ecológico. In: MAGALHÃES, José Luiz Quadros de; GONTIJO, Lucas de Alvarenga; COSTA, Bárbara Amelize; BICALHO, Mariana Ferreira (Orgs.). *Dicionário de Direitos Humanos*. Porto Alegre, RS: Editora Fi, 2021.

CARVALHO, Flávia Alvim de. Reflexões decoloniais sobre como ressignificar o humano no antropoceno. *Rede Brasileira de Direito e Literatura*, Anais do X CIDIL, As

Fronteiras em Direito & Literatura: Narrativas Insurgentes e Inquietações Contemporâneas, p. 413-436, mês, 2022. Disponível em: link. https://periodicos.rdl.org.br/anacidil/article/view/951/1137.

CASTRO, Douglas; ZHANG, Siyi; DAOSHAN, Chen. A Constituição da China e o Conceito de Civilização Ecológica. *PedLowski: ciência, política e sociedade*. 11, jan. 2022. Disponível em: https://blogdopedlowski.com/2022/01/11/a-constituicao-da--china-e-o-conceito-de-civilizacao- ecologica%ef%bf%bc/.

CASTRO, Eduardo Viveiros de. *A inconstância da alma selvagem e outros ensaios de Antropologia*. São Paulo: Editora Cosac Naïfy, 2014.

CÉSARIE, Aimé. *Discurso sobre o colonialismo*. Tradução de Claudio Willer. São Paulo: Veneta, 2020.

COLIMA. *Constitución Política del Estado Libre y Soberano de Colima*. ULTIMA REFORMA DECRETO 113, P.O. 57, 03 AGOSTO 2019. México, 2019. Disponível em: https://congresocol.gob.mx/web/Sistema/uploads/LegislacionEstatal/Constitucion/constitucion_local_reorganizada_03Agos2019_113.pdf.

COLÔMBIA. Decisão proferida pela Corte Suprema Colombiana (íntegra), no julgamento da *STC4360- 2018* (Radicacion n. 1100-22.03-000-2018-00319-01), proferida em 05.04.2018, disponível em: http://www.cortesuprema.gov.co/corte/index.php/2018/04/05/corte-suprema-ordena-proteccion- inmediata-de-la-amazonia-colombiana/.

COMISSÃO DE MEIO AMBIENTE E DESENVOLVIMENTO SUSTENTÁVEL. *Relatório do Grupo de Trabalho Fiscalização e Segurança Nuclear*. Brasília: março de 2007, p.196. Disponível em: https://bd.camara.leg.br/bd/handle/bdcamara/3743.

COMISSÃO MUNDIAL SOBRE MEIO AMBIENTE E DESENVOLVIMENTO. *Nosso Futuro Comum*. 2o.ed. Rio de Janeiro: Fundação Getúlio Vargas, 1991.

Consulta Popular Chocó Andino / Pichincha / Quito. CNE, 2023. Disponível em: https://elecciones2023.cne.gob.ec/Consultas/choco.

Consulta Popular Yasuní. CNE, 2023. Disponível em: https://elecciones2023.cne.gob.ec/Consultas/yasuni.

CORONIL, Fernando. *El Estado mágico: Naturaleza, dinero y modernidad en Venezuela*. Venezuela: Consejo de Desarrollo Científico y Humanístico de la Universidad Central de Venezuela - Nueva Sociedad, 1997.

CORTE INTERAMERICANA DE DIREITOS HUMANOS, *Opinión Consultiva n. 23/107*, solicitada por la República de Colombia, Medio Ambiente y Derechos Humanos (Obligaciones Estatales en Relación con el Medio Ambiente en el Marco de la Protección y Garantía de los Derechos a la Vida y a la Integridad Personal - Interpretación y Alcance de los Artículos 4.1 y 5.1, en relación con los Artículos 1.1 y 2 de la Convención Americana sobre Derechos Humanos), p.27 (parágrafo 59). Disponível em: https://www.corteidh.or.cr/docs/opiniones/seriea_23_esp.pdf.

COSTA, Alda Cristina; OLIVEIRA, Ivana Cláudia; RAVENA, Nírvea. Vozes institucionais e os discursos de dominação: análise dos grandes projetos hidrelétricos na Amazônia.

COUTO, Isabel Pinheiro de Paula. A Construção de políticas sustentáveis na Lagoa da Conceição à luz do geodireito. In: LEITE, José Rubens Morato; CAPDEVILLE, Fernanda Cavedon; DUTRA, Tônia A. Horbatiuk (Orgs). *Geodireito, Justiça Climática e Ecológica: perspectivas para a América Latina*. São Paulo: Instituto O Direito por um Planeta Verde, 2022.

CRUZ, Álvaro Ricardo de Souza; GUIMARÃES, Frederico Garcia. *Supremo Tribunal Federal: Entre a última palavra e diálogos interinstitucionais ou entre a autonomia e a alteridade*. Brasília: REPATS, V.3, n. 2, p.545 -599, 2016.

Famecos: mídia, cultura e tecnologia, v. 24, no 2, maio, junho, julho e agosto de 2017. Disponível em: https://revistaseletronicas.pucrs.br/ojs/index.php/revistafamecos/article/viewFile/24880/1520.

Council on Environmental Quality. *THE WHITE HOUSE*. Disponível em: https://www.whitehouse.gov/ceq/.

CRESCEM LEIS PARA PROTEGER O MEIO AMBIENTE, MAS HÁ FALHAS GRAVES DE IMPLEMENTAÇÃO, AFIRMA NOVO RELATÓRIO DA ONU. *UN environment programme*, 24 de janeiro de 2019. Disponível em: https://www.unep.org/pt-br/noticias-e-reportagens/press-release/crescem- leis-para-proteger-o-meio-ambiente-mas-ha-falhas?_ga=2.196871973.888345710.1650044585- 1637927173.1650044585.

CRUTZEN, Paul J. *Geology of mankind*. NATURE, v. 415, jan.2002.

CRUTZEN, Paul J; STOERMER, Eugene F. *O Antropoceno*. PISEAGRAMA, Belo Horizonte, sem número, 06 nov. 2015. <https://piseagrama.org/o-antropoceno>.

DEAN, Warren. *A ferro e a fogo: a história da devastação da Mata Atlântica brasileira*. Tradução de Cid. K. Moreira. São Paulo: Companhia das Letras, 1996.

DIEGUES, Antônio Carlos; ANDRELLO, Geraldo; NUNES, Márcia. Populações tradicionais e biodiversidade na Amazônia: levantamento bibliográfico georreferenciado. In: CAPOBIANCO, João Paulo Ribeiro et al (Orgs.). *Biodiversidade na Amazônia brasileira: avaliação e ações prioritárias para a conservação, uso sustentável e repartição de benefícios*. São Paulo: Estação Liberdade e Instituto Socioambiental, 2001.

DINIZ, Nilo Sérgio de Melo. *Chico Mendes: um grito no ouvido do mundo: como a imprensa cobriu a luta dos seringueiros*. 1a.ed. Curitiba: Appris, 2019.

DINNEBIER, Flávia França; SENA, Giorgia. Uma educação ambiental efetiva como fundamento do Estado Ecológico de Direito. In: DINNEBIER, Flávia França; LEITE, José Rubens Morato (Orgs.). *Estado de Direito Ecológico: Conceito, Conteúdo e Novas Dimensões para a Proteção da Natureza*. São Paulo: Inst. O direito por um Planeta Verde, 2017.

DUSSEL, Enrique. *Direitos Humanos e Ética da Libertação: pretensão política de justiça e a luta pelo reconhecimento dos novos direitos*. Revista InSURgência, Brasília, ano 1, v.1, n.1, | jan./jun. 2015.

DUSSEL, Enrique. *1492: O Encobrimento do Outro: a origem do mito da modernidade*. Conferências de Frankfurt. Tradução de Jaime A. Clasen. Petrópolis, RJ: Vozes, 1993.

DUSSEL, Enrique. Europa, modernidade e eurocentrismo. In: LANDER, Edgard. *A colonialidade do saber: eurocentrismo e ciências sociais: perspectivas latinoamericanas*. Buenos Aires: CLACSO. 2005.

DUSSEL, Enrique. *Filosofías del Sur: descolonización y transomdernidad*. México: Edições Akal, 2015, p. 282. Reimpressão 2017.

DUESSEL, Enrique. *Meditações anti-cartesianas: sobre a origem do anti-discurso filosófico da modernidade*. Artigo publicado em Revista Filosofazer, n. 46 e n.47. Passo Fundo, 2015.

DUSSEL, Enrique. Principio material normativo y crítico de la economia. In: DUSSEL. E. *16 Tesis de Economía Política: una interpretación filosófica*. México: Editorial siglo XXI, 2014.

DUSSEL, Enrique. *Sistema – Mundo y "Transmodernidade"*. Recuperado de: http://www.ram-wan.net/restrepo/decolonial/10dusselsistema%20mundo%20y%20transmodernidad.pdf.

EL SALVADOR. *Proposta de reforma constitucional para incorporar os direitos da natureza*, Exposição de motivos, 2020. Disponível em: <http://files.harmonywithnature-un.org/uploads/upload990.pdf>.

EQUADOR. Constitución de La Republica del Ecuador 2008.

FAGÚNDEZ, Paulo Roney Ávila. Reflexões sobre a História do Direito Chinês. In: WOLKMER, Antonio C. (Org.) *Fundamentos de História do Direito*. 10 ed. Belo horizonte: Del Rey Editora,2019, p.341-358.

FAO; FILAC. *Los pueblos indígenas y tribales y la gobernanza de los bosques: una oportunidad para la acción climática en América Latina y el Caribe*. Santiago: FAO, 2021. Disponível em: https://www.fao.org/3/cb2953es/cb2953es.pdf.

FILHO, Roberto Lyra. *O que é direito*. São Paulo: Brasiliense, 2012.

FISHER, Mark. *Realismo Capitalista: é mais fácil imaginar o fim do mundo do que o fim do capitalismo?* Tradução de Rodrigo Gonçalves, Jorge Adeodato, Maikel da Silveira. 1ª. ed. São Paulo: Autonomia Literária, 2020.

FLORIANÓPOLIS. *Lei Orgânica do Município de Florianópolis – Santa Catarina*. Disponível em: < https://leismunicipais.com.br/lei-organica-florianopolis-sc>.

FLORIO, Victoria. Mineração de hélio-3 na lua. *Cienc. Cult.*, São Paulo, v. 68, n. 4, p. 16-18, Dec. 2016. Disponível em: http://cienciaecultura.bvs.br/scielo.php?script=sci_arttext&pid=S0009-67252016000400007&lng=en&nrm=iso .

FOUCAULT, Michel. Subjetividade e verdade. In: *Resumo dos Cursos do Collège de France*. Rio de Janeiro: Ed. Zahar,1994.

GARCIA, Carla Cristina. *Breve História do Feminismo*. São Paulo: Claridade, 2021.

GUERRERO. *Constitución Política del Estado Libre y Soberano de Guerrero*. ÚLTIMA REFORMA PUBLICADA EN EL PERIÓDICO OFICIAL: 30 DE JUNIO DE 2020. Disponível em: https://www.scjn.gob.mx/sites/default/files/justicia_constitucional_local/documento/2021-06/09_B.pdf.

GRLNDE, Donald A.; JOHANSEN, Bruce. *Exemplar of Liberty: Native America and the Evolution of Democracy*. Los Angeles: Amer Indian Studies Center, 1991.

GLEISER, Marcelo. *Criação imperfeita*. Rio de Janeiro: Record, 2010.

GONÇALVES, Carlos Walter Porto. Abya Yala. *Enciclopédia Latino Americana*. Disponível em: http://latinoamericana.wiki.br/verbetes/a/abya-yala .

GONTIJO, Lucas de Alvarenga. *Filosofia do Direito: Metodologia Jurídica, Teoria da Argumentação e Guinada Linguístico-pragmática*. 2 ed. Belo Horizonte: Editora D' Plácido, 2019.

GROVE, Richard. *Colonial conservation, ecological hegemony and popular resistance: towards a global synthesis*. In: J. MacKenzie (Org.). Imperialism and the Natural World. Manchester, 1990.

GUARANI, Emerson; PREZIA, Benedito. *A criação do mundo: e outras belas histórias indígenas*. Pinheiros: Formato, 2020.

GUDYNAS, Eduardo. *La dimensión ecológica del buen vivir: entre el fantasma de la modernidad y el desafío biocéntrico*. Revista Obets, Alicante, n. 4, p. 49-53, 2009.

H.CON.RES. 331 (100TH): A CONCURRENT RESOLUTION TO ACKNOWLEDGE THE CONTRIBUTION OF THE IROQUOIS CONFEDERACY OF NATIONS TO THE DEVELOPMENT OF THE UNITED STATES CONSTITUTION AND TO REAFFIRM THE CONTINUING GOVERNMENT-TO-GOVERNMENT RELATIONSHIP BETWEEN INDIAN TRIBES AND THE UNITED STATES ESTABLISHED IN THE CONSTITUTION. *Govtrack*. 2023. Disponível em: https://www.govtrack.us/congress/bills/100/hconres331/text.

HANSEN,Terri. How the Iroquois Great Law of Peace Shaped U.S. Democracy. *PBS*, 2023. Disponível em: https://www.pbs.org/native-america/blogs/native-voices/how--the-iroquois-great-law-of-peace-shaped-us-democracy/index.html#2.

HARAWAY, Donna. *Manifesto Ciborgue: ciência, tecnologia e feminismo-socialista no final do século XX*. Ponta Grossa: Editora Monstro dos Mares.

HARAWAY, Donna. *Saberes localizados: a questão da ciência para o feminismo e o privilégio da perspectiva parcial*. Cadernos Pagu (5), pp.07 -41, 1995, p.25.

HARAWAY, Donna J. *Seguir com el problema: generar parentesco em el Chthuluceno*. Tradução de Helen Torres. Buenos Aires: Consonni, 2019.

Hartog, François. *Regimes de historicidade: presentismo e experiências do tempo*. Belo Horizonte: Editora Autêntica, 2013.

HERRERO, Yayo. "Prólogo a la edición española: Ecofeminismo, más necessário que nunca". In: MIES, Maria; SHIVA, Vandana. *Ecofeminismo*. Barcelona: Icaria, 2015.

ISA, Felipe Goméz. Human Rights, Cultural Diversity and Legal Pluralism. In: CORRADI, Giselle; BREMS, Eva; GOODALE, Mark. *Human Rights Encounter Legal Pluralism: normative and empirical approaches*. Oxford, Portland, Oregon: Oñati Institute for the Sociology of Law, Hart Publishing, 2017.

Interactive International Chronostratigraphic Chart. *International Commission on Stratigraphy*. Disponível em < https://stratigraphy.org/timescale/ >.

JONAS, Hans. *Das Prinzip Verantwortung: Versuch einer Ethik fur die technologische Zivilisation*. Frankfurt am Main: Suhrkamp, 2003, (1 edição de 1979).

KLEBIS, Daniela. *Antropoceno, Capitaloceno, Cthulhuceno: o que caracteriza uma nova época?* ClimaCom, 2014, p. 5. Apple Books.

KOLBERT, Elizabeth. *A sexta extinção: uma história não natural*. Tradução de Mauro Pinheiro. Rio de Janeiro: Intrínseca, 2015. Edição digital. Apple Books.

KOPENAWA, Davi; BRUCE, Albert. *A queda do céu: palavras de um xamã yanomami.* Tradução de Beatriz Perrone – Moisés. 1a.ed. São Paulo: Companhia das Letras, 2015.

KOTZÉ, L. J.; ALVES, S. O. M. O meio ambiente sul-africano e a Constituição de 1996: Reflexões sobre uma década de democracia e proteção constitucional do meio ambiente. *Revista Brasileira de Direitos Fundamentais & Justiça, [S. l.],* v. 1, n. 1, p. 79–101, 2007. DOI: 10.30899/dfj.v1i1.595. Disponível em: https://dfj.emnuvens.com.br/dfj/article/view/595.

KRENAK, A. *Ideias para adiar o fim do mundo.* São Paulo: Companhia das Letras, 2019.

KUHN, Thomas. S. *A estrutura das revoluções científicas.* São Paulo: Perspectiva, 1997.

LANDER, Edgardo (Org.). *A colonialidade do saber: eurocentrismo e ciências sociais. Perspectivas latino-americanas.* Colección Sur Sur, CLACSO, Ciudad Autónoma de Buenos Aires, Argentina: 2005.

LATOUR, Bruno. *Diante de Gaia: oito conferências sobre a natureza no Antropoceno.* Tradução de Maryalua Meyer. São Paulo: Ubu, 2020.

LATOUR, Bruno. *Onde aterrar?* Tradução de Marcela Vieira. 1. ed. Rio de Janeiro: Bazar do Tempo, 2020.

Lee Kump, Timothy Bralower e Andy Ridgwell. *Ocean Acidification in Deep Time,* Oceanography, v. 22, n°.4, 2009.

Leis focadas nos direitos da natureza: discussão específica na Conferência da Água. *CORREIO INSTITUCIONAL: República de Panamá: Gobierno Nacional,* 2023. Disponível em: https://www.miambiente.gob.pa/leyes-centradas-en-los-derechos--de-la-naturaleza-discusion-puntual-en-la-conferencia-del-agua/#:~:text=En%20febrero%20del%202022%20Panam%C3%A1,y%20se%20dictan%20otras%20disposiciones%E2%80%9D.

LEOPOLD, Aldo. *A Sand County Almanac and Sketches Here and There.* Londres: Oxford University Press, 1949.

LITTLECHILD, Wilton. When Indigenous Peoples Win, the Whole World Wins. In: CHARTRES, C.; STAVENHAGEN, R (eds). *Making the Declaration Work: The United Nations Declaration on the Rights of Indigenous Peoples.* Copenhagen: IWGIA, 2009.

LIXA, Ivone Fernandes Marcilo. *Fundamentos Históricos do Direito.* Indaial: UNIASSELVI, 2018.

LLASAG, Raul. *Constitucionalismo Plurinacional desde los Sumak Kawsay y sus saberes – plurinacionalidade desde abajo y plurinacionalidade desde arriba.* Quito: Huapony Ediciones, 2018.

LUTZENBERGER, José. *Fim do Futuro? Manifesto Ecológico Brasileiro* (5ª edição). Porto Alegre: Editora Movimento, 1999.

MAFFESOLI, Michel. *Elogio da Razão Sensível.* Tradução de Albert Christophe M. S. 4.ed. Petrópolis: Vozes, 2008.

MAGALHÃES, José Luiz Quadros de. *O Estado Plurinacional e o Direito Internacional Moderno.* Curitiba: Juruá, 2012.

MAGALHÃES, José Luiz Quadros de; CARVALHO, Flávia Alvim de. Poder do ente municipal na fiscalização de atividade efetiva ou potencialmente poluidora à luz de uma teoria constitucional federal e ecológica comprometida com os direitos fundamentais. In: SOUZA, Dimas Antônio de Souza; ANJOS, José Jorge Figueiredo dos (Orgs.). *Estudos acerca da democracia, dos direitos humanos dos serviços jurisdicionais: obra em homenagem ao Desembargador José Joaquim Figueiredo dos Anjos.* São Luís: ESMAM, 2002.

MALINOWSKY, Bronislaw Malinowski. *Crime e costume na sociedade selvagem.* Coleção Antropologia, Editora Vozes, Petrópolis, Rio de Janeiro, 2015.

MARTIN, Sean. Private company to MINE THE MOON by 2020.*Express.uk.* 16, jul. 2016. Disponível em: https://www.express.co.uk/news/science/829251/Moon-Express-MINE-THE-MOON-landing.

MARTINS, Juliana Rodrigues. *A missão do Ministério Público na defesa do meio ambiente: o caso da Vale em Itabira – MG.* Monografia. Programa de Graduação em Direito, Universidade Federal de Ouro Preto. Ouro Preto, 2010.

MARX, Karl. *O Capital: crítica da economia política.* Livro I: O processo de produção do capital. São Paulo: Boitempo, 2011.

MATE, Reyes. *La Herencia del Olvido: ensayos en torno a la razón compasiva.* Madrid: Errata naturae editores, 2008.

MBEMBE, Achille. *Políticas da inimizade.* Traduzido por Sebastião Nascimento. São Paulo: N-1 edições, 2020.

MCBRIEN, Justin. Accumulating Extinction Planetary Catastrophism in the Necrocene. In: MOORE, Jason W. (Org.). *Anthropocene or Capitalocene? Nature, History, and the Crisis of Capitalism.* Oakland: Kairos, 2016.

MCNEILL, John R. *Ecology, Epidemics and Empires: Environmental Change and the Geopolitics of Tropical America, 1600-1825.* Environment and History 5, nº 2. (June 1999): 175 – 84. Disponível em: https://www.environmentandsociety.org/sites/default/files/key_docs/mcneill-5-2.pdf .

MENDONÇA, Marcos Carneiro de. *Raízes da formação administrativa do Brasil,* t. 1, item 7. Rio de Janeiro: Editora IHGP, 1972.

MÉXICO. *Constitución Política de la Ciudad De México.*

MIDDLETON, Tiffany. What is an Environmental Impact Statement? *American Bar Association.* Disponível em: https://www.americanbar.org/groups/public_education/publications/teaching-legal-docs/teaching-legal- docs--what-is-an-environmental-impact-statement-/.

MIES, Maria; SHIVA, Vandana. *Ecofeminismo.* Tradução de Carolina Caires Coelho. Belo Horizonte: Editora Luas, 2021.

MILARÉ, Édis. *Direito do Ambiente.* 12a ed. São Paulo: Thomson Reuters Brasil, 2020.

MONTES, Rocío. Acadêmica mapuche presidirá Constituinte que vai escrever as leis do Chile pós – ditadura Pinochet. *El País: Internacional.* Santiago do Chile: 04, julho de 2021. Disponível em: https://brasil.elpais.com/internacional/2021-07-04/

chile-inicia-um-novo-ciclo-e-comeca-a-redigir-a- constituicao-que-substituira-a-de-pinochet.html?outputType=amp.

MOORE, Jason W. (Org.). *Anthropocene or Capitalocene? Nature, History, and the Crisis of Capitalism*. Oakland: Kairos, 2016.

MOORE, Jason W. Histories of the Capitalocene. The Rise of Cheap Nature. *In:* MOORE, Jason W. (Org.). *Anthropocene or Capitalocene? Nature, History, and The Crisis of Capitalism*. Oakland: KAIROS, 2016.

MOORE, Jason W. *Capitalism in the Web of Life: Ecology and the Accumulation of Capital*. London: Verso, 2015.

MORAES, Germana de Oliveira. O Constitucionalismo Ecocêntrico na América Latina, o Bem Viver e a nova visão das águas. *Rev. Fac. Dir.*, Fortaleza, v. 34, n. 1, p. 123-155, jan./jun. 2013, p.126. Disponível em: https://repositorio.ufc.br/bitstream/riufc/11840/1/2013_art_gomoraes.pdf.

MORIN, Edgar. *Introdução ao pensamento complexo*. Tradução de Elaine Lisboa. 5ª.ed. Porto Alegre: Sulina, 2015.

MOURA, Chana. Intersecções *entre a história e a geo-história: a arte enquanto observatório do Antropoceno*. CADERNOS PET FILOSOFIA, v. 19, nº1, p. 52 – 69, 2021.

Murphy, G. (1997). *Modern History Sourcebook: The Constitution of the Iroquois Confederacy*. Fordham University. Retrieved on November 27, 2018.

NASCIMENTO, Dulcilene Ribeiro Soares. Androcentrismo, a construção da dominação cultural masculina. *Revista Científica Cognitionis*, Logos University International, n.p. Disponível em: https://unilogos.org/revista/wp-content/uploads/2020/04/ANDROCENTRISMO-A-CONSTRU%C3%87%C3%83O-DA-DOMINA%C3%87%-C3%83O-CULTURAL-MASCULINA.pdf .

NEVES, Marcos Vinicius. Uma breve história da luta acreana. In: BRASIL, Ministério do Meio Ambiente. Secretaria de Coordenação da Amazônia. *Caderno Povos da Floresta*. Secretaria Executiva do Comitê Chico Mendes, Rio Branco/ AC, 2003.

NIETZCHE, Friedrich. *Sobre a verdade e mentira*. Tradução de Fernando de Moraes Barros. São Paulo: Hedra, 2008 – Estudos Libertários.

NUNES, Mônica. *Congresso do México aprova projeto de lei que garante os Direitos da Natureza na Constituição*. 04, agosto de 2021. Disponível em: https://conexaoplaneta.com.br/blog/congresso-do- mexico-aprova-projeto-de-lei-que-garante-os-direitos-da-natureza-na- constituicao/#:~:text=Na%20semana%20passada%2C%20o%20Congresso,ser%20vivo%20e%20tem%2 0direitos.

OLIVEIRA, Cida de. Dia da Terra: Vereador mostra na ONU iniciativa que reconheceu os Direitos da Natureza. *Rede Brasil Atual Ambiente*, 22, abril de 2022. Disponível em: https://www.redebrasilatual.com.br/ambiente/2022/04/vereador-mostra-na-onu-iniciativa-que- reconheceu-os-direitos-da-natureza/.

OLIVEIRA, Fabiano Melo Gonçalves de. *Direito Ambiental*. 2a.ed. Rio de Janeiro: Forense; São Paulo: MÉTODO, 2017, p. 220. Ebook.

OLIVEIRA, Fabiano Melo Gonçalves; NETO, Manoel Lemes da Silva. *Do direito à cidade ao direito dos lugares*. *urbe*. Revista Brasileira de Gestão Urbana, 12, e20190180, p.7. Disponível em: https://www.scielo.br/j/urbe/a/znfPMBh8dGWZW7DGGsBByXF/?lang=pt.

OLIVEIRA, Vanessa Hasson de. Direitos da Natureza no Brasil: o caso de Bonito – PE. In: LACERDA, Luiz Felipe (Org.). *Direitos da Natureza: marcos para a construção de uma teoria geral.* São Leopoldo – RS: Casa Leiria, 2020.

ONU. *Declaração do Rio sobre Meio Ambiente e Desenvolvimento.* Rio de Janeiro, 1992. Disponível em: https://www5.pucsp.br/ecopolitica/projetos_fluxos/doc_principais_ecopolitica/Declaracao_rio_1992.pdf.

ONU – Unesco. *Declaração Universal dos Direitos dos Animais.* Bruxelas, 1987. Disponível em: https://wp.ufpel.edu.br/direitosdosanimais/files/2018/10/DeclaracaoUniversaldosDireitosdosAnimaisBrux elas1978.pdf.

ONU. *Desastres ambientais se tornam cada vez mais frequentes, alerta ONU.* 23/11/15. Disponível em: https://oglobo.globo.com/mundo/desastres-ambientais-se-tornam--cada-vez-mais-frequentes-alerta-onu-18119639?utm_source=WhatsApp&utm_medium=Social&utm_campaign=compartilhar.

ONU News: Perspectiva Global Reportagens Humanas, 2021. Disponível em: https://news.un.org/pt/story/2021/08/1759292.

"OS HOMENS SE LIBERTAM EM COMUNHÃO": Paulo Freire viveu para a educação libertadora dos oprimidos. *Nossos Personagens.* Disponível em: https://fenae.org.br/portal/data/files/FF8080811706ED20011744B23F2F0016/Paulo%20Freire.pdf .

OST, François. *A Natureza à margem da Lei: Ecologia à prova do Direito.* Tradução de Joana Chaves. Lisboa: PIAGET, 1995.

OTIS, Ghislain. *Constitutional Recognition of Aboriginal and Treaty Rights: a new framework of managing legal pluralism in Canada?* The Journal of Legal Pluralism and Unofficial Law (v. 46, n.3, 2014), p. 235. Traduzido por Luciana de Andrade Amoroso Remer. Revisão de tradução por Marcos Augusto Maliska.

PACTO INTERNACIONAL SOBRE DIREITOS CIVIS E POLÍTICOS. 19 de dezembro de 1996. Disponível em: https://www.cne.pt/sites/default/files/dl/2_pacto_direitos_civis_politicos.pdf.

Panamá refuerza legalmente los derechos de la naturaleza. *CORREIO INSTITUCIONAL: República de Panamá: Gobierno Nacional,* 2023. Disponível em: https://www.miambiente.gob.pa/panama-refuerza-legalmente-los-derechos-de-la-naturaleza/.

PARLAMERICAS. *15a Assembleia Plenária do PARLAMERICAS: Promovendo Sociedades Inclusivas para o Desenvolvimento Sustentável.* Victoria, Canadá. 10 a 12 de setembro de 2018. Disponível em: http://www.parlamericas.org/uploads/documents/PA15_report_por.pdf.

Pensamento verde, 24 de fev. de 2014. Disponível em: https://www.pensamentoverde.com.br/meio-ambiente/conheca-os-efeitos-da-radiacao-meio-ambiente/.

PEREIRA, Osny Duarte. *Direito florestal brasileiro.* Rio de Janeiro: Borsoi, 1950.

PIMENTA, João Paulo. Resenha: Regime de historicidade: presentismo e experiencia do tempo. *Revista História,* número 172, São Paulo, Janeiro-julho 2015, pag. 399-404.

PIOVENZAN, Flávia. *Direitos Humanos: desafios e perspectivas contemporâneas*. Revista TST, Brasília, vol. 75, no 1, jan/mar 2009.

PPGD PUC Minas. Abertura Solene e Palestra Inaugural. YouTube, 3 de dezembro de 2021. Disponível em: https://www.youtube.com/watch?v=xB7sLoOrUVs.

PPGD PUC Minas. A Ecologização do Direito. YouTube, 4 de dezembro de 2021. Disponível em: https://www.youtube.com/watch?v=TnyJB_JX204&t=345s.

QUIJANO, Aníbal. El fantasma del desarrollo en América Latina. In: ACOSTA, Alberto (Org.). *El desarrollo en la globalización: el resto de América Latina*. Caracas: Nueva Sociedad e ILDIS, 2000.

QUINET, Antonio. Ignoródio - Psicanálise, pulmão do mundo. YouTube, 02, agost., 2020. Disponível em: https://www.youtube.com/watch?v=6sSwiyHAZTw&t=1471s.

Relatório Global sobre o Estado de Direito Ambiental. ENVIRONMENTAL RULE OF LAW: first global report. United Nations Environment Programme, 2019. Disponível em: https://wedocs.unep.org/bitstream/handle/20.500.11822/27279/Environmental_rule_of_law.pdf?sequence =1&isAllowed=y.

RIBEIRO, Glaucus Vinicius Biasetto. A origem histórica do conceito de Área de Preservação Permanente no Brasil. *Revista Thema*, 08 (01), 2011. Disponível em: https://www.terrabrasilis.org.br/ecotecadigital/pdf/origem-historica-do- conceito- -de-area-de-preservacao-permanente-no-brasil.pdf.

RIECHMANN, Jorge. Introducción: Aldo Leopold, Los orígenes del ecologismo estadounidense y la ética de la tierra. In: LEOPOLD, Aldo. *Una ética de la tierra*. Título original: *A Sand County Almanac, 1949*. Traducción: Isabel Lucio-Villegas Uría & Jorge Riechmann. Editor digital: Titivillus. n.p.

Rights of Nature Law, Policy and Education. *Harmony with Nature: United Nations*. Disponível em: < Harmony With Nature - Law List (harmonywithnatureun.org)>.

"Recognition of existing aboriginal and treaty rights: 35 (1) The existing aboriginal and treaty rights of the aboriginal peoples of Canada are hereby recognized and affirmed." CANADA. *THE CONSTITUTION ACTS, 1867 to 1982*. PART IIRights of the Aboriginal Peoples of Canada. Disponível em: https://laws-lois.justice.gc.ca/eng/const/page-13.html#h-53.

REGINATTO, Ana Carolina. *A nova Constituição e o Código de Mineração de 1967: a consolidação do capital multinacional e associado no setor mineral brasileiro*. XXVIII Simpósio Nacional de História, Florianópolis, p. (1 – 15), julho, 2015.

ROZA, Karine. Entrevista concedida a Flávia Alvim de Carvalho por e-mail. Serro, 09 de junho de 2022.

SAGAN, Carl. *Cosmos*. Tradução de Paulo Geiger. São Paulo: Companhia das Letras, 2017.

SANDRI, Sinara. A assustadora década de 70. In: BRASIL, Ministério do Meio Ambiente. Secretaria de Coordenação da Amazônia. *Caderno Povos da Floresta*. Secretaria Executiva do Comitê Chico Mendes, Rio Branco/ AC, 2003.

SANTOS, Boaventura de Sousa. *A Gramática do Tempo: para Uma Nova Cultura Política*". Belo Horizonte: Autêntica, 2021.

SANTOS, Boaventura de Souza, Meneses, M.P. *Epistemologias do Sul*. Coimbra, Almedina, 2009.

SANTOS, Boaventura Sousa. *O Fim das Descobertas Imperiais*. Notícias do Milénio, Edição Especial do Diário de Notícias, 1999. Disponível em: http://www.dhnet.org.br/w3/fsmrn/biblioteca/27_boaventura2.html .

SANTOS, Milton. *A Natureza do Espaço: Técnica e Tempo, Razão e Emoção*. São Paulo: Editora da Universidade de São Paulo, 2006.

SARLET, Ingo Wolfgang; FENSTERSEIFER, Tiago. *Curso de Direito Ambiental*. 2 ed. Rio de Janeiro: Forense/GEN, 2021.

SARLET, Ingo Wolfgang, FENSTERSEIFER, Tiago. *Direito Constitucional Ecológico: constituição, direitos fundamentais e proteção da natureza*. São Paulo: Thomson Reuters Brasil, 2019.

SARLET, Ingo Wolfgang; FENSTERSEIFER, Tiago. *A Suprema Corte de Justiça do México e o dever de proteção ecológica*. 05, abril de 2019. Disponível em: https://www.conjur.com.br/2019-abr- 05/direitos-fundamentais-suprema-corte-justica-mexico-protecao-ecologica#_ftn2.

SAVATER, Fernando. *Ética para meu filho*. Tradução de Monica Stahel. São Paulo: Editora Planeta, 2005.

SAVIFGNY, F.K. von. Traité de droit romain. In: DINIZ, Maria Helena. *Curso de Direito Civil Brasileiro: teoria geral do Direito Civil*. São Paulo: Saraiva, 2009. V.1.

SEGATO, Rita. *Crítica da colonialidade em oito ensaios: e uma antropologia por demanda*. Tradução de Danielli Jatobá, Danú Gontijo. Rio de Janeiro: Boitempo, 2021.

Sermón CXXXI, 10, Patrologia Latina, XXXVIII, 734.

SERRO. *Lei Orgânica do Município de Serro*. Serro: Sistema de Leis Municipais, 2022. Disponível em: https://leismunicipais.com.br/a1/lei-organica-serro-mg.

SHIVA, Vandana; MIES, Maria. *Ecofeminismo*. Tradução de Carolina Caires Coelho. Belo Horizonte: Editora Luas, 2021.

SCHOLOSBERG, D, *Defining Environmental Justice: Theories, Movements and Nature*. United Kingdom: Oxford University Press, 2007.

SÓLON, Pablo. Chile aprova direitos da natureza: "Art.9 – Natureza. Indivíduos e povos são interdependentes da natureza e formam, com ela, um todo inseparável.". *Brasil de Fato: Rio Grande do Sul*. 19, março de 2022. Disponível em: https://www.brasildefators.com.br/2022/03/19/artigo-chile- aprova-os-direitos-da-natureza.

SOUTH AFRICA. *Constitution of the Republic of South Africa*, 1996 – Chapter 2: Bill of Rights. Disponível em: https://www.gov.za/documents/constitution/chapter-2-bill-rights.

SOUZA CRUZ, Álvaro Ricardo de. *Relatório Figueiredo: genocídio brasileiro*. Rio de Janeiro: Lumen Juris, 2018.

SOUZA, Jessé. *A Construção Social da Subcidadania: Para uma Sociologia Política da Modernidade Periférica*. Belo Horizonte: Ed UFMG/ Rio de Janeiro: IUPERJ, 2003.

STJ. Disponível em: https://www.stj.jus.br/sites/portalp/Paginas/Comunicacao/Noticias--antigas/2019/In-dubio-pro-natura- mais-protecao-judicial-ao-meio-ambiente.aspx.

SUARÉZ, Sofía. *Defendiendo la naturaleza: Retos y obstáculos en la implementación de los derechos de la naturaleza Caso río Vilcabamba*. Centro Ecuatoriano de Derecho Ambiental. Agosto de 2013. Disponível em: http://library.fes.de/pdf-files/bueros/quito/10230.pdf.

Technosphere Magazine. Disponível em: https://technosphere-magazine.hkw.de/p/Jan-Zalasiewicz-cp123BMExuooNKdmBKZt8C .

Tenth Anniversary Dialogues in Human Rights and Legal Pluralism Series. *Centre for Human Rigths & Legal Pluralism*. Montreal: McGillUniversity, 2015. Disponível em: https://www.mcgill.ca/humanrights/chrlp- live/tenth-anniversary-dialogues-human-rights-and-legal-pluralism-series.

The International Whaling Commission – IWC. *International Whaling Commission – IWC*. Disponível em: https://iwc.int/home.

THOREAU, Henry D. *Walden*. Tradução de Denise Bottmann. Porto Alegre, RS: L&PM, 2010.

TIBURI, Márcia. *Feminismo em comum: para todas, todes e todos*. Rio de Janeiro: Rosa dos Tempos, 2020.

TSING, Anna Lowenhaupt. *O cogumelo no fim do mundo: sobre a possibilidade de vida nas ruínas do capitalismo*. Tradução de Jorgge Menna Barreto e Yudi Rafael. São Paulo: n-1edições, 2022.

TOXOPEÜS, Michelle; KOTZÉ, Louis J. Promoting Environmental Justice through Civil-Based Instruments in South Africa, 13/1 *Law, Environment and Development Journal* (2017), available at http://www.lead-journal.org/content/17047.pdf.

VINAGRE, André. China ainda não contempla direito ambiental na Constituição, mas vai "na direção certa". *Ponto Final*. 30, set., 2019. Disponível em: https://pontofinalmacau.wordpress.com/2019/09/30/china-ainda-nao-contempla-direito-ambiental-na- constituicao-mas-vai-na-direccao-certa/.

WALLERSTEIN. *O universalismo europeu: a retórica do poder*. Tradução de Beatriz Medina. São Paulo: Boitempo, 2007.

WALSH, Catherine. *Interculturalidad, plurinacionalidad y descolonialidad: las insurgencias político-epistémicas de refundar el Estado*. Tabula Rasa, Bogotá, n. 9, p. 131-152, julio-diciembre 2008, p. 131-152.

WOLKMER, Antonio Carlos. *História do Direito no Brasil*. 4. ed. Rio de Janeiro: Forense, 2007.

WOLKMER, Antonio Carlos; WOLKMER, Maria de Fátima S. *Horizontes Contemporâneos do Direito na América Latina: Pluralismo, **Buen Vivir**, Bens Comuns e Princípio do "Comum"*. Criciúma: UNESC, 2020.

WOLKMER, Antônio Carlos. *Introdução ao pensamento jurídico crítico*. 9ª.ed. São Paulo: Saraiva, 2015.

WOLKMER, Antonio Carlos. *Pluralismo Jurídico: fundamentos de uma nova cultura no direito*. 4a ed. São Paulo: Saraiva, 2015.

YUNKAPORTA, Tyson. *Sand Talk: how indigenous thinking can save the world*. Harper One, 2021.

ZALASIEWICZ, Jan; WILLIANS, Mark; STEFEN, Will; CRUTZEN, Paul. *The New World of the Anthropocene*. Environmental Science & Technology, v. 44, n° 7, p. 2228 – 2231, 2010.

ZAVASCKI, Teori Albino. *Processo Coletivo: tutela de direitos coletivos e tutela coletiva de direitos*.2005. Tese de Doutorado. Programa de Pós-graduação em Direito da Universidade Federal do Rio Grande do Sul. Porto Alegre, setembro de 2005.

ZIZEK, Slavoj. *Em defesa das causas perdidas*. São Paulo: Editora Boitempo, 2011.

ZHANG, Wenxia *et al*. *Increasing precipitation variability on daily-to-multiyear time scales in a warmer world*. Science Advances, v.7, p. 1 – 11, julho, 2021. Disponível em: https://www.science.org/doi/pdf/10.1126/sciadv.abf8021.

POSFÁCIO

VOLVER A ATAR EL NUDO GORDIANO DE LA VIDA SERÁ POSIBLE SI HAY AMOR Y CORAJE

Alberto Acosta[585]

16 de febrero del 2024

"La naturaleza o Pacha Mama, donde se reproduce y realiza la vida,
tiene derecho a que se respete integralmente su existencia
y el mantenimiento y regeneración de sus ciclos vitales,
estructura, funciones y procesos evolutivos.
Toda persona, comunidad, pueblo o nacionalidad
podrá exigir a la autoridad pública
el cumplimiento de los derechos de la naturaleza. (…)".

Constitución de la República del Ecuador
Artículo 71

Este libro - *Repensando los Fundamentos del Derecho para la Protección de la Vida* - nos invita a adentramos en una lectura que nos confronta con un tema vital: la protección de nuestra existencia. Vivimos una realidad cargada de escenarios preocupantes, pero también esperanzadores. Parecemos embarcados en un tren que se enfila aceleradamente a un despeñadero, pero a la vez registramos innumerables intentos y acciones conscientes para recurrir al freno de mano, al tiempo que se propone cambiar de rumbo y de ritmo.

Flávia Alvim de Carvalho y José Luiz Quadros de Magalhães, autores de este sugerente texto, nos conducen por este recorrido. Empiezan transitando por los laberintos del "antropoceno", transformado en una fuerza geológica que está cambiando dramáticamente los equilibrios del planeta. Descubren, también, con claridad que esa fuerza es el resultado de un sistema que acumula destruyendo y extinguiendo, el

---

585 Economista ecuatoriano. Profesor universitario. Ministro de Energía y Minas (2007). Presidente de la Asamblea Constituyente (2007-2008). Candidato a la Presidencia de la República del Ecuador (2012-2013). Autor de varios libros. Compañero de luchas de los movimientos sociales.

capitalista. Y rescatan, por igual, aquellos esfuerzos para recuperar la racionalidad de la vida, a partir de la solidaridad y el parentesco interespecies, reconociendo una verdad indiscutible: los seres humanos somos Naturaleza, una especie más entre tantísimas otras.

Ella y él, nos guían por las discusiones jurídicas desde la perspectiva del derecho ambiental, rescatando las potencialidades y limitaciones de su constitucionalización; así se adentran en los casos de Brasil y Sudáfrica, incluyendo un análisis jurídico de la tan promocionada civilización ecológica china. Avanzan en el terreno del derecho ecológico en sus varias aproximaciones, analizando varios e interesantes casos concretos, que recogen profundas y valiosas críticas al sistema, pero que no escapan del mundo del "antropoceno".

Flavia y José Luiz dan un paso más. Llegan a un terreno desde el que se pone en entredicho gran parte de la justicia imperante, al aceptar a la Naturaleza como sujeto de derechos. Una constatación jurídica que encontró un formidable impulso en la Constitución de Ecuador[586], con repercusiones múltiples en Nuestra América y en otras regiones del mundo. Y en este empeño, la autora y el autor proponen enfrentar los varios y complejos desafíos construyendo *vías alternativas para salir del pantano moderno*: exactamente de eso se trata, superar la Modernidad y todos sus estúpidos sentidos comunes.

Así, quienes proponen este libro nos recuerdan que el derecho de tener derechos siempre ha exigido y exige un esfuerzo permanente. Nos dicen que no es fácil cambiar aquellas normas e instituciones que niegan avances en el ámbito de la jurisprudencia. Con sus reflexiones y proposiciones, sin embargo, nos dan pistas de cómo transformar estructuralmente las sociedades y, porqué no decirlo, la misma civilización.

A partir de estas primeras y muy rápidas aproximaciones, en este texto introductorio, queremos centrar nuestra atención en la trascendencia de los Derechos de la Naturaleza.

---

586 Alberto Acosta (2019); "Construcción constituyente de los Derechos de la Naturaleza - Repasando una historia con mucho futuro", en el libro *La Naturaleza como sujeto de derechos en el constitucionalismo democrático*, Universidad Andina Simón Bolívar, Quito.

LA NATURALEZA, OBJETO DE EXPLOTACIÓN Y DOMINACIÓN

La separación -política- entre *cultura* ("civilización") y *natura* (Naturaleza), fue una de las acciones ideológicas más brutales de la Modernidad. Así quedó expedita la vía para dominar y manipular la Naturaleza, con creciente y al parecer imparable fuerza y brutalidad en la civilización capitalista. Y ese permanente intento de tratar de someter a la Naturaleza no solo que llega a límites insostenibles, sino que, con su efecto *boomerang*, comienza a pasar factura a la Humanidad. Cual *jinetes del apocalipsis* nos llegan gigantescas inundaciones e impresionantes sequias, fríos y calores extremos, monumentales incendios forestales, cada vez más frecuentes huracanes en todas las esquinas del planeta.[587]

Los seres humanos hemos conseguido alterar los equilibrios de la Tierra. Así, el *antropoceno* nos recuerda que estos fenómenos extremos son lo menos "naturales" que existe, pues son de origen antrópico. A pesar de la tozudez de los negacionistas de todo cuño, bien sabemos que ninguna región, ninguna población, ningún mar en la Tierra está ya a salvo de los daños que actualmente provoca el colapso climático. No negamos que la Humanidad provoca estos tremendos desajustes, pero la responsable no es cualquier Humanidad, es la Humanidad del capitalismo: el *capitaloceno*. Una civilización que sofoca la vida tanto de los seres humanos como de la Naturaleza a fin de alimentar el poder que conocemos con el nombre de *capital*.

En paralelo, los crecientes problemas sociales, que van muchas veces de la mano de los problemas ambientales, configuran la otra cara del problema: pobreza y desigualdad, hambre y enfermedades, violencias e inequidades múltiples, consumismo e individualismo a ultranza. Y en este contexto las élites no han podido / ni quieren escuchar los mensajes de la Naturaleza, menos aún los reclamos de las crecientes masas de empobrecidos y marginados. Los privilegiados defienden a como de lugar su posición.

Así no sorprende el surgimiento de nuevas y más violentas guerras, como concluyen la autora y el autor de este libro. No se trata simplemente de guerras convencionales, genocidas, represivas, económicas, psicológicas, mediáticas, cibernéticas... Ella y él nos hablan de "guer-

---

[587] No confundir con fenómenos propios de la Naturaleza como son erupciones volcánicas, los terremotos, caídas de meteoritos...

ras híbridas", entre las que se destaca la "guerra de los afectos", mediante el uso sofisticado de la Inteligencia Artificial. Todas guerras con las que los poderes imperiales defienden sus posiciones y privilegios. No sorprende, entonces, el incremento del autoritarismo, la corrupción y el debilitamiento de las de por si frágiles instituciones democráticas y la misma destrucción de la Naturaleza.

Así las cosas, reconozcamos que también con la desesperada e inútil carrera en pos del "desarrollo" - un fantasma inalcanzable - desde mediados de la década de los años 40 en el siglo XX, se consolidaron las bases para un sistema globalizante cuyas sombras agobian a gran parte de la Humanidad. En suma, estamos confrontados de forma brutal y global con la posibilidad cierta del fin de la existencia para millones de seres humanos. Y mientras tanto, el capitalismo, la civilización de la mercancía y del desperdicio[588], en su búsqueda incesante del "progreso", va mutando y transmutando, sigue reptando como las víboras luego de que cambian de piel. A la postre, los países "subdesarrollados" y también los que se consideran "desarrollados" se encuentran cobijados por "*las alas depredadoras del progreso*", al decir de Walter Benjamin[589]; "progreso" que demanda la permanente acumulación de bienes materiales y que exige incluso brutales sacrificios humanos y ambientales como requisito para seguir en esta brutal carrera...

Tal es la complejidad de las dificultades que atravesamos, que bien podemos decir que las ideas fuerza de la Modernidad, el marco ideológico que sostiene tanta barbarie, no dan más. Esas ideas e imaginarios se caen a pedazos, pero, aun así, mantienen una fuerte preminencia en el planeta.

NATURALEZA COMO SUJETO, VOLVER A ATAR EL NUDO DE LA VIDA

Es evidente, entonces, que no bastan respuestas que nos mantengan dando vueltas en el propio terreno. Es inútil y hasta irresponsable creer que repitiendo una y otra vez lo mismo podemos encontrar una salida a problemas cada vez más complejos. Inclusive los avances en el ámbito de la justicia ambiental y también de la justicia ecológica,

---

588 Jürgen Schuldt (2013). *Civilización del desperdicio. Psicoeconomía del consumidor*. Universidad del Pacífico. Lima.

589 Walter Benjamin [1940] (2005); *Tesis sobre la historia y otros fragmentos*, edición y traducción de Bolívar Echeverría. Contrahistorias, México.

enraizados en el antropocentrismo, no son suficientes. A la postre, más de lo mismo será siempre más de lo peor.

Necesitamos, pues, salir de la trampa antropocéntrica. Los derechos ambientales, por más potentes e innovadores que sean, al ser antropocéntricos, no son suficientes. En lugar de mantener y ahondar el divorcio entre la Naturaleza y el ser humano, hay que propiciar su reencuentro, algo así como intentar atar el nudo gordiano roto por la fuerza de una concepción de vida depredadora y por cierto intolerable. Como demandó el filósofo francés Bruno Latour, nos toca *"volver a atar el nudo gordiano atravesando, tantas veces como haga falta, el corte que separa los conocimientos exactos y el ejercicio del poder, digamos la Naturaleza y la cultura".* [590]

Empalmando ambas, la política cobra una renovada actualidad. El reencuentro simbólico de los seres humanos - que somos Naturaleza - con la Naturaleza tiene, entonces, una significación política. Nos invita a ver el mundo con otros ojos y a procesar cambios profundos desde posiciones emancipadoras para superar todas aquellas apreciaciones e instituciones que se nutren de la estupidez del sentido común dominante, que otorga derechos a las empresas y los niega a la Naturaleza o que propicia un crecimiento económico permanente en un mundo con claros límites biofísicos, para citar apenas dos casos aberrantes.

Solo el hecho de superar aquel mandato que ordenaba y ordena aún dominar, derrotar y hasta destruir la Naturaleza, en nombre del "progreso", que se mantiene desde la colonia hasta estos años republicanos, con todo tipo de gobiernos, ya es en sí un paso civilizatorio. Y este paso es y será posible, como siempre, gracias a luchas políticas. En la actualidad sobre todo gracias a las luchas de resistencia y re-existencia de los pueblos originarios y campesinos, así como de innumerables y diversos sectores populares y de movimientos sociales de trabajadores y de mujeres, que defienden sus derechos, sus territorios, sus comunidades, sus culturas, tejiendo acciones de lucha dentro y fuera de nuestros países.

Para muestra de estas acciones bien podemos recuperar la resistencia de los pueblos indígenas del Xingu, que enfrentaron la construcción de la represa de Belo Monte, en Brasil, levantando incluso la bandera de los Derechos de la Naturaleza, teniendo como referente la Consti-

---

590 Bruno Latour (2007); *Nunca fuimos modernos – ensayo de antropología simétrica*, Siglo XXI Editores, Buenos Aires.

tución de Ecuador[591]; a pesar de que no tuvieron éxito, esas acciones configuran un ejemplo de dignidad y nos dan una señal clara sobre la universalidad de dichos derechos, tal como acontece con los Derechos Humanos.

Así emerge en el mundo - con creciente fuerza - el desafío transformador de reconocer los Derechos de la Naturaleza, pasando de un enfoque antropocéntrico a uno socio-biocéntrico que reconozca la indivisibilidad e interdependencia de toda forma de vida y que, además, mantenga la fuerza propia de los Derechos Humanos. El fin es fortalecer y ampliar los derechos a la vida: "los derechos existenciales", como los propone el filósofo y economista mexicano Enrique Leff.[592] Una tarea que surge desde abajo, desde los territorios, con presencia en el ámbito nacional y, más temprano que tarde, también en el internacional, en clave con la justicia ecológica y climática global.

La tarea no es fácil, reconocen Alvim de Carvalho e Quadros de Magalhães, en este sugerente libro. Se tolera reconocer derechos casi humanos a personas jurídicas, pero no a la vida no humana. Esta complicación no es nueva. Siempre fue así en el largo proceso de emancipación de los seres humanos. Cada ampliación de derechos en su momento fue impensable. La emancipación de los esclavos o la extensión de los derechos a afroamericanos, a mujeres y a niños/niñas fueron rechazadas por considerarse absurdas. En suma, el "derecho a tener derechos" se ha conseguido siempre con luchas políticas para cambiar las visiones, costumbres y leyes que niegan derechos. Luchas indispensables para hacer realidad su cristalización, tal como acontece con los Derechos Humanos de todo tipo, como lo son los derechos de las mujeres y de los afro e indígenas; derechos que siguen siendo

---

591 La demanda señaló que "*podía ser más didáctico claro y oportuno aplicar los Derechos de la Naturaleza por la destrucción del territorio de Xingu*". Consultar la AÇÃO CIVIL PÚBLICA AMBIENTAL com Pedido de Liminar em face de: Norte Energia S/A (NESA) – concessionária de Uso de Bem Público para exploração da UHE Belo Monte, CNPJ/MF 12.300.288/0001-07, com sede no Setor Bancário Norte, Quadra 02, Bloco F, Lote 12, salas 706/708 (parte), Edifício Via Capital, Brasília/DF, CEP 70.041- 906.

592 Enrique Leff (2021). "Ecología política, derechos existenciales y diálogo de saberes: horizontes de otros mundos posibles", en Alberto Acosta, Pascual García, Ronaldo Munck - editores (2021); *Posdesarrollo - Contexto, contradicciones y futuros*. UTPL - Abya-Yala. Quito.

demandados en una permanente disputa, pues estamos lejos de su vigencia plena.

En este complejo escenario, el tránsito de la "Naturaleza objeto" a la "Naturaleza sujeto" cobra cada vez más fuerza. Esta última noción vive en muchos pueblos indígenas y afro desde tiempos inmemoriales. Esta transición se nutre también de muchísimas luchas para proteger la Naturaleza en diversas partes del planeta y también de múltiples entradas provenientes de diversos ámbitos científicos, jurídicos, teológicos, incluso literarios.

Y, así, este empeño fructifica aceleradamente. Los avances son inocultables. Son decenas de países, en todos los continentes, los que caminan hacia el reconocimiento de la Naturaleza como sujeto de derechos o que ya los han cristalizado a través de leyes u ordenanzas. A modo de ejemplo, reconociendo lo difícil que es aterrizarlos en la práctica, se puede reconocer los avances legales en Colombia, Bolivia, India, Nueva Zelanda, EEUU, Panamá, España, Alemania, entre otros tantos países. Cada uno de estos y otros muchos procesos nos ofrecen una multiplicidad de aportes y enseñanzas, en los que se encuentran interesantes iniciativas derivadas de diálogos de saberes con diversas comunidades indígenas o afro, así como de rescate de otras entradas en la jurisprudencia como son los derechos bioculturales.

DERECHOS DE LA NATURALEZA, PUERTA PARA UN GIRO COPERNICANO

Requerimos un mundo re-encantado alrededor de la vida, con diálogos y reencuentros entre seres humanos, en tanto individuos y comunidades, y de todos con la Naturaleza, entendiendo que somos un todo; Naturaleza que guarda *"los misterios del Universo, del origen de la materia y de la vida"*, como maravillosamente afirman Flavia y José Luiz. Precisamos lecturas que superen aquellos binarismos obtusos y que nos encasillen en estrechas filosofías antropocéntricas, a partir de las que, de una u otra forma, se reproducen nuevas jerarquías y hasta nuevas estructuras de dominación. Eso nos demanda procesos de aprendizaje y des-aprendizaje, para volver a aprender y reaprender descolonizando sin pausa nuestro pensamiento.

Si realmente entendemos que la necesidad del cambio está presente, es hora de volver a atar el nudo gordiano de la vida desde las más diversas aproximaciones posibles y desde las múltiples diversidades existentes. Dicho esto, no se trata simplemente de volver a la Naturaleza, sino simplemente de recuperar la racionalidad de la vida.

Incorporar a la Naturaleza como sujeto derechos en una constitución o en una ley, siendo un acto formalmente antropocéncrico, si realmente se quiere que estos *derechos existenciales* se desarrollen en la realidad concreta, implica en esencia una obligación para transitar hacia visiones y prácticas biocéntricas. Si incorporamos la lógica de los cuidados ampliamos el espectro desde las vigorosas acciones y propuestas de los eco-feminismos, que plantean, inclusive, recuperar la visión del cosmos orgánico que tenía en el centro una Tierra viva y femenina que fue superado por un enfoque mecanicista del mundo, que otorgó un papel pasivo a la Naturaleza.[593] Además, defender a la Naturaleza - inclusive en un puro ejercicio de egoísmo ilustrado- es defendernos a nosotros mismos, pues los humanos somos Naturaleza y sin Naturaleza nuestra existencia se vuelve imposible. Integrar la esencia de la Pacha Mama o Madre Tierra, propia de la *indigenidad*, contribuye a caminar en los indispensables senderos de la plurinacionalidad, entendiendo siempre que quien en realidad nos da el derecho a existir es esa Madre. ¡Aquí se encuentra el origen de todos los derechos!

Dicho esto, en medio del actual colapso ecológico, ya es hora de entender a la Naturaleza como la base de los derechos colectivos e individuales de libertad. Así como la libertad individual solo puede ejercerse dentro del marco de los mismos derechos de los demás seres humanos, la libertad individual y colectiva solo puede ejercerse dentro del marco de los Derechos de la Naturaleza. De forma categórica concluye el profesor alemán Klaus Bosselmann: "*sin Derechos de la Naturaleza la libertad es una ilusión*".[594]

En la práctica legal, esto significa que a partir de la vigencia de los Derechos de la Naturaleza ya no existe ningún derecho para mercantilizar a la Madre Tierra y menos aún para destruirla, sino solo un derecho a una relación ecológicamente sostenible. Las leyes humanas y las acciones de los humanos, entonces, deben estar en concordancia con las leyes de la Naturaleza, que no son ni lineales ni estáticas.

---

593 Este punto es fundamental. Debemos rescatar estas aproximaciones propias del eco-feminismo, que nos remiten a trabajos pioneros como el de Carolyn Merchant [1982] (2023); *La muerte de la naturaleza – Mujeres, ecología y Revolución Científica*, Siglo XXI, Colección Otros Futuros Posibles, Buenos Aires.

594 Klaus Bosselmann (2021); "Ohne Rechte der Natur bleibt Freiheit Illusion". Disponible en https://www.rechte-der-natur.de/de/aktuelles-details/119.html.

Entonces, la vigencia de los Derechos de la Naturaleza responde a las condiciones materiales que permiten su cristalización y no a un mero reconocimiento formal en el campo jurídico. Y su proyección, por lo tanto, debe superar aquellas visiones que entienden a los derechos como compartimentos estancos, pues su incidencia debe ser múltiple, diversa, transdisciplinar.

Y esto supone cuestionar, en especial, el régimen de propiedad. *"El reconocimiento de la Naturaleza como sujeto de derechos implica una crítica y una alternativa a los derechos de la propiedad, tal como ha sucedido con otros sujetos de derecho, por ejemplo. con las personas que pertenecen al pueblo afrodescendiente. Cuando las personas afrodescendientes eran esclavas, el derecho permitía comprarlas y venderlas porque eran parte de los objetos apropiables. Ya como sujetos, salieron del mercado y el derecho a la propiedad dejó de aplicarse. De la misma manera debería suceder con la Naturaleza: si es sujeto de derechos debe tener un régimen jurídico ajeno al derecho a la propiedad"*, en palabras del ex juez constitucional ecuatoriano Ramiro Avila Santamaria.[595]

Es urgente, entonces, que los objetivos del manejo económico se subordinen a las leyes de los sistemas naturales, sin olvidar en ningún momento el respeto a la dignidad de la vida humana. Una nueva economía debe echar abajo aquel andamiaje teórico, que vació de materialidad la noción de producción y separó por completo el razonamiento económico del mundo físico. Ese proceso supuso la ruptura epistemológica que desplazó la idea de sistema económico, con su carrusel de producción y crecimiento, al mero campo del valor[596]; para asegurar la acumulación del capital. Y *"el resultado de nuestro divorcio de la integración e interacción con nuestra madre, la Tierra, es que ella nos está dejando huérfanos, no sólo a los que se llaman indios, indígenas o pueblos originarios en diferentes grados, sino a todos"*, como con mucha claridad resume Ailton Krenak, citado en este libro.

---

595 Ramiro Ávila Santamaría (2023) "La Naturaleza podrá ser coautora de una canción". Disponible en https://gk.city/2023/11/01/la-naturaleza-sujeto-de-derechos-propiedad-intelectual/?utm_source=GK&utm_campaign=19a0231709-E-MAIL_CAMPAIGN_2023_10_31_11_42&utm_medium=email&utm_term=0_-19a-0231709-%5BLIST_EMAIL_ID%5D

596 Consultar en José Manuel Naredo (2009); *Luces en el laberinto – Autobiografía intelectual*, editorial Catarata, Madrid.

Esa nueva economía o economías - para una nueva civilización[597]- deben aceptar que la Naturaleza establece los límites y alcances de la sustentabilidad y la capacidad de renovación de los sistemas. Es decir, si se destruye la Naturaleza se destruye la base de la economía misma. Esto conmina a evitar la eliminación de la diversidad, reemplazándola por la uniformidad que provoca, por ejemplo, la mega-minería, los monocultivos o los transgénicos. Escribir ese cambio histórico es uno de los mayores retos de la Humanidad, sino se quiere arriesgar su existencia sobre la tierra.

Así, en vez de considerar a la Naturaleza como un stock "infinito" de materias primas y un receptor "permanente" de desechos, una post-economía debería plantearse como metas mínimas la sustentabilidad y la autosuficiencia de los procesos económico-naturales; procesos compuestos de múltiples y complejas interacciones y lógicas, que se retroalimentan de diversas formas. En ese sentido, el fetiche del crecimiento económico permanente en un mundo finito debe morir, para dar paso a procesos que combinen el *decrecimiento económico* con el *post-extractivismo*.[598] Este empeño no supone mantener en ningún caso los niveles de opulencia de pocos segmentos de la población en el Norte global, que también están presentes en el Sur.

Por cierto, estas acciones no pueden caer en la trampa ni del "desarrollo sustentable" ni del "capitalismo verde" con su brutal práctica del mercantilismo ambiental. La tarea no consiste en volver "verde" al capitalismo, sino en superar el capitalismo. Asimismo, no podemos caer en la fe ciega en la ciencia y la técnica, las cuales deberán reformularse para garantizar el respeto de *los derechos existenciales*. En definitiva, ciencia y técnica - a la par con una nueva economía - deberán subordinarse al respeto de la armonía / el equilibrio entre seres humanos y seres no humanos.

Asumir este reto demanda un giro copernicano en todas las facetas de la vida, sea en el ámbito jurídico, económico, social y político, pero sobre todo cultural. Los Derechos de la Naturaleza, en suma, nos po-

---

597 Invitamos a leer este texto de Alberto Aosta, John Cajas-Guijarro (2020); "Buscando fundamentos biocéntricos para una post-economía - Naturaleza, economía y subversión epistémica para la transición", en el libro *Voces Latinoamericanas - Mercantilización de la Naturaleza y Resistencia Social*, coordinado por Griselda Günther Monika Meireles, Universidad Autónoma Metropolitana, México.

598 Alberto Acosta, Ulrich Brando (2018); *Pós-extrativismo e decrescimento: saídas do labirinto capitalista*, Editora Elefante, Brazil.

sibilitan otras lecturas de la dura realidad que atravesamos, al tiempo que nos dan herramientas para cambiarla desde sus raíces.

REPENSANDO LA PROTECCIÓN DE LA VIDA DESDE LA DEMOCRACIA DE LA TIERRA

Ampliemos la demanda de Flavia y José Luiz, que nos invitan a repensar las bases del derecho para la protección de la vida. Pensemos en otras economías para otra civilización. Sintonicémonos con la *Democracia de la Tierra*, que radica en la relación armoniosa con la Naturaleza, con comunidades basadas en la justicia social, la democracia descentralizada y la sustentabilidad ecológica. Es decir que este esfuerzo político - siempre político - fructificará solo si hacemos real la vigencia plena de la justicia social y la justicia ecológica, con procesos radicalmente democráticos, pues, si uno solo de esos tres factores tiende a cero, el resultado final también tenderá a cero.

Escribir ese cambio histórico es el mayor reto de la Humanidad si no se quiere arriesgar la existencia humana sobre la tierra. En síntesis, requerimos un mundo reencantado alrededor de la vida, con diálogos y reencuentros entre seres humanos, en tanto individuos y comunidades, y de todos con la Naturaleza, entendiendo que somos un todo. Con esos múltiples diálogos, priorizando aquellos con los grupos de la *indigenidad*, tradicionalmente marginados, se puede transitar hacia visiones y prácticas *pluriversales*[599], en clave de *buenos convivires*.[600]

Ese trajinar nos invita a descolonizar la historia, tanto como a superar los estúpidos sentidos comunes y las engañosas imágenes de la Modernidad. Romper con sus muchas y diversas *camisas de fuerza*, las reales y las simbólicas, es una tarea urgente. También lo es recuperar el pasado como parte de una continuidad histórica con proyección de futuro, en tanto proceso atado a las luchas de resistencia y re-existencia frente a los interminables procesos de conquista y colonización. En definitiva, lo que cuenta es recuperar, sin idealizaciones, el proyecto colectivo de futuro de todas las comunidades y los movimientos empa-

---

[599] Ashish Kothari, Ariel Salleh, Arturo Escobar, Federico Demaria, Alberto Acosta - editores (2021); *Pluriverso: dicionário do pós-desenvolvimento*, Editora Elefante, Brazil.

[600] Alberto Acosta (2018); *O Bem Viver. Uma Oportunidade Para Imaginar Outros Mundos*, Editora Elefante, Brasil.